JN303124

保険制度の新潮流

流通科学大学教授
田村　祐一郎
神戸大学教授
高尾　　厚　編著
関西学院大学准教授
岡田　太志

千倉書房

まえがき

　本書は，水島一也先生の喜寿を記念して，日ごろ折にふれて先生のご指導を仰いでいる研究者が集まり，研究成果の一端を披瀝し，もって先生のご高恩に謝し，あわせてご健康とご多幸を祈って上梓したものである。

　書名を「保険制度の新潮流」と題した所以は，水島先生が研究生活を開始された頃より約半世紀以上を経過したいま，保険制度にも大きな変化が招来しているとの認識の下，多種多様な現象をまとめ，現段階で可能な評価を下しておきたいと考えたことである。

　保険制度は公的保険と私的保険に分かれたが，両者の分担領域は比較的明瞭であった。私的保険は生・損保に分かれ，損保は海上保険と火災保険，のちに自動車保険を，生保は養老保険や死亡保険などを主要種目とした。保険に関する消費者行動は合理性を欠き，一般企業でさえ保険管理を知らなかった。金融機能の面では，保険企業の役割は限定的なものに止まった。保障サービスを提供する機関としては保険会社が主流を占め，共済は補助的と見なされた。相互会社はユニークな形態として尊重された。行政は専ら安全性を重視し，監督・規制という観点から展開された。

　近年は，デリバティブのように保険制度を超えるリスク処理技術が開発され，商品体系も複雑さを増した。資産運用面だけでなく商品面でも金融一般との間の垣根は消えた。企業ではリスクマネジメントが重要な管理技術と見なされ，家計でもリスク意識の高揚が求められる。安全堅固なはずの保険会社があっさり潰れる一方，各種「共済」が市場における重要性を増した。相互会社はユニークさを失い，公・私保険システムの境界も曖昧となり始めた。保険行政は保険企業を保護する姿勢から保険企業に自己責任を迫るようになった。

　思えば，水島先生が保険研究者として過ごされた半世紀の間に生じた変化は，小さいものではなかった。新しい潮流の行き先を探る企画ほど先生の喜寿のお

祝いにふさわしいものはないのではないかと，執筆者一同考えた次第である。

　水島先生のご経歴やご業績については，すでに還暦記念論文集『現代保険学の展開』（千倉書房，1990）および神戸大学ご退官の折の『国民経済雑誌』水島一也博士記念号（神戸大学経済経営学会，1996）にまとめられている。ここでは，それ以後について特筆すべき点を二，三述べておきたい。

　水島先生は，1994年に神戸大学をご退官後，流通科学大学商学部に2001年まで教授として勤務された。担当科目にファイナンス学科の中心科目である「生活設計論」と「生活保障論」が含まれた。いまでこそこれらの科目名はほかでも見ることがあるが，当時とすれば斬新な科目であった。1996年にはそのエッセンスが凝縮された『生活設計』（千倉書房）を出版された。先生にとってこの講義は若き聴衆に「生きることの意味を問い掛ける」時間であったと思われる。

　生命保険文化センターのプロジェクトとして2003年に「生命保険業の将来像研究会」を主宰された。また，1979年に初版が出版された『現代保険経済』はその後も版を重ね，2006年には第8版を上梓された。後代，20世紀から21世紀に至る保険研究の記念碑的労作として参照され続けるであろう。

　もうひとつの特記事項は，1996年に保険審議会会長に就任され，折からの金融ビッグバンの中で保険業界が道を誤ることなく世界の大きな変化に順応し得るように指針を示されたことである。自己の学問を世に活かしたいという願いはすべての研究者に共通するが，先生がその稀有の好運に恵まれるに当っては，穏健で手堅く，かつ均整の取れた学問研究の成果が，時代の転換期に現れる，かのマックス・ウェーバーのいう「転轍手」の役を担うにふさわしいものとして先生を選ばせたであろうことを強調しておきたい。

　本書の出版を快諾して頂いた千倉成示社長，ならびに本書を担当して頂いた関口　聡編集部長に心から謝意を表したい。

　最後に，水島一也先生が今後ともご壮健であられ，後進を導き続けられることを祈念して筆をおく。

　　　　2007年秋　　流通科学大学にて

　　　　　　　　　　　　　　　　　　　　　　　　　　田　村　祐一郎

目　次

まえがき……………………………………（田村　祐一郎）
序　論　水島保険学の体系と本書の概要
　　　　……………………………………（高尾　厚）………1
第1章　リスクと保険文化……………（酒井　泰弘）……11
　　　──2つの島国を比較する──
　1．奴隷貿易と海上保険：18世紀イギリスの裁判から …………11
　2．近世日本の海上リスクとその対策………………………………17
　3．リスクシェアリングと保険文化…………………………………27
　4．リスクと保険文化を再考する……………………………………31
第2章　保険の仕組み…………………（吉澤　卓哉）……37
　1．保険のプロトタイプ ………………………………………………37
　2．保険と保険類似制度の競合領域拡大 ……………………………39
　3．「保険」への機能的アプローチ …………………………………44
　4．「保険」への目的論的アプローチ ………………………………54
第3章　保険と金融観念………………（藤田　楯彦）……57
　1．保険のブランド資産と金融資産…………………………………57
　2．機能としての保険と構造としての金融 …………………………64
　3．金融リスクという変動危険と純粋危険…………………………69
　4．保険料と金融リスク ………………………………………………73

第4章　生命保険の新潮流 ……………（久保　英也）……77
　　　──キャッシュフローの組換えによるリスク対応と
　　　　本源的経済価値の抽出──

- 1．はじめに ……………………………………………………77
- 2．企業や保険会社におけるリスク管理行動と
　　資本政策の変化 …………………………………………78
- 3．保険とARTの異質性と補完性 ……………………………81
- 4．保険リスクの証券化と市場規模 …………………………84
- 5．個別保険の本源的な経済価値を実現する生命保険の
　　買取り制度 ………………………………………………87
- 6．生命保険の買取り制度 ……………………………………88
- 7．生命保険買取り制度と証券化 ……………………………92
- 8．結　論 ………………………………………………………95

第5章　生命保険需要の変化……………………（林　　晋）……97
- 1．生命保険需要の形成プロセス ……………………………97
- 2．生命保険需要の歴史 ……………………………………100
- 3．生命保険需要の現代的様相 ……………………………102

第6章　損害保険業の新潮流 ……………（安井　敏晃）……113
- 1．規制緩和 …………………………………………………113
- 2．販売チャネルにおける変化 ……………………………117
- 3．保険商品の多様化 ………………………………………121
- 4．損害保険会社の変化 ……………………………………123
- 5．保険契約者の保護の仕組み ……………………………126
- 6．その他の損害保険業を取り巻く環境変化 ……………128

第7章　損害保険業と企業価値……………（山﨑　尚志）……133
　1．損保業と企業価値 ……………………………………………133
　2．企業価値評価の算出法 ………………………………………134
　3．損保会社の加重平均資本コスト ……………………………136
　4．おわりに ………………………………………………………148

第8章　共済問題と保険政策……………（田村　祐一郎）……149
　1．はじめに ………………………………………………………149
　2．類似保険と無認可共済 ………………………………………149
　3．保険監督行政小史 ……………………………………………157
　4．保険政策の不在 ………………………………………………161
　5．結　　び ………………………………………………………165

第9章　金融ビッグバンと保険経営 …（佐藤　保久）……167
　1．はじめに ………………………………………………………167
　2．金融ビッグバンの背景と内容 ………………………………167
　3．保険制度改革との関連 ………………………………………170
　4．保険経営への影響 ……………………………………………174
　5．おわりに ………………………………………………………181

第10章　保険会社とコーポレートガバナンス
　………………………………………（岡田　太志）……185
　1．はじめに ………………………………………………………185
　2．コーポレートガバナンス ……………………………………186
　3．コーポレートガバナンスと相互会社 ………………………192
　4．むすびにかえて ………………………………………………197

第11章　保険会社とコンプライアンス
　………………………………………（中林　真理子）……201
　1．はじめに …………………………………………………201
　2．保険会社においてコンプライアンスに関心が集まる背景
　　　………………………………………………………………202
　3．コンプライアンスをめぐる概念整理 …………………205
　4．実効性があるコンプライアンス態勢構築
　　　のための取り組み …………………………………………208
　5．日本の保険会社をめぐる規制環境 ……………………212
　6．保険会社のコンプライアンス実践事例：
　　　生命保険会社のディスクロージャーをめぐって …………214
　7．むすびに代えて …………………………………………216

第12章　少子高齢化と保険・年金 ……（佐々木　一郎）…219
　1．はじめに …………………………………………………219
　2．少子高齢化と保険・年金の役割 ………………………220
　3．少子高齢化と年金問題 …………………………………224
　4．経済・社会環境の変化と保険・年金：
　　　格差社会の進展の影響 ……………………………………228
　5．経済合理性と保険・年金：行動経済学からのアプローチ
　　　………………………………………………………………231
　6．まとめ ……………………………………………………236

第13章　保険とリスク認知 ……………（田中　隆）…239
　1．はじめに …………………………………………………239
　2．社会における消費者と保険 ……………………………240

3．消費者における保険選択と影響要素 …………………………244
4．消費者のリスク認知における保険と文化的・
　　社会的要素 …………………………………………………248
5．むすび ……………………………………………………………254

第14章　保険法と諸問題 ……………（岡田　豊基）……257
1．序　　論 …………………………………………………………257
2．保険法の法源 …………………………………………………258
3．普通保険約款 …………………………………………………263
4．契約締結上の規制 ……………………………………………267
5．おわりに …………………………………………………………277

第15章　保険契約と金融商品取引をめぐる問題
　　　　──変額保険の近時の判例を中心に──
　　………………………………………（今井　薫）……279
1．はじめに …………………………………………………………279
2．変額保険・変額年金の問題点 ………………………………281
3．裁判事例 …………………………………………………………285
4．まとめ ……………………………………………………………294

索　　引
水島一也博士略歴・著作目録
編集後記 ………………………………………（岡田　太志）
執筆者紹介

序論　水島保険学の体系と本書の概要

高尾　厚

　神戸大学名誉教授商学博士・水島一也先生は，平成19年11月12日を以て，喜寿を迎えられた。本書は，常日頃から先生を敬愛してやまない有志がこの慶事を寿ぐべく編纂したものである。別掲の履歴書にあるように，昭和5年，東京にお生まれになった先生は，昭和28年に一橋大学商学部を卒業され，同年4月の神戸大学助手任官から平成13年3月の流通科学大学教授退任まで，ほぼ半世紀の長きにわたる学究生活を，保険学の研究・教育に捧げられた。

　先生は，昭和36年，30歳の若さで処女作『近代保険論』を上梓され，同書によって，昭和40年，新制神戸大学初の商学博士の学位を授与されている。爾来，積み重ねられたご研究業績は，じつに著書12冊，訳書4冊，論文95編に及ぶ。研究領域はおおよそ近代資本主義体制と近代保険の照応関係，相互会社の本質の解明，生保の産業組織論的分析，保険制度の文化論的考察の4分野にまたがり，そのいずれにおいても常にパイオニアとして，保険学界に多大な影響を与えてこられた。また反論の余地のない堅固な論理立てと明快な記述に貫かれた研究スタイルは多くの読者を魅了してきた。

　以下では先生のエポック・メイキングな業績3つを挙げておきたい。いずれも旧説ないし通説批判を通じてパラダイム・シフトをもたらした。

　まずは，近代資本主義体制と近代保険の照応関係についてである。京都帝国大学・小島昌太郎教授によれば，英国産業革命前の1720年設立の特許会社，the Royal Exchange Assurance と the London Assurance の2社が「現代的保険成立の具体的表象」（水島［2006］『現代保険経済』〔第8版〕p. 39）とされる。それは両社が株式会社組織形態を採用したことに拠っていた。この斯界の泰斗の同学説に先生は敢然と異議を唱えられた。

　それは，両社の行動様式が――海上保険営業の独占権入手の対価に国庫への

巨額の上納金を納付したり，上納金の原資の捻出に「南海泡沫」のブームを利用しようとしたことに見られるように——前期的商業資本の性格を帯びていたからである。むしろ，先生は近代保険の成立には「産業革命の進行に伴う産業資本体制の形成，従って前期的商業資本の近代的商業資本への範疇転化が基礎的条件として不可欠」（同書，p. 40）であり，「近代的海上保険の確立の時期は，これを19世紀後半と考えるべきだろう」（同）と主張される。

この主張は端緒的には『近代保険論』に，本格的には昭和50年刊の『近代保険の生成』において依拠された「生産力規定説」に起因する。すなわち，水島説によれば，近代保険制度が成立するのは，産業革命を通じた大量生産がもたらす付保物件の大量性条件の充足による「大数法則」の援用可能性確保（供給条件）と資本主義的生産関係による自己責任原則の浸透（需要条件）という2つの条件が満たされる場合である。

ついで，「相互会社の本質解明」についてである。伝統的保険学では，それは成員同士の連帯と相互扶助を宗とし，成員が相互に保険しあう制度とされてきた。その際の運営主体は無色透明の中立的存在である。先生は，このような主張を「浪漫的相互会社論」と命名され，近代資本主義体制下の相互会社を正視していないと批判される。すなわち，「近代保険においては，保険団体の組織者としての保険者の存在が不可欠の前提であり，しかもその活動が企業者動機により裏付けられる」（同書，p. 12）との主張である。

先生はこれを敷衍して「相互会社における制度理念と機能的性格」との乖離に留意すべきことを指摘した上で，「主体の論理」の有効性と「客体の論理」の規定性というMax Weber流の「複眼的視点」に立脚する理論の構築を提案される。そして政策的には，Weberのいわゆる「選択的近親性」のフィルターを通過した主体の論理が現状変革に有効に作用するという意味で，保険経営者の自覚が肝要だと主張される。

さらに，著書『保険の競争理論』（昭和42年）に萌芽的に見られる保険の「産業組織論」的研究についてである。同書は，先生が昭和36—37年に西ドイツのケルン大学にフンボルト奨学生として留学された折の同僚Dieter Farny

序論　水島保険学の体系と本書の概要　3

の Die Versicherungsmärkte [1961] に触発を受け執筆された一書であり，当時の日本保険学会に新風を吹き込んだ名著である。

過般来，保険経済学分野においては保険者はなんら生産をせず，保険団体のうち事故被災者群団へ無事故者群団から所得移転を代行する，あたかも "messenger boy" のように解釈する学説があった。これに対して，Farny の学説は伝統的なミクロ経済学を「本格的に」保険市場分析へと応用し，その一般性と特殊性とを峻別した。ここで保険は，無形財の範疇内で独自の性格（例：保険供給の非独立性，生産に先立つ販売，需要サイドにおける個人的選好など）を持つ財として取り扱われる。先生はこれを端緒として，応用ミクロ経済学の1つである「産業組織論」的な保険論に取り組まれたのである。その成果は昭和49年の中央公論社夏季特集号「日本の産業組織：生命保険」として結実する。

同著は，代表的な生保経営者のインタビューを踏まえ，日本の生命保険業界を実証分析した本邦初の試みである。それは，当時の日本生保市場がいわば「護送船団体制」あるいは「保険ムラ的状況」下にあると論じ，いまや生保業界での有効競争が必要だと指摘する——とりわけ「外野制度」の非効率性を指弾し，差額地代的含み益の第三者機関を介した契約者への返還を提唱する——ものであった。この指摘は，同年の保険学会共通論題に取り上げられたばかりでなく，さらにその思潮は昭和50年の保険審議会答申にも反映されることとなる。

以上で，先生の代表的「個人」研究を望見した後，以下，先生が後続者たちと「共同」し，未開の荒野に敢然と立ち向かわれること一再ならずであったことも，ぜひ紹介しておきたい。

昭和58年，先生は実務界と学界の若手を糾合し，近未来の生保業界を展望する「生命保険研究会」を主宰された。また昭和61年には，同様に生活保障システムの輪郭を明確にするため設立された「生活保障研究会」のリーダーも務められた（その成果は昭和62年『生活保障システムと生命保険産業』千倉書房，として公刊）。さらに平成4年には，特殊日本的な保険現象を文化論的に究明する「保険文化研究会」でも主宰者を買って出られた（その成果は平成7年『保険文

化―リスクと日本人―』千倉書房，として公刊)。これらの研究会での成果は，今日に至るまで不朽のインパクトを学界内外に及ぼしている。

　上述してきた先生の学問業績が単なる「机上の空論」と大いに異なることは，平成8年，大蔵省（当時）の諮問機関である保険審議会の会長に学界から初めて就任されたことでも証明されよう。そこで先生は，対内的には橋本内閣の提唱する「金融ビッグバン」構想をめぐって保険の無条件自由化を唱える門外漢に対し，「保険の特殊性」への慎重な配慮を力説された。この際先生の果たされた役まわりは保険の本質を知り尽くした，まさに「保険の守護神」ともいうべきものであった。また対外的には，国難にも等しい「日米保険協議」という激動期，常に保険行政を然るべき方向に導こうと粉骨砕身され，日本国民の福祉向上に少なからぬ貢献をされた。

　同会長職を平成10年に離任された後も鋭い言説は鈍ることなく，「相互主義の終焉？」『文研論集』134号，平成13年および「生命保険事業の将来像―共同研究プロジェクトの趣旨と課題―」『生命保険論集』151号，平成17年など，わが国保険業の正常な発展に寄与するための論稿を発表され続けている。

　揺らぐことのない信念に基づいた先生のご活躍は，学問の領域にとどまらず，実業界そして行政の場においても，偉大な足跡となってわれわれの眼前にある。執筆者一同，どこまで水島先生の教えを受け止め，各分野で成果をあげ得たか内心忸怩たる思いもないわけではない。いまは，今後さらなる研鑽を重ね，成果をあげることをお誓いし，ご寛恕を乞うばかりである。

　以下では，本書に収録された，それぞれの論稿の概要と各論者の問題意識を概括しておく。本書は全15章から成り，テーマごとに最適任と思われる15人の論者が各章に配置されている。

　第1章「リスクと保険文化」（酒井泰弘）では，「リスクシェアリングや保険システムの歴史性・多様性を浮かび」あがらせると同時に，「保険文化のあり方を決める二大ファクター」として「契約観と確率論的思考」を挙げる。前者については「人間の契約観は多様であり，文化と国民性によって大きく影響を

受ける」とし，後者については，「近世日本においては，賭けやギャンブルの数学は発達せず，学問としての確率論は誕生しなかった。このため，近代保険システムの確率的基礎が脆弱なままで，明治維新を迎えることになった」と結ぶ。

　第2章「保険の仕組み」（吉澤卓哉）では，まず保険の基本型の特徴を明らかにした後，典型的な保険制度と保険類似制度との競合する領域が拡大しつつある現状を紹介する。次に，保険の本質に機能的アプローチを行う。具体的には，保険の中心的な機能として「リスク移転」「リスク集積」「リスク分散」を列挙し，この3つの機能を保険の要件とする。さらに目的論的アプローチから，①リスクヘッジ手段であること，②賭博等を抑止する仕組みが内在していること，③制度全体の安定性を確保する仕組みが内在していること，が保険に必須の要件である，とする。

　第3章「保険と金融概念」（藤田楯彦）では，保険は金融という構造の一部に組み込まれているが，保険はあくまでも純粋リスク移転の機能でしかなく，信用リスクという金融本来のリスクを利用している他の金融商品とは異なるものだ，という認識の重要性を説く。むろん，保険業は資産運用行為として金融活動を行うし，自由化が進むことで金融機関における保険の販売も可能になっている。保険の機能と他の金融機能を結びつけた商品の普及が飛躍的に進み，それに伴い保険利用者の自己責任の度合いも強まっている。本章は，顧客が保険の機能と金融の機能を混同して大きな経済的損失を負うことのないよう，保険の機能と金融の本質との違いをまず認識することが自己責任の第一歩だと警告している。

　第4章「生命保険の新潮流」（久保英也）は以下のように要約できる。リスク引受け機能を資本市場が果たす，ART（Alternative Risk Transfer）が増加している。保険デリバティブや保険リスクの証券化，また生命保険の買い取りビジネスもその延長線上にある。これらは保険代替的ではなく，リスク管理の多様な選択肢として，保険と相互補完をなすものである。保険会社がこの機能を使うことにより，新たな再保市場の獲得や資本利用の効率化など保険会社の

リスク引受け能力を強化できる。リスク多様化の時代において，いわば「キャッシュ・フローの組み換え」によるリスク引受け機能の拡大こそが生命保険の新潮流である。

第5章「生命保険需要の変化」（林　晋）では，まず生命保険需要の形成プロセスを解明する。そこでは，保障ニーズと保障手段とを結ぶプロセスに保障への欲求を介在させ，それは生活維持に必要な基本的欲求に劣後する，という特徴が指摘される。次に英国と日本との生命保険需要の歴史を比較し，「生産力発展が一定段階に到達することが近代保険のための客観的条件を準備していったのではなくて，むしろ生産力の発展を図るための手段の1つとして保険制度が位置づけられた」（水島［2006］p. 62）という「特殊日本類型」を紹介する。そして最終節となる「生命保険需要の将来方向性」は，少子高齢化の進展に伴い死亡保障ニーズが減少し，いわゆる生きるための保障ニーズである医療・老後・介護の保障ニーズが増加する，と結ぶ。

第6章「損害保険業の新潮流」（安井敏晃）では，この10年ほどの間に損害保険業を取り巻く環境が大きく変化したことを指摘し，その内容を概観する。筆者は，損害保険業自由化の契機は1995年の保険業改正による規制緩和であるとし，それは保険料率の自由化および業務範囲の拡大に大別できるとする。さらに，副次的な販売チャネルの変化として個人代理店の激減，銀行窓販の浸透などを列挙する。また，保険商品の多様化と損保会社の変化にも検討を加え，保険契約者保護の仕組みとして，ソルベンシーマージン比率と損害保険契約者保護機構との概要を解説する。最後に，2005年に大きく報道された，いわゆる「保険金不払い問題」についても論述する。

第7章「損害保険業と企業価値」（山﨑尚志）では，損害保険会社の企業価値評価に関して論考している。従来の損害保険会社の経営は保険契約者保護の観点から述べられることが多く，株主に対する配慮はあまり考慮されてこなかった。保険業が規制業種であり，株式市場からの締め付けが緩かったことがその原因として挙げられよう。しかし，規制緩和や近年のM&Aブーム等の影響から，損害保険会社といえども買収の危険に立たされる可能性が決してゼロ

ではなくなった。こうした背景から，企業価値評価を行う際に最も重要な要素である資本コストをどのように推計していけばよいかについて議論する。周知のとおり，わが国の損保会社はすべてが株式会社であるため，コーポレートファイナンスの理論に沿いつつ，損保特有の事情を踏まえながら検討を加え，損保会社の加重平均資本コストを推計している。

第8章「共済問題と保険政策」（田村祐一郎）では，以下のように問題を提起する。近年，無認可共済が流行し，経営の不安定やマルチ的勧誘などの弊害が見出されたため，それらを保険監督の範囲に取り込むために保険業法が改正された。では，こうした共済問題は新しい現象であろうか。近代保険業のわが国への移植前からすでに「類似保険問題」が起きており，さらに第二次世界大戦後には「組合保険問題」が起きていた。すなわち，形を変えながら終始この種の問題が続いてきた。その原因の一端は，リスク保障の機能を持つ各種団体のうちから保険業法の規定下にある団体のみを選んで，行政が規制の対象に据えたことにある。さらにその基層には，経済政策は無論，金融分野でも政策が大いに語られてきたのとは対照的に，保険については政策的観点が欠け，もっぱら監督・規制，あるいは取締りという姿勢が偏重されてきたことがあろう。そのような例はいくつかの領域で見られる。一方，生活リスクの保障という観点から，公私保険システムの整合性や各種保険機関の活用といった「保険政策」を展開する余地がある。

第9章「金融ビッグバンと保険経営」（佐藤保久）では，1996年11月の「金融システム改革への取り組み」――いわゆる"日本版金融ビッグバン"が保険経営に与えた影響について考察する。まず，同年4月の改正保険業法の施行，金融ビッグバン，同年12月の日米保険協議の決着について，それぞれの背景，内容等を確認することによって，三者の関連性について明らかにする。次に，こうした一連の動きを保険制度改革ととらえ，その保険経営への影響について，98年7月から実施された自動車保険料率の自由化に焦点を絞り，損保経営への影響を検証する。最後に，自由化の前提として位置づけられている自己責任原則のあり方を取り上げ，保険制度改革との関連を踏まえながら，金融制度改革

の今後の方向性を提示する。

　第10章「保険会社とコーポレートガバナンス」(岡田太志)では，近年，各国においてコーポレートガバナンスに係わる議論が盛んになった背景を確認した後，法学・経済学・経営学といったアプローチの多様性や企業観の違いなどから議論は必ずしも収斂する方向にはないこと，ガバナンスの構築それ自体が経営戦略的意味を持ち始めていること，を指摘し，続いて，①コーポレートガバナンスはマネジメントの上位概念であり，②その目的は抽象的には「よい経営」の実現にある，という観点から，保険会社とコーポレートガバナンスのあり方に係わる課題を考究する。保険学の分野には伝統的にいわゆる「相互会社問題」があり，それがガバナンスに係わる問題意識と近似的であることを確認し，今日のガバナンス改革の問題点と可能性を検討する。

　第11章「保険会社とコンプライアンス」(中林真理子)では，コンプライアンスへの取り組みが緊急の課題となっている現状を踏まえ，日本の保険会社のあり方について検討する。まずは，「保険金の不適切な不払い等の問題」を始め，コンプライアンスへの関心が特に強まることになった背景をさぐることで問題点を整理する。そして，厳格な規制が課される産業固有の問題でもある「関係法令を遵守しさえすれば問題がない」という意識が関係者に蔓延していることの危険性を指摘する。この状況を改善するために，あらためてコンプライアンスの概念規定を確認し，その意味する内容を明確にする。そこから，関係法令を踏まえた上で，組織内で倫理的な価値理念を共有し，「法令遵守を最低限のレベル」ととらえたより積極的な対応が求められることを指摘する。

　第12章「少子高齢化と保険・年金」(佐々木一郎)の要旨は，以下のとおりである。現在わが国では，家計を取り巻く経済・社会環境の諸変化等に伴い，少子高齢社会における保険・年金の有効活用を困難にするさまざまな要因が存在していると考えられる。その要因として3つのポイントを指摘し，その影響を考察する。本章が着目するのは，「少子高齢化そのもの」，「経済格差拡大」，「家計自身の非合理性」である。これらの諸要因によって，既存の保険・年金制度や，家計における保険・年金選択はどのような変容を迫られる可能性があ

るのか分析する。さらに，家計の保険・年金活用には今後，新たにどのような課題が投げかけられるのかについても考察する。

第13章「保険とリスク認知」(田中 隆)の目的は，「保険購入・保険選択の行動が，消費者のリスク認知の延長線上に位置する側面があるとともに，そのリスク認知が，心理的要素，文化的・社会的要素に強く影響される構図を示す」ことである。具体的には「消費者とリスク，保険を取り巻く現象からの問題意識により，リスクの高確率性・明確性・具体性と共に，生命保険が『貯蓄』として消費者に販売され，『助け合い』として社会に普及した現象」に焦点を当てる。そして，これらを「ミスマッチ的現象」として位置づけ，心理的，文化・社会的要素に強く影響される消費者の構図を説明する。

第14章「保険法と諸問題」(岡田豊基)は，保険業の規制緩和・自由化の促進に伴い，保険会社の健全かつ適切な運営の確保などにより，保険契約者や被保険者の法的な保護が必要とされていること，それゆえに，保険業や保険契約を基礎づける法令を遵守する行動（コンプライアンス）が重要な意義を持つに至っていること，に着目する。そこで，まず，保険業や保険契約を規律する保険法（保険契約法，保険監督法等）を概観し，実務上，保険契約の根拠となる約款に関する法理を検討する。そして，保険契約をめぐる法律問題の多くは保険契約の締結過程に関連して生じており，同時にその過程には複数の法令が関係することから，保険契約の締結過程における保険者および保険契約者の権利・義務について確認する。

第15章「保険契約と金融商品取引をめぐる問題―変額保険の近時の判例を中心に―」(今井 薫)は，バブル最盛期から崩壊期におけるわが国の変額生命保険が，保険料一時払いのため銀行の融資とリンクし，さらには高齢な被相続人に配慮して相続人を被保険者とすることで，運用益と銀行借入金利の差がバブル崩壊にさらされる以前に小さく，相続税対策としてのメリットが実際にはほとんど期待できない商品であった事実を，判例を中心に検討するものである。裁判所も，当初は個別には適法な商品であることから，販売過程での取引的不法行為の認定と過失相殺法理を多用したが，近時は，銀行の融資についても一

体的に錯誤無効とするケースが多くなっている。また，解約返戻金による節税を目指した商品の中には，銀行による「当然解約条項」の適用により，ほとんど契約者側に節税効果を期待できない商品があった事実も指摘されている。

　以上，水島先生の薫陶を受けたわれわれの論考を概括するなかで，あらためて「新しい保険の位置，範疇」を再認識し，「それを支える保険制度，法制の建て直し」が急務であることを痛感する。その過程では，研究者，行政，業界が一体となった取り組みが求められ，それらが整うことによって初めて，消費者利益の拡大と保険業の発展とが期待されるに違いない。

　そのいずれの裾野にも及ぶ，水島先生が築かれた広大な業績をここに振り返るとき，その一貫した信念にはあらためて感嘆の思いを禁じ得ない。ここに本書を謹んで水島先生に献じる。

　偉大な学恩を蒙った執筆者一同は，先生の喜寿のお祝いとして各々の研究成果を捧げるとともに，今後もますますご自愛あって，末永くわれわれのみならず，学界，実務界に携わる者にご教導を賜るよう念じて止まない。

第1章　リスクと保険文化
——2つの島国を比較する——

酒 井　泰 弘

1．奴隷貿易と海上保険：18世紀イギリスの裁判から

（1）奴隷貿易廃止200周年記念を迎えて

　2006年11月26日，日曜日の朝のことである。イギリスの一流新聞『オブザーバー』紙上に，一般読者の目を驚愕させる特別寄稿記事が掲載された。その記事とは，著名な歴史家 T. ハント氏（Tristram Hunt）の署名入りの記事であり，「奴隷貿易—イギリスの《悲しい歴史》の長い軌跡」（Slavery : The Long Road to Our Historic 'Sorrow'）という興味あるタイトルが付けられていた。

　2006年という年は，イギリスの歴史にとって特別の重みのある年なのだ。実は，かの悪名高い奴隷貿易がはるか1517年に開始された。この奴隷貿易が，ほぼ300年後の1807年にようやく廃止された。したがって，2006年は「奴隷貿易廃止200周年記念」の年に当たるわけである。分かりやすく言うと，文豪シェークスピアが名作「ヴェニスの商人」[1596]を世に問うた時にも，経済学の父アダム・スミスが大作『国富論』[1776]を公刊した時にも，奴隷貿易が何ら恥じることなく白昼堂々と行なわれ，大英帝国の繁栄と巨万の富を下支えしていた。

　本章のタイトルは「リスクと保険文化—2つの島国を比較する」である。ここで，2つの島国とはイギリスと日本を意味する。私はまず，イギリスの奴隷貿易の実情を垣間見ることを通じて，リスクシェアリングとしての近代的保険システムの光と影の部分を調べたい。そして次に，近世日本の北前船貿易の分

析を通じて，「振分散」と言われる前期的保険システムの有効性と限界を論じたい。このような日英比較を通じて，リスク対策としての保険制度が決して一様ではなく，むしろ各国文化のあり方と密接に関係していることが明らかになるだろうと思う。

　要するに，碩学の水島一也先生（神戸大学名誉教授）が永年力説されておられるように，保険の分析には「複眼思考」が是非とも必要なのである。「文化なしの保険」とは，いわば「王子なしのハムレット」のように，実体なき無意味な存在にすぎないのだ。ハムレットが往時のデンマーク王子とされているから，観客席の人々は悲劇に涙を流すのだ。これが一般市民ハムレットの物語ならば，人々の感激度は非常に落ちるに相違ないだろう。ともあれ，文系の学問には，理系が十八番の汎用性・一様性に加えて，独自な歴史性・多様性を織り交ぜることが不可欠なのである。

（2）三角貿易の一環としての「中間航路」

　イギリスが大英帝国として世界に君臨していた18世紀においては，奴隷貿易が隆盛を極めていた。この奴隷貿易が，世界の商業史上有名な「三角貿易」(triangular trade) の一環を形成していたことに注目したい。

　三角貿易で問題となる「三角形」とは，図表1-1に見るように，イギリス，西アフリカおよびカリブ海諸島の「三点」を結ぶことによって作られる三角形である。幾何学的に言えば，三角形は三辺から成る図形である。三角貿易の第一辺は，本国イギリスの港湾から東回りに，大西洋を南下して西アフリカ海岸に達する「東回り航路」に対応する。イギリス商人たちは，この南下航路を利用して，金属加工品（食器・装飾品など），銃器，酒類，衣料品などを運んだ。そして第二辺は，西アフリカ海岸から大西洋の真只中を，はるか東西に横断してカリブ諸島に到達する「東西航路」を指示する。この東西航路の主要取引品は――悲しい歴史の長い軌跡を物語るが――黒人奴隷であったのだ。少し古い世界地図を眺めると，奴隷海岸，象牙海岸などという名前が残っていたことから，当時の奴隷・象牙などは，現代の原油・天然ガスなどに匹敵するような重要品

1. 奴隷貿易と海上保険　13

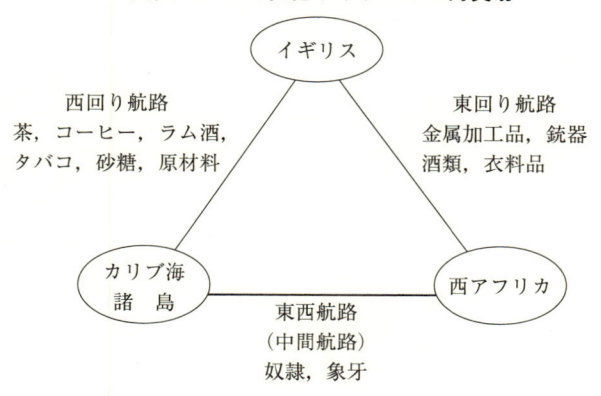

図表1-1　18世紀イギリスの三角貿易

```
                        イギリス
           西回り航路                東回り航路
        茶，コーヒー，ラム酒，       金属加工品，銃器
        タバコ，砂糖，原材料          酒類，衣料品

    カリブ海                              西アフリカ
     諸 島        東西航路
                （中間航路）
                 奴隷，象牙
```

目であったに相違ない。最後に第三辺は，カリブ海諸島の港湾から西回りに，大西洋を北上して本国イギリスへ帰還する「西回り航路」に相当する。この北上航路においては，茶，コーヒー，ラム酒，タバコ，砂糖，原材料などの第一次産物が集中的に運搬された。

　これら3つの航路の中で，一番重要なのは東西航路である。それは東方のアフリカ大陸から西方のアメリカ大陸までに至るまで，大西洋の荒波を東西に横断する大陸間航路であり，特に「中間航路」(middle passage) と呼ばれていた。この中間航路こそが悪名高き奴隷貿易航路に他ならず，積荷品には多額の海上保険が掛けられていた。

　当時の奴隷貿易は，イギリスはじめ，ヨーロッパ諸国にとっておカネの儲かる「宝の山」であった。この点については，冒険小説『ロビンソン・クルーソー漂流記』[1719]の著者として有名なダニエル・デフォーが，その経済専門書『イギリス商業論』(A Plan of the English Commerce, 1728) の中で次のように書いている。

　「イギリス本国であれ，他のヨーロッパ諸国であれ，その主要貿易品目は奴隷，象牙および金鉱石の3つであった。このような貿易は，大きな利益を

生む有利な商業活動であった。そして，それが特に法外な利益を生んだのは，上記品目が現地の住民から安価に購入できた場合なのであった」(原書329ページ，筆者訳)。

そして，奴隷貿易が大英帝国に膨大な富と利益をもたらしていた絶頂の1783年に，海上保険の歴史でも特異な大事件が発生した。まさに「栄光の光と影」というべき事件である。それについては，以下で詳しく述べるのが妥当だと思う。

(3) ゾング号事件と保険裁判

上述の『オブザーバー』紙寄稿記事についてであるが，その抜粋は実は，日本の英字新聞『ジャパン・タイムズ』2006年12月2日号にも紹介されていた。同記事が力説するように，18世紀イギリスの奴隷貿易はリスクに満ち満ちていた。例えば，西アフリカの象牙海岸からカリブ海諸島ジャマイカまでの「中間航路」は，ハリケーンや暴風雨などに見舞われることが多く，大西洋の荒波が非常に暴れる難コースであった。

とりわけ，奴隷運送の貨物船は，その特殊事情のためにリスクが大変高かった。この特製貨物船は，その中段および下段デッキのすべてが奴隷運送用に改造された。手首と足首を連結鉄鎖に縛られた奴隷たちは，まるで丸太の隊列のように寝かされた状態で無慈悲に並べられており，手足を動かす自由が全くなかった。奴隷の死亡率は通常20%前後であり，5人に1人の割合で死亡するという悲惨な状態であった。運搬事情が最も円滑に運んだ時ですら，死亡率が5%を下回ることがなかったという。

時に1783年，ルーク・コリンウッド船長 (Captain Luke Collingwood) の率いるゾング号 (Zong) は，保険史上で異常な事件を引き起こした。この事件を詳しく吟味することを通して，リスクと保険文化との間の深い関係を明らかにしようと思う。

実は，西アフリカ海岸で多数の奴隷を仕入れた貨物船ゾング号は，遠く大西

洋のかなたカリブ海ジャマイカ島へと向かった。コリンウッド船長の航海は，出航当初から困難を極めたようだ。大西洋上は強風が吹き荒れ，ゾング号の操縦がままならなかった。中間航路の航海には通常数週間程度を必要としたが，この時は悪条件が重なって数ヶ月経っても洋上をさまよっていた。貨物船のデッキには多数の奴隷を満載していたが，彼らの健康状態が次第に悪化し，ついに総数440人の生命が危ないという緊急事態を迎えた。飲料水が枯渇し，蓄えの食料も尽きかけていた。そこで船長は情容赦なく，130人の病弱奴隷を船外に投棄する，という決断を下した。各奴隷には当時の価値で50ポンドの「海上保険金」が掛けられていたが，船長は130人の奴隷遺棄によって，残りの奴隷の「商品価値」の維持を図る，という非情な決定を行なったわけだ。

船長はイギリスに帰国後，保険会社に対して不埒にも，「奴隷遺棄130人分の保険金支払い」を請求した。ところが，保険会社はこの請求に応じなかったために，最終決着は裁判所に任されることになった。この裁判が刑事裁判でなく，民事裁判であったことに注目して欲しい。というのは，当時の奴隷は（ひどい話であるが）人間扱いされていなかったからである。つまり，裁判官は，殺人事件ではなく，損害賠償事件を担当したわけである。

裁判官は原告たる船長と，被告たる保険会社との弁論のやりとりを時間をかけて傾聴し，十分に慎重審理した。審理の結果，裁判官が下した判決は，「原告の主張が正当なり。被告は原告に対して，契約通りの保険金額を即刻支払うべし」というものだった。

ゾング号事件の顛末は上述のようである。当事件は，その異常性のゆえに，様々な教訓を後世に残した。第一の教訓は，当時において海上の運搬リスクが並々ならぬほど高かったことだ。船体損傷や座礁などの海難事故だけでなく，運送貨物の損傷や商品価値の下落が船主の関心事となった。航海が予定通りいかないと，損傷や価値下落の程度がそれだけひどくなるわけだ。

第二の教訓は，海上リスクマネジメントとしての保険の有用性と限界である。一般に，保険はリスク分散の手段として極めて有用である。だが，ゾング号事件が示すように，保険金支払いの話し合いが決裂して，裁判で最終決着という

ことにもなりかねない。さらに，保険料が高額になることも多かったために，保険に入らない「ヤミ船」が横行していたようだ。この点について，かのアダム・スミスは『国富論』[1776] の中で，次のように述べている。

「普通の保険料がどれほど穏当であろうとも，多くの人はリスクを軽視しすぎて，保険料を支払うことを気にかけない。イギリス王国全土の平均をとってみると，20戸の中の19戸，否恐らくは100戸の中の99戸は，火災保険を付けられていない。海上リスクは大多数の人にとっては火災よりもっと大変なことであるから，被保険船の無保険船に対する割合は，火災保険における家屋の場合よりも大である。とはいえ，多数の船は，あらゆる季節に，否戦時中でさえ，全然保険もつけずに航行している」（大内兵衛・松川七郎訳[1959]）。

これを読めば明らかなように，18世紀イギリスにおいて，保険制度はすでに成立していたが，その加入率は一般に甚だ低かった。火災保険の加入率は5％以下，恐らく1％程度かもしれないという。海上保険の加入率はもっと高かろうが，スミスの嘆きから察するに20％程度の低さだったかもしれない。私が思うに，恐怖の「中間航路」の奴隷貿易船の保険加入率も50％を上回ることはなかったかもしれない。

ところで，シェイクスピアの『ヴェニスの商人』[1596] では，商人アントーニオは金貸しシャイロックから借りた大金を返すことができず，「1ポンドの肉を切り取るかどうか」ということが民事裁判の論点となった。近代的な海上保険制度は，イタリアでは古く14世紀後半に生まれているから，アントーニオは海上保険に加入できたかもしれない。だが，保険加入率が非常に低かったから，アントーニオの借金行動はあながち無謀だとは言いきれまい。しかも，仮にもしシナリオが保険金支払裁判に変質していたならば，シェークスピア作品の輝ける魅力が大変減殺してしまったことだろう。

第三の教訓は，経済取引とモラルの問題である。奴隷貿易が当時の大英帝国

の繁栄を支えていたわけだから，人々が経済取引を通じて，高きモラルを実現するという保証はないのだ。経済とモラルの間に立つのが，いわば文化である。一国の文化が違えば，モラルも違うし，経済のあり方も異なるのだ。文化なしの経済をいかに抽象的に論じても，それは「実体のない虚像」であろう。人はリスクに直面して，保険という上手なリスク対応策を考案した。このリスクと言い，保険と言い，それらはともに各国文化という制約を受けている。

　要するに，われわれは18世紀イギリスの奴隷貿易と海上保険を調べることを通じて，「リスクと保険文化」との間の密接な関係を明らかにすることができた。それでは，当時の日本では，かかる関係は一体どうであったのであろうか。次節において，この点を立ち入って論じてみようと思う。

2．近世日本の海上リスクとその対策

（1）二つの島国：日本とイギリス

　日本とイギリスは，ともに島国である。ユーラシア大陸の東端に位置する日本は，日本海・東シナ海を通じて韓国・中国と隣接しているが，その東方には洋々たる太平洋が横たわっている。ユーラシア大陸の西端にあるイギリスは，北海・バルト海を通じてフランス・ドイツなどと近接しているが，その西方にははるかなる大西洋が存在している。

　したがって，日本はイギリスと同じく「海洋国家」である。したがって，日本は本来，海上交易なしには経済社会が成り立たないはずだ。海上交易には必ずリスクが伴う。しかし，海上リスクに対する対処法に関しては，これら2つの島国の間では相当の違いがあるようだ。この違いは，両国間の文化や国民性に基づくのであろうか。また，一方の国が進んでいて，他方の国が遅れていると断言できるのであろうか。2つの国のリスク対処法は，将来において1つのものに収束するのだろうか，それとも埋まらぬギャップはそのまま残るのであろうか。これらの点を，以下詳しく吟味していきたいと思う。

「近江を制する者は天下を制す」という言葉がある。戦国時代において，武力でもって「天下取り」を企てた織田信長，豊臣秀吉，徳川家康などの武将は，京の都に攻め入る前に，東西南北の交通路の要の位置にある「近江路」を支配する必要があった。実際，「天下分け目の決戦」と言われた「関ヶ原の合戦」を制した徳川家康による幕藩体制が，爾後260年の長きにわたって，近世日本の社会経済システムを支配することになった。

私見によると，上の言葉に対しては，経済・商業の立場から，もう1つの別の解釈を付与することが可能であろうと思う。実は，近江の風土に誕生した「近江商人」は，北海道に達する全国的流通網を築き上げ，経済・商業の点から天下を制することに成功したのである。こういう近江商人は，いろいろなリスクに直面して，独自のリスク対策を立てていたに相違あるまい。興味ある問題は，近江商人のリスク対策が，すでに論じた大英帝国の商人のリスク対策と似ているかどうか，という点である。この点を念頭におきながら，北の幸を商品化した近江商人たちの活躍ぶりを論じてみようと思う。

(2) 外村 繁『筏』と「交易三角形」

東近江の中心部は水郷地帯であり，そこに現在の近江八幡市がある。その一角には，白壁と土蔵が綺麗な「近江商人屋敷」の一群が厳然と存在しているのだ。そういう商人屋敷に生まれた作家・外村 繁（1902—61）は，自らの体験に基づいて近江商人の生き様をリアルに描いた独自の「商人小説」シリーズを発表した。繁の実弟・孝兵衛は蝦夷地（今の北海道・青森・秋田）に憧れて，かの地で農作物の生産を実際に試みるが，不幸にも海の事故に遭遇して他界したと言われている。弟を亡くした兄貴の気持ちは，察するに余りあるというものだ。

外村 繁の代表作の1つ『筏（いかだ）』［1956］の中には，次のような文章がある。

「ここが函館の港でございます。上方の船は多く江差，福山へ入りますが，

2. 近世日本の海上リスクとその対策　19

江戸の船はまずこの港に錨をおろすのがふつうなようです。ほらご覧なさいませ。四つの半島に囲まれて，湾内深くに湾を抱きまして，誠に自然の良港かと存じます。申すまでもなく，函館奉行所のございました所で，戸数一千とかもうしますから，既に数千の人間が住んでいる物と存じられます。…ここが江差でございます。戸数二千ともうします。フトロ，シマコマキ，シツツ，オタスツ，カムイ岬，ここより北には和人の婦女は行くことが許されないのだそうでございます」

　上の文章から，中世から近世において，「蝦夷地」（函館・江差・津軽など）と「上方」（京・大坂など）と「江戸」（および周辺の関八州）という三地域が，非常に密接な経済・商業関係を取り結んでいたことが容易に分かる。しかも，かかる三点を結んでできる「交易三角形」は，中世・近世日本の経済商業活動の大きさを如実に物語っているのだ。この点を詳しく描けば，図表1-2のようになる。

　注意して欲しいのは，当時の「蝦夷地」とは，当時の和人にとって辺境・異郷地域を意味する言葉だということだ。それは，現在の北海道全域だけでなく，

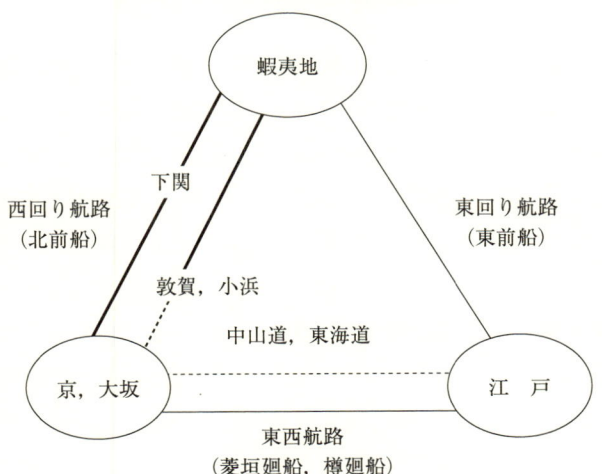

図表1-2　近江商人と蝦夷地貿易

```
                    蝦夷地
                   /  |  \
                  /   |   \
        西回り航路 下関       東回り航路
        （北前船）            （東前船）
                /     |     \
               / 敦賀，小浜    \
              /   中山道，東海道 \
            京，大坂 - - - - - - - 江　戸
                     東西航路
                （菱垣廻船，樽廻船）
```

青森・秋田などの津軽海峡周辺など，実に広大な地域を含んでいた。

京（今の京都）は794年の平安京遷都以来，千年以上の長きにわたって日本の都であった。都大路から東山を越えれば，日本最大の湖・琵琶湖がある。この琵琶湖沿いに北へ山越えすれば，そこからは日本海の大海原が広がっている。当時は，日本海のほうが太平洋より重要な海域であり，洗練された京文化が日本海沿岸の各地域へと伝播された。それとは逆方向に，蝦夷地との交流が京文化に対しても，少なからざる影響を与えている。例えば，上方では正月の「お鏡餅」に上質の昆布を添え，棒だら・数の子を喜んで食する習慣がある。このような「北の幸」はもちろん，日本海経由で京・大坂に運ばれたものである。

図表1-2をご覧いただきたい。実線が海上交通，点線が陸上・湖上交通を示す。蝦夷地，上方および江戸が物資輸送の三大拠点である。そこには，蝦夷地と上方を結ぶ「西回り航路」，蝦夷地と江戸をつなぐ「東回り航路」，上方と江戸を直結する「東西交通路」が存在した。このような三大交通路をもう少し詳しく述べてみよう。

(3) 西回り航路と北前線

第一の西回り航路は，日本海を利用して，はるか北の蝦夷地から京・大坂へと海産物を送るルートである。歴史的に見ると，このルートには，二通りのものがあった。「古いルート」は，函館・江差・津軽など，北方の港から日本海沿いに南下し，越前の敦賀や若狭の小浜などの良港に至るルートである。そこで積荷を下ろして，街道沿いに山越えして琵琶湖に到達する。そして，琵琶湖と淀川水系の水上交通を利用して，北の幸が京・大坂などの消費地に届く。

昔の近江商人たちが，この古いルートを利用したが，それは非常に骨の折れる難儀なルートであった。まず，海路から陸路へ，さらには水路へというような輸送手段の変更は，無駄な労力と物資の目減りなどのコストを生む。実際，海産物だけでなく，日本海ルートを利用して米輸送することも多かったが，「欠米（かんまい）」という目減り現象が続発したのだ。とくに，船から馬，馬から船，馬から馬へと積み替えを行なう際には，米は非常にこぼれやすい。一

説によると、敦賀―大津間の輸送における「欠米率」は5％に近かったという。

そこで、同じ西回りルートと言っても、陸路によらず海路のみによって、蝦夷地・日本海沿岸の物資を上方に送るルートが後に開発された。この「新しいルート」は、日本海をはるかに南下して、長州下関経由で瀬戸内海に入り、大坂天満の倉庫に向かうコースであった。これは古いコースと比較して、距離的にはるかに迂回するコースであるが、輸送物資の傷みや目減りが非常に少ない有力コースであった。江戸時代中期以後になると、このような「北前船オンリー・コース」が、頻繁に活用された。

「北前船」（きたまえぶね）という呼び名について一言。北前船とは、船の姿かたちのことではない。それは、日本海の港から瀬戸内海を通って大坂の港に入ってくる船に対して、上方サイドの人間が好んで呼んだ名前である。実際、「北前」とは、瀬戸内や大坂の人々の目から見て、はるか北方の日本海側の陸地を示す言葉として用いられていたという。しかるに、日本海側の北陸地方の人々は、日本海側を航行する船を「弁財船」、「千石船」などと呼んでいた。本章では、こういう細かい区別をせずに、単に「北前船」という通称を一般的に使用したい。

さて、西回り迂回航路を利用した北前船商売は、いわゆる「ハイリスク・ハイリターン」の商売であった。日本海航路はリスクの大きい航路で、各種の海難が頻発した。特に、冬の日本海は荒れることが多く、航路利用に多大の支障をもたらした。冬季以外の季節においても、難破や漂流、積荷の放棄・盗難さらには海賊のリスクも存在した。しかし、地域価格差の大きい中世日本においては、もし航海に成功すれば、「利益千両」と言われるくらいの巨額リターンが発生したのだ。

思うに、大損と大儲けが並存する北前船商売は、現代で言うところの「リスクマネジメント」の格好の対象であったはずである。海上保険制度はもちろん、海上リスクに対する最も有力なリスクマネジメント手段である。ところが、北前船の現存資料や研究成果を見る限り、当時においてリスク評価やリスク分散の諸々の手段が講じられてはいるものの、ヨーロッパで発達したような近代的

海上保険システムが成立することはなかったようである。

　第一の採りうるリスク対策は,「神頼み,仏頼み」である。海岸近くの各神社仏閣には,北前船の見事な「絵馬」が奉じられ,海上運送の無事が祈願された。西宮の住吉神社や,その分家の大坂の住吉大社は,航海の無事と大漁をともに祈願する神社として特に有名であった。時には,船主がいわゆる「難船絵馬」を神社に奉納することを通じて,過去の海難事故の犠牲者を慰めるとともに,将来の航海の無事をひたすら祈願した。

　第二のリスク対策は,船乗り仲間内での「リスクシェアリング」である。この点については,近江商人研究の第一人者・故小倉榮一郎教授は名著『近江商人の系譜』[1980] の中で,次のような興味深い一文を書いておられる。

> 「豪商といわれる商人の取扱量は当時でも年間何十万反の布である。船,牛車,荷車あらゆる輸送手段を最大限に利用している。…
> 　海難が多かったから,〔近江商人たちは〕仲間をつくって,海上積金というものを設けた。今日の海上保険制度である」

　この「海上積金」なるものは,仲間内で予め一定金額を積み立てプールしておき,海難事故の時に被害者に一定見舞金を差し上げるというシステムである。これは「不慮の事故」に備えて,複数の人間の間で一定金額を予め拠出しプールする点では,リスクシェアリングの一種である。だが,拠出者が商人仲間に限られており,独立の第三者が特定商人との間で海上保険契約を結ぶというものではない。この点において,海上積金は一種のリスク分散手段であり,かくて海上保険制度の「前身的存在」——水島一也教授の言われる「前期的保険」——ではあるものの,「近代的保険」そのものとは言えないかもしれない。だが,近江商人たちは,今日の海上保険に至る「道筋」をつけた先駆者たちであったと評価されてもよいだろう。

(4) 東回り航路と東西交通路

　蝦夷地から本州の消費地へと南下するルートは、日本海経由の西回り航路に限るものではない。江戸中期においては、「八百八町」の江戸が、「八百八寺」の京や「八百八橋」の大坂を上回るほどの大消費地に発展するようになった。それにつれて、北方の蝦夷地からの「江戸直送」に関わる「東回り航路」が新たに開発され、繁盛していった。

　上述の作品『筏』から明らかなように、「東前船」（ひがしまえぶね）と呼ばれた江戸の船は、函館の港から鮭・昆布などの海産品を満載して、三陸沖から太平洋沿岸をはるかに南下して「花の江戸」に向かった。特筆すべきは、松前の商人・伊達屋林右衛門の「宣徳丸」による本州一周航路の確立であろう。この船は1838年、蝦夷地の松前にて塩鮭を積んで出帆し、箱館で昆布を積み増し、1ヶ月で江戸の品川に寄港した。江戸で塩鮭・昆布を下ろした船舶は、品川から兵庫まで東西航路を西行し、途中で塩を購入して、日本海経由で再び松前に帰還したという。これは、日本の商人による一大航海物語である。

　東前船の商売も、上述の北前船のケースと同様に、恐らく「ハイリスク・ハイリターン」の商売であったに違いない。何しろ、津軽海峡や三陸沖・日立沖は、風雪が激しく吹き荒れ、大波が逆立つ海の難所である。それでも、江戸直行航行の成功は船主に破格の暴利をもたらしたのに違いない。恐らくは、商人たちは仲間うちで海上積立金を設けて、一種のリスク・プーリングを図ったことであろうと思う。

　江戸時代において、江戸、京および大坂は、他の町村に比較にならないくらい大きな「三都」であった。中でも、全国各地から商都・大坂に集結された諸々の商品を、当時恐らく世界最大の消費都市・江戸まで無事に運搬することは、喫緊の商業経済活動であった。

　江戸以前の中世においては、上方と江戸を結ぶ主要ルートは、中山道や東海道などの陸路を通るルートであった。図表1-2において、「交易三角形」の底辺の「点線部分」が、かかる陸路コースを表す（なお、「実線部分」は、後述す

る海路コースである)。そして，このルートを最大限利用する形において，近江商人と呼ばれる一群の流通業者が江戸時代に大活躍したのは，あまりにも有名な史実である。

　中山道にせよ東海道にせよ，出発点は江戸であり，到達点は上方である。例えば，私が子供時代に熱中した「双六遊び」によると，江戸・日本橋から京・三条大橋へと上る東海道五十三次の旅道中が楽しく描かれていた。琵琶湖を抱える近江地域は，東西交通と南北交通の交差路としての絶好の地理的位置を占めていた。さらに，天領・旗本領や各群藩の飛地が複雑に入りこんでいたために，本領や「お上」からの統制が比較的に緩やかであったと言える。いずれにせよ，俳聖・松尾芭蕉によって「行春を近江の人とをしみける」と詠まれた近江商人たちが，江戸時代に全国的な商業流通ネットを構築して，モノ・カネ・ヒト・情報の流れを一手に引き受ける存在になっていた。

　近江商人はもともと，中山道・東海道などの陸路を使って，蚊帳・畳表・上布・薬などの商品を江戸・坂東に運搬した。これを「持下り荷」(もちくだりに)と言う。その帰途には，生糸・海産物・紅花などの商品を東方で仕入れて，京・大坂にまで運送した。これを「登せ荷」(のぼせに)と言う。近江商人の家訓は，「売り手よし，買い手よし，世間よし」という「三方よし」の精神で貫かれていた。近江商人の商業観は，売り手・買い手相互間における長期間の信用・信頼関係に基づくものであったので，商品の品質保証，納期の遵守と約束履行，暴利の回避などに意を用いた。

　中山道・東海道の道中は比較的安全であったとは言え，風雨による商品劣化，窃盗・強盗などの刑事事件が時に発生したに相違なかろう。ところが，私が近江商人関係の書物を渉猟するかぎり，陸路での「輸送・流通リスク」の話がほとんど言及されていないのだ。思うに，近江商人サイドが，かかるリスクを全面的に引き受けていたのだろうと推量する。後述の海路になると別の話になるが，こと陸路に関するかぎり，商人グループ間の「リスク積立金」もなく，関係者間の信頼関係だけが唯一絶対の「リスク対策」であったようである。

（5）菱垣廻船から樽廻船へ：「振分散」の効果

　上方と江戸の間での輸送ルートとしては，陸路の使用が確かに便利である。だが，物量の大量輸送という点では，海路のほうが陸路よりはるかに優れていることは論をまたない。そこで，江戸中期になると，紀伊水道を経て太平洋に南下し，熊野灘から遠州灘などを経由して江戸湾に入るという「黒潮ルート」が開発・発展した。この黒潮ルートで活躍した船舶は，特に「廻船」（かいせん）という。この海路輸送は，陸路輸送よりも「ハイリスク・ハイリターン」であった。古今東西，海はリスクとロマンの故郷なのである。

　初期に活躍した廻船は，舷下部を菱組の格子で装飾したことから，特に「菱垣廻船」（ひがきかいせん）と呼ばれた。最初の大坂―江戸間の運行は，1619年前後のことである。記録によると，菱垣廻船は，実に多様な品物を上方から江戸に輸送した。1694年に，江戸の廻船問屋の人々が「十組問屋仲間」（とくみどんやなかま）を結成した。加藤貞仁氏の力作『海の総合商社　北前船』によると，その構成メンバーは，①塗り物，②絹布・雛人形，③小間物・荒物，④薬・砂糖，⑤釘・鉄物，⑥綿物，⑦畳表，⑧水・油，⑨紙・ろうそく，⑩酒樽なら成る十組の問屋であったと言う。大坂の菱垣廻船問屋と江戸の十組問屋がいわばスクラムを組むことによって，菱垣廻船が大坂―江戸ルートの花形船舶となったわけだ。

　菱垣廻船はこのように，10種類以上の多様な商品を運ぶことによって，輸送コストの低減化を図ったが，リスク管理上の点から光と影の部分を同時に発生させることになった。その理由は，十組問屋が果たした重要な役割の1つが，海難に伴う諸損害を共同負担することであったからである。これは「振分散」（ふりぶんさん）ないし「振合力」（ふりごうりき）と呼ぶ。詳しく言うと，各組の世話役は，いわゆる「分散勘定」を設けて，リスク負担の配分割合を決めた。当然の成り行きとしては，リスク負担割合は各組平等が原則であったが，実はこのことから思わぬ「仲間割れ」が生じたのだ。

　菱垣廻船が運ぶ商品には，「軽重大小」の差があるのが当然である。廻船航

行の安定を図るためには，絹物や綿物などの「軽い物」が甲板上に置かれ，酒樽や鉄物などの「重い物」が船底に置かれることになる。当時の回船では，激しい風雨や高波に遭遇すると，運送商品の海上投棄に迫られるが，この場合に甲板上の品物をまず海に捨てることが普通だった。このような海上投棄を「荷打」（にうち）と言う。この荷打の場合には，船底の荷物，特に酒樽には何ら被害がないのに，酒問屋は甲板積みの荷物の損害まで損害負担をしなければならない。このことから，酒問屋は他の問屋との間で不仲となり，やがて酒問屋だけの廻船，すなわち「樽廻船」という酒樽オンリーの船舶が分離運行することになった。これは，菱垣廻船の登場から100年以上も経った1730年ごろのことである。

　酒問屋同士の間においても，海難の損害を互いにリスクシェアリングする「振分散」の仕組みが保持されたはずだ。当時の江戸においては，伏見・伊丹・灘などの「上方の酒」が，上質の「下りもの」として喜んで賞味された。これに対して，江戸周辺で醸造された酒は「下りものでない」，つまり「くだらない」として，あまり歓迎されなかった。この当時から，「伏見の清酒，灘の生一本」が酒飲み連中の垂涎の的であったようだ。

　記録によると，上方―江戸間の樽廻船は大いに繁盛し，時には年間百万樽に及ぶ伏見・灘の清酒が黒潮に乗って運送されたと言う。当時の江戸は世界に冠たる百万都市であったから，江戸の人々は毎年，1人当たり平均1樽程度の酒を嗜んだことになる。特に，江戸詰めの武士たちは，憂さ晴らしに酒盛りを楽しんだことだろう。これは少し荒っぽい消費量計算であろうが，それはともあれ，上方から江戸への清酒輸送は，「飲んだら，まるで止まらない」と言われるほど，ボロ儲けが約束された花形商売であった。それでも，太平洋の黒潮は名うての暴れん坊であるし，特に紀伊水道・熊野灘・遠州灘・相模灘・浦賀水道のあちこちに「海の難所」が存在していた。実際のところ，海の竜神が暴れた話や，難破船や幽霊船の逸話などが尽きないルートであった。

　現代のリスク経済学の視点から見ると，菱垣廻船や樽廻船は，振分散ないし振合力と言われる「リスク分散」ないし「リスクシェアリング」の仕組みを生

んでいた。特に，樽廻船は，酒樽の運搬だけに関わっているのだ。これは単純明快な運送業務であり，しかも典型的な「ハイリスク・ハイリターン」の商売である。ここで，次のような疑問が出てくるのは筆者だけではないだろう。

「廻船問屋たちが，身内だけのリスクシェアリングにとどまらず，《保険屋》のプロとの間で保険契約を結ぶことをしなかったのは，一体何故だろうか。海難頻度や酒樽損害額の計算はそれほど困難ではないと思われるのに，近代的な海上保険業がそこから発生しなかったのは，一体何故なのだろうか」

こういう疑問を出し，それに答えることは，日本の保険・リスク管理研究者にとって重大な責務であると思われる。筆者自身も残念ながら，現時点において，暗中模索状態から完全には抜け切れていない状態だ。願わくは，本稿全体の分析を通じて，問題解決への有力な道筋が見つかれば幸いであろうと思う。

3．リスクシェアリングと保険文化

（1）リスクシェアリングと保険システム

第1節で述べたように，18世紀イギリスの奴隷貿易において，近代的な保険制度が確立していた。ここでは，保険者と被保険者という法的契約関係が前面に出るようになり，時に保険履行の可否に関する民事裁判が紛争決着の場となった。これに対して，第2節で見たように，同様な時期の近世日本の北前船貿易において，振分散という名の，相互扶助的な前期的保険システムが存在していた。同様な海上リスクを取り扱うにしても，2つの島国において，リスクシェアリングや保険システムのあり方がこのように異なるのだ。

以下においては，歴史的叙述というよりも，むしろ分析的な枠組みを設定し，その中で「リスクと保険文化」の問題を一層深く掘り下げていきたいと思う。イギリスと日本——この2つの島国の比較分析から，リスクシェアリングや保険システムの歴史性・多様性が浮かび上がってくることを願っている。

28　第1章　リスクと保険文化

（2）前期的保険とリスクシェアリング

　話の順序として，これまでとは逆にしてまず，近世日本の北前船貿易によって代表される「前期的保険とリスクシェアリング」のあり方を分析的枠組みの中で議論したい。図表1-3は，水島一也教授の名著『現代保険経済』［2006］内の図表を参考にしながら，筆者なりの改良と味付けを加えたものである（同様なことは，次の図表1-4についても妥当することを予め断っておきたい）。

　さて，構成員が1, 2, 3, 4, 5というふうに，5人いるものとする。ただし，構成員は個人だけでなく，組や問屋のような団体であってもよい。実際，江戸の回船問屋においては，各構成員は結束力の強い組仲間であり，そのような「直接的連携」の様子は，実線の五角形によって表されている。

　構成員の5名は，日常業務において，情報交換と連帯感を強めることに意を用いている。そのうえ，海上リスクに伴う損害に対して，相互間で共同負担しようと考える。比喩的に言えば，1本の矢より，3本の矢のほうが強固であり，5本の矢ならますます頑丈である。

　こういうリスクシェアリングの簡便法は，各構成員ないし各組から1人ずつ，

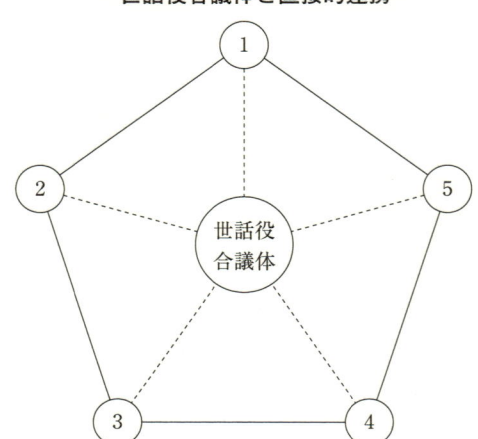

**図表1-3　前期的保険とリスクシェアリング：
世話役合議体と直接的連携**

経験豊富で人格的に優れた「世話役」を提供することである。各世話役は互いの合議体を通じて，リスクシェアリングの配分割合を決定する。通常の場合，かかる配分割合は全くの等分であるか，もしくは適当なウェイトを置いた加重按分であろう。図表においては，このような世話役合議体と各構成員の関係は，中央の5本の点線によって示されている。

　ある構成員と他の構成員の間の関係としては，実線の関係のほうが直接的で強く，点線の関係のほうは間接的で弱いものと見なされよう。

　図表1-3によって示される前期的保険システムは，各構成員同士の互助組合組織であり，個人的・心情的な人的結束力の強さを誇る。そのことから，同システムの長所と短所が同時に生まれるのだ。

　その長所を述べるならば，図表1-3のシステムが何よりも，海上リスクに対する非常に有効なシェアリング・システムとなっていることだ。近世日本の幕藩体制という制約の下において，振分散という独自のシステムを発達させたことは，保険史上において特筆に価することだと思う。それは明治以降の，保険人という近代システムへの重要な橋渡しを演じている。しかも，この互助システムは人間的に非常に強固なものであったから，一構成員の海難に際して，他の構成員たちは単なる経済的サポートだけでなく，物心両面にわたる総合的サポートをしたであろうと思われる。

　上記の長所は，そのまま短所となることを述べておきたい。第1に，振分散のシステムだけでは，構成員の人数が限られているから，巨大な海上リスクに対する保険額として不十分であるかもしれない。もし積立金を大幅に超える海難事故が発生した場合には，どのように対処すればいいのであろうか。第2に，各構成員から世話役を1人ずつ出すということであるが，これではシステム運営が有力者の独断的裁量に陥るリスクも否定できない。

　保険システムが大規模に，かつ客観的に発達するためには，各構成員の個人的利害から独立の保険者，ないし保険会社の存在が不可欠となるだろう。

（3）近代的保険とリスクマネジメント

図表1-4を眺めてみよう。中央に位置するのは，各構成員の利害から「独立の保険者」である。ここでは，例えば2人の構成員1と2の連携は，もはや直接的ではないのだ。この2人はお互いに対面したことも，文書を取り交わしたこともないかもしれない。それでも，この2人の間には，第三の人間，つまり保険人を介在して，間接的に連携しているのだ。

新しい図表1-4を古い図表1-3と比べてみれば，両者の「実線―点線関係」がちょうど逆になっていることが分かる。つまり，実線が点線となり，点線が実線となっているのだ。その理由はもちろん，中央の大円部に位置する人間が「世話役の合議体」から「独立の保険者」へと変化したことに由来する。

近代的な保険システムは，独立の保険者プロを置くことによって，保険規模がはるかに大きくなり，保険運営も客観的な確率論に基づくようになった。これはもちろん進歩であるが，その反面において，保険者と非保険者との人間関係が希薄になったことは否めない。もし人間的な信頼関係があまりにも希薄になれば，そこにモラルハザードが介入する余地も生まれよう。近代的な保険シ

**図表1-4　近代的保険とリスクマネジメント：
独立の保険者を通じての間接的連携**

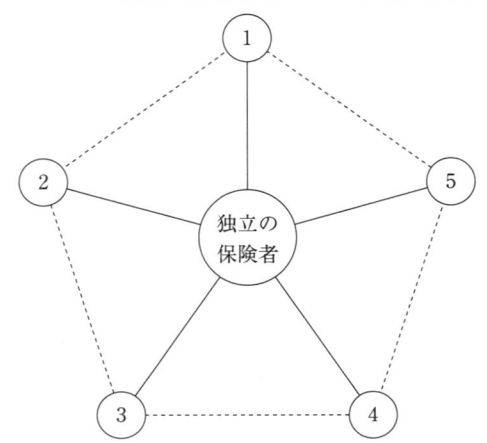

ステムは一見強固であるが，瓦解する時は案外脆いものであることを忘れてはならない。

4．リスクと保険文化を再考する

(1) 日本の文化と保険の間の「ミスマッチ」

　本稿の執筆時から15年も前のことである。世間では「十年一昔」と言うから，はるか「一昔半以前」のことかもしれない。だが，「生命は短く，学問は長い」とも言うではないか。実は，一昔半前の1992年に，水島一也先生（当時は神戸大学経営学部教授，現神戸大学名誉教授）を座長として，「保険文化研究会」という名の研究グループが結成された。

　爾後3年間，月に1回のペースで，東京池袋・サンシャイン66の一角にあった財団法人生命保険文化センターにて，保険の問題を文化的・学際的視角から解明しようとするユニークな研究活動が活発に行なわれた。私は当時，北関東にある筑波大学社会科学系に勤務していた。つくばから池袋まで，毎月の例会に出席するのが私の無上の楽しみであった。

　上記研究活動の研究成果が，話題作『保険文化―リスクと日本人』（千倉書房，1995）であった。その中で，編著者の水島一也教授は，次のような興味ある文章を書いておられる。

　「保険という仕組みへの理解度，さらには保険思想という観点からすると，《保険大国，必ずしも保険先進国とはいえない》という現実に直面することになる。より突っ込んでいえば日本の文化と保険の間には，ミスマッチがあるのではないかという疑問を拭い去ることができないのである。この点の解明に取り組むのが，この研究プロジェクトの主要目的の1つでもある」

　日本の文化と保険の間の「ミスマッチ」――この点の指摘は，当時の私には

大変新鮮で，刺激的に聞こえたものだ。そのような不思議な「ミスマッチ」の解明が，以後の私の研究方向の1つとなったが，現時点においても100％納得のいく解答を見出していない。本稿は，そのための「模索の旅」の途中でものにした小論なのである。

　本章で詳述したように，近世日本の商業貿易活動において，「振分散」という相互扶助的な保険システムが独自に考案・活用された。それは，もう1つの島国イギリスで発達したような「保険人・被保険人間の法的契約」ではない。だが，この振分散のシステムは，近代以前の「前期的保険」システムという理由だけで過小評価されるべきではないように思う。近世日本における近江商人の活動は蝦夷地にまで及んでいたし，その広範囲の流通・情報ネットワークは，世界史的にもっと然るべき評価が与えられてよい。ここで取り上げた振分散というシステムも，近世日本の封建体制下において考案された，非常に利口で有効なリスクシェアリング・システムであったように考える。

（2）契約観の多様性と国民性

　保険文化のあり方を決める二大ファクターがあると言う。それは，契約観と確率論的思考の2つである。以下では，商人の通商活動と振分散方式を念頭に置きながら，日本人特有の契約観や確率論的思考を論じてみようと思う。

　日本人の多くは「契約オンチ」であると言われる。確かに，現代の「振り込め詐欺」や「原野商法」のように，契約内容をろくに読まずに，手軽に契約書にサインし，後で取り返しのつかない事態になることが稀ではない。また，連帯保証人制度のように，親類や知人が本人の借金返済を連帯的に保証することも，よく行なわれている。だが，よく考えてみると，このようなことは法的な「契約オンチ」を示すと言うよりは，人的な「信頼第一」を表すものではないだろうか。

　日本の商業活動においては，自分だけの目先の利益最大化よりは，世間全体を考慮した長期的な信用確保こそが最重要課題である。例えば，北前船貿易や東西交易などで活躍した近江商人が愛した家訓の1つに，「売り手よし，買い

手よし，世間よし」というのがある。商品の売り手だけが，買い手の弱みに付け込んで暴利を貪ることは，世間的にも良くないことと見なされていたのだ。実際，上述の回船問屋たちは気心の知れた仲間たちであり，契約書の紙切れよりも，世話役の合議のほうを信用したのも十分納得できる。「紙切れ」と「合議」のどちらが優れた方式であるか——それは文化や国民性を抜きにして論じることはできないだろう。

早い話，地球温暖化を防止するための「京都議定書」というものがある。議定書採択から長い歳月が流れたが，議定書署名国も非署名国も，二酸化炭素排出量制限の約束をほとんど守っていないのが，悲しき現実の姿である。ここに，「信無くば立たず」という金言が想起されるのである。

要するに，人間の契約観は多様であり，文化や国民性によって大きく影響を受ける。文書による約束は，1つの方策であるものの，それはせいぜい契約の「入り口」にすぎないのだ。「最後の決め手」となるのはやはり，人と人の間の信頼関係なのである。

(3) 確率論的思考の東西比較

保険の技術的基礎となるのは，数学的な確率計算である。損害保険であれ，生命保険であれ，事故率の正確な把握なしに，保険料率を確定することは不可能だ。ただし，当該の事故率が客観的かつ有意味であるためには，いわゆる「大数の法則」が成り立つほど多数の標本数がなければならない。

上述の廻船問屋の振分散の場合に，大数の法則が成立するほどの標本数が果して存在したかどうかは，議論の分かれるところだろう。北前航路でも東前航路でも黒潮経路でも，船の運航はリスクの大きいものだったし，海難事故がつきものだったことは想像に難くない。だが，そのことから「海難率」が客観的に算定できるかどうかは別問題だ。思うに，中世日本の海難事故の頻度は，「大数の法則」が成立するほど多くなく，せいぜい「中数」程度のものだったのではなかろうか。

それに加えて，確率計算を行なう人間サイドの問題がある。もし人間能力が

優秀である場合には，単なる「中数」程度の標本数から，推理力によって「大数の世界」へと標本数を膨らませることが可能だろう．実際のところ，関孝和（1642―1708）や建部賢弘（1664―1739）を旗手とする和算家たちは，円周率，微積分，行列式などの分野において，西洋の数学者ニュートン（1642―1727）やライプニッツ（1646―1716）に匹敵するくらいの学問的業績をあげていた．しかし，当時の関孝和の社会的影響力は低く，せいぜい華道や書道の師範程度にとどまっていた．

　西洋においては，確率論が「ギャンブルの数学」として誕生し発展したことはよく知られている．例えば，上記の数学者たちより少し先代のパスカル（1623―62）は，フェルマー（1608―65）とともに，ギャンブルの問題解決を契機にして確率論を発展させている．これに対して，日本の和算の書物を読むと，確率や統計の話が全くと言っていいくらい出てこない．思うに，日本ではギャンブラーの社会的地位が低かったために，和算家はギャンブルの分析を回避したのではなかろうか．さらに，日本の数学はおおむね計算技術の範囲にとどまっていて，人間の思想・哲学に影響を及ぼすことがなかった．

　パスカルは名著『パンセ』[1657]の中で，「賭け」の節をわざわざ設けて，神の存在に賭けることの「合理性」についていろいろ議論している．同じような哲学的議論が，日本の思想家によって行なわれたことがあるだろうか．

　要するに，近世日本において，賭けやギャンブルの数学が発達せず，学問としての確率論は誕生しなかった．このために，近代保険システムの確率的基礎が脆弱なままで，明治維新を迎えることになった．この点は，「リスクと保険文化」の問題を考える上で非常に重要なことなのである．

参考文献

Tristram Hunt, "Slavery: The Long Road to Our Historic 'Sorrow'", *OBSERVER*, London, 26 November 2006（T. ハント「奴隷貿易―イギリスの《悲しい歴史》の長い軌跡，イギリス新聞誌『オブザーバー』2006年11月26日号；同記事の抜粋が Japan Times, 2006年12月2日号に紹介）

Daniel Defoe [1728], *A Plan of the English Commerce : Being a Complete Prospect of*

参考文献

the Trade of this Nation, as well the Home Trade as the Foreign（ダニエル・デフォー『イギリス商業論―イギリスの国内貿易および外国貿易に関する包括的試論』，1726年）

Adam Smith [1776], *An Inquiry into the Nature and Causes of the Wealth of Nations*（大内兵衛・松川七郎訳『諸国民の富』岩波書店，全5分冊，1959～66年）

E. T. Bell [1937], *Men of Mathematics*, Penguin Ltd.（田中　勇・銀林　浩訳『数学をつくった人びと』上下2巻，東京図書，1976年）

小倉榮一郎 [1980]『近江商人の系譜』日経新書

小倉榮一郎 [1989]『近江商人の開発力』中央経済社

サンライズ出版編 [2001]『近江商人の道』サンライズ出版

加藤貞仁 [2003]『海の総合商社　北前船』無明舎

外村　繁 [1956]『筏』講談社

水島一也編著 [1995]『保険文化―リスクと日本人』千倉書房

水島一也 [2006]『現代保険経済』〔第8版〕千倉書房

酒井泰弘 [1982]『不確実性の経済学』有斐閣

酒井泰弘 [1996]『リスクの経済学―情報と社会風土』有斐閣

酒井泰弘 [2006]『リスク社会を見る目』岩波書店

橘木俊詔ほか責任編集 [2007]『リスク学とは何か』（リスク学入門Ⅰ）岩波書店

田村祐一郎 [2006]『掛け捨て嫌いの保険思想―文化と保険』千倉書房

木村栄一 [1985]『ロイズ・オブ・ロンドン』日本経済新聞社

小倉金之助 [1964]『日本の数学　改版』岩波新書

第2章　保険の仕組み

吉澤　卓哉

　本章では，まず保険のプロトタイプ（基本型）と特徴を述べ（次述1），保険と保険類似制度の競合する領域が拡大しつつある現状を紹介したうえで（後述2），保険の本質に機能的にアプローチする（後述3）。最後に，この機能的アプローチに不備がないかを目的論的アプローチで確かめる（後述4）。

1．保険のプロトタイプ

（1）保険の典型例と分類

　日本を始めとして世界で行われている典型的な保険とは，保険契約者の立場から叙述すると次のとおりである。すなわち，自己や家族等の身体・財物・財産に関する偶発事象によって経済的不利益を被るおそれのある個人または法人が保険契約者となって，株式会社形態または相互会社形態で組織されている保険会社と保険契約を締結する。保険契約の内容は，一定の偶発事象が発生して保険契約者に経済的不利益が発生した場合には，この経済的不利益の全部または一部を埋め合わせることになる保険金を支払うことを約束し，この約定の対価として保険契約者が保険料を保険会社に支払う。そして，不幸にして一定の偶発事象が発生し，ある保険契約者に経済的不利益が発生した場合には（ダウンサイド・リスク），保険会社は保険契約者に保険金を支払うものである。

　たとえば，生命保険の一種である死亡保険では，被保険者（生命保険の対象となる者のこと）が死亡すれば（＝一定の偶発事象），予め約定された保険金額が保険金として支払われる。また，損害保険の一種である火災保険では，保険の目的（物保険の対象となる物のこと）に火災が発生して（＝一定の偶発事象），

38　第2章　保険の仕組み

火災損害が発生すれば，予め約定された保険金額を限度として，損害額が保険金として支払われる（ただし，保険金額が不十分であれば比例填補となる）。

保険の基本型は上述のとおりであるが，実際には多種多様な保険商品がある。こうした保険を種々の方法で分類することができるが，そのうちの一つに，保険事故の対象による分類がある。この分類では，保険事故の対象が人間であれば「人保険」と言い，それ以外は「財産保険」と言う。また，保険給付の方法によっても分類できる。保険給付は定額給付と損害填補給付に分かれるが，損害填補給付はさらに金銭給付と現物給付に分かれる（定額給付は一般に金銭給付

図表 2-1　保険の分類

保険事故の対象		発生損害	保険給付方法			
			定額給付 ＝「定額保険」		損害填補給付 ＝「損害保険」	
			金銭給付	現物給付 （？）	金銭給付	現物給付
人　間 ＝「人保険」		生　死 ＝「生存保険」 ＋「死亡保険」	A 商法の「生命保険契約」	B(？)	C 商法の「損害保険契約」	D 商法の「損害保険契約」
		生死以外 ＝保険業法の 「第三分野」	E	F(？)	G 商法の「損害保険契約」	H 商法の「損害保険契約」
財　産 ＝「財産保険」	物	直接的損害 ＝「物保険」	(I)	(J)	K 商法の「損害保険契約」	L 商法の「損害保険契約」
		不稼働損害 ＝「利益保険」	(M)	(N)	O 商法の「損害保険契約」	P 商法の「損害保険契約」
	物以外の財産	物以外の特定財産に関する損害				
		一般財産の減少 ＝「責任保険」等				

と考えられている)。

以上の二つの分類方法を用いて保険を分類すると，図表2-1のようになる。なお，一般に，定額給付の財産保険（図表2-1の分類 I, J, M, N）は存在しないと考えられている。

(2) 保険の特徴

保険契約は保険契約者と保険者間のリスク移転に関する合意の一種であるが，単独の保険契約のみで保険が成り立つわけではなく，保険には多数の保険契約が存在することが必要となる。ここで保険の重要な要素・特徴として諸学者が挙げているものを整理すると（図表2-2参照），どの学者もほぼ同様のことを述べているのが一目瞭然である。

2．保険と保険類似制度の競合領域拡大

保険と保険類似制度が競合する領域は従来から存在するし，また，近時にお

図表2-2　保険の要素・特徴

小島 [1928] p. 421	志田 [1933] pp. 8-9	白杉 [1954] pp. 15-38	印南 [1956] pp. 404-405	水島 [2006] pp. 2-30
	偶然性を有する特定の事実	一定の偶然的事件	一定の偶然事実	危険に対する経済準備
経済生活の安固	入用の充足	財産形成の確保	経済準備	
多数の経済主体が団結して大数法則の原則に従う	多数の経済主体の結合	多数経済の集合	多数の経済主体の結合	多数経済主体の結合
	偶然率と入用額に準じた公平な負担	合理的計算に基づく拠金	合理的計算に基づく負担	合理的な拠出
経済的な仕組み	経済施設	経済的制度	社会的経済施設	経済制度
共通準備財産の作成				共通準備の形成

いてさらに拡大しつつある。

(1) 近時の類似保険

日本では以前から，保険に似通った消費者向けの共済（「類似保険」と呼ばれることがある）が社会問題となることがあった（詳しくは第8章参照。なお，根拠法のない共済団体（「無認可共済」と呼ばれていた）は，ようやく2006年4月1日から保険業法の規制下に置かれることになった）。最近でも保険か否かが判然としない事例が散見される。

① 大東建託事件

大東建託株式会社は，建物管理業務を受託した場合には，家主に対して空室保証（家賃相当額の全額または9割の支払）をしている。この空室保証事業が保険業法における保険業に該当するか否かについて，大東建託は金融庁に法令適用事前確認手続（no action letter）を行った。

この照会に対して，金融庁は損害保険業に該当する可能性があると回答した（2006年4月6日金融庁回答）。なぜなら，家主の損害の全部または一部を塡補する契約内容であり，また，空室の発生や解消は契約締結時には確定していない事由によって生じるものであり，かつ，この結果は大東建託の業務により完全に回避することは困難だからだとする。つまり，保険事故の不発生について保険者が相当程度に関与できるとしても（また，相当程度に関与することが保険契約者からも期待されているとしても），少なくとも保険業法の規制対象外になるとは言えないとしたのである（後述3（3）②（b）参照。Cf., New York Insurance Law §1101（a）（2））。

② 賃貸住宅トータルサポート

賃貸住宅トータルサポート株式会社が行った法令適用事前確認手続では，賃貸住宅の経年劣化による損耗等による損害を復旧する役務提供事業について，金融庁は，同庁「少額短期保険業者向けの監督指針」Ⅲ-1-1（1）（注2）

に照らして，保険業には該当しないと回答した（2007年4月13日回答）。

　本件にはいくつかの論点があるが，少なくとも次の2点は重要である。一つは，損害復旧に関する役務提供事業の保険該当性である。保険給付は金銭給付のみならず現物給付も認められるから，損害復旧に関する役務提供事業は経済的には保険に該当するものもある（後述3（3）⑤参照）。もう一つは，タイミング・リスクしか移転しない損害保険が認められるか否かの問題である（後述3（3）①（b）参照）。

（2）保険代替手法

　代替的リスク移転手法（ART：alternative risk transfer）とは，伝統的保険以外のリスク移転手法のことを総称するが，その開発や利用が進展しつつある。以下はその主なものであるが，こうした代替的リスク移転手法がはたして保険であるのか否かも問題となろう。

① **キャプティブ保険会社**（captive insurance company）

　キャプティブ保険会社とは，保険会社以外の特定の経済主体（またはそのグループ）のリスクを主に引き受ける保険会社であって，当該経済主体によって所有または支配されているもののことである。

　キャプティブ保険会社に関しては，キャプティブ保険会社へ支払う保険料の税控除可能性が米国の裁判所で永年にわたって争われてきた（吉澤［2006］，pp. 120-127）。そこではキャプティブ保険会社への付保自体が保険であるか否かが問われている（後述3（3）②（a），3（5）③参照）。

② **ファイナイト保険**（finite insurance and finite reinsurance）

　ファイナイト保険とは，多数年の保険契約で，保険者が引き受けるリスクが限定的（finite）である代わりに，保険契約当事者間（すなわち，保険者と保険契約者）で保険利益を分配する仕組みになっている保険のことである。

　ファイナイト保険については従来から保険性が会計上問題視されてきたため，

会計基準においては，僅少なリスク移転の場合には保険としての会計処理を認めないようになりつつある。その際の判断基準として用いられるのが，「かなりの保険リスク」（significant insurance risk）の移転の有無である。ただ，これはあくまでも会計上，保険と認識するかどうかの問題であって，経済的に保険であるか否かの判断に直結するわけではない（後述3（3）②（b）参照）。

③ **保険デリバティブ**（insurance derivative）

保険デリバティブとは，従来は保険が担保してきたリスクについて，デリバティブの手法を用いて他者へと移転することである。上場・非上場かの別で，上場保険デリバティブ（たとえば，米国のシカゴ商業取引所（CME: Chicago Mercantile Exchange）には，米国内の気温デリバティブ，降雪量デリバティブ，ハリケーン・デリバティブなどの他，欧州，カナダ，日本の気温デリバティブも上場されている）と，店頭保険デリバティブ（日本で現在販売されているのは店頭保険デリバティブのみである）に分けることができる。

今のところ，保険デリバティブの対象リスクは自然現象（天候や地震等）に限定されているようである。けれども，もともと保険は，個々の保険契約ベースで捉えるとオプションの一種であるため（高尾［1998］第2章），オプションの店頭保険デリバティブをもってすればどのような保険類似商品も創作可能である。特に，死亡保険や生存保険は，損害査定が複雑ではなく，かつ，日本では被保険利益の存在を要件としていないため，店頭保険デリバティブ（もし作ると「生命デリバティブ」となる）と親近性が強い。こう考えると，保険と保険デリバティブとの相違は何か（後述3（3）①（a），3（3）②（c）(1)(2)，3（3）⑤，3（4）参照），また，無限定に保険デリバティブを容認してよいかどうかを検討しなければならないだろう。

④ **リスク証券化**（risk securitization）

リスク証券化とは，従来，保険が担保してきたリスクについて，証券化（securitization）の手法を用いて他者（投資家）へと移転することである。具体

的には，倒産隔離された特別目的再保険会社（special purpose reinsurance company）が，保険会社または企業から保険でリスクを引き受ける一方で，投資家に債券や信託受益権等を発行する（この債券等には，トリガー・イベント発生の有無・程度によって，利率や元本償還割合が変動する条件が附されている）。

　リスク証券化は，保険と同様にリスク移転手段となる。けれども，証券化商品は，損害の発生有無や発生損害額の多寡を問わないばかりか（後述3（3）②（c）(1)(2)），トリガー発動時に出再者に給付される最大金額が予め引当資産として準備される仕組み（全額拠出型。fully funded）となっていてリスク集積を用いないので，保険とは異なると言えよう（後述3（4）；EUの再保険指令（2005/68/EC）2条1項（p）；吉澤［2006］，p. 211参照）。

(3) 保険の領域拡大

　金融商品による保険分野への進出（前述3（2）③④参照）とは逆に，保険商品による金融への進出も永年にわたって続いている。

① 信用リスク

　債務不履行リスクの第三者による引受は，保証契約に基づく保証債務であり（民法446条），また，事業としても広く行われている。

　ところで，保証債務は，成立・内容・消滅において主たる債務に附従することから，保険に非常に類似している（被保険利益がなければ保険は無効であるし，損害填補原則により発生損害を超えては保険填補されない）。そのため，保証債務と同様の機能を持つ保険が古くから利用されてきた。貸し倒れリスクに関する信用保険（credit insurance）の始まりは1845年に設立されたフランスのユニオン・ド・コメルス社（l'Union de Commerce）であり，今日の日本においても保証保険（債務者が保険契約者となる）や信用保険（債権者が保険契約者となる）が信用リスクを担保するものとして利用されている。また，民法上の保証ではあるものの，特に保険技術を用いた保証証券（surety bond）業務については損害保険会社が営んでいる（保険業法3条6項）。

② 事業活動保険

　一般の保険は特定の損害をカバーするものであるが，端的に企業の収入あるいは収益をカバーする保険商品が開発されつつある。これが事業活動保険（business risk cover or operational risk cover）であり，特定の事業リスクのほぼ全体を引き受ける（吉澤［2001］，第4章）。ところで，事業会社の最終的な事業利益の変動をカバーするのは，本来は資本や借入の役割である。

　なお，金融商品においても同様のリスクをカバーするものが最近開発され，パチンコホール事業などで利用され始めている。事業証券化（WBS: whole business securitization）と呼ばれる証券化手法である。ただ，事業証券化では当該事業の損益全体を証券化してしまうため，予想以上の収益機会も手放すことになる（アップサイド・リスクも移転する）。

3．「保険」への機能的アプローチ

（1）保険本質論

　このように保険と保険類似制度が競合する領域が拡大している状況を踏まえると，両者の境界画定は避けて通れなくなってきている。この境界画定作業は保険の周辺部に関する論議ではあるものの，保険の本質を見極める作業に直結するものである。保険の本質を理解しなくては，境界画定ができないからである。

　ところで，保険の定義を巡っては多くの論争が行われてきた（諸学説について前掲図表2-2；白杉［1954］，pp. 47-68参照）。この論争によっておおよその共通の理解は形成されたものの，こうした論争に消極的な見解もあり（水島［2006］，pp. 1-2），また，ドイツにおける保険概念を巡る論争が1962〜1966年のドイツ保険学会での大規模な議論で一定の結論に達したこともあって，論争は下火となり今日に至っている。

3.「保険」への機能的アプローチ

(2) 機能的アプローチ

保険の境界画定を行うためには，保険の定義はもちろんのこと，そこからさらに進んで，定義内容の構成要素，すなわち保険の要件を抽出することまでが必要となる。しかしながら，上述のように，保険の定義は未だに論者の最終的な一致を見ていない。そこで本章では，保険概念を定義する作業を飛び越えて，いきなり保険の要件を抽出してみることとしたい。そして，要件抽出にあたっては，保険に機能的に（functional）アプローチすることにする。

保険を機能的に捉えるにあたっては，保険の経済的な仕組みを把握する必要がある。ところで，保険とは単なるリスク移転の仕組みではなく，保険には危険団体の形成が不可欠だと考えられている（白杉［1954］, pp. 27-29；印南［1956］, pp. 1, 401-406；水島［2006］, pp. 10-）。また，判例も保険の団体的性格を認めている（最高裁（大法廷）昭和34年7月8日判決・商法（保険・海商）判例百選（2版），p. 10。なお，保険法の学者も，保険を商法や保険業法の条文の文言に拘泥せず，保険団体の形成やリスクの集散を保険の要件と捉えている。大森［1985］, pp. 2-3；江頭［2005］, p. 377）。とすると，保険の中心的な機能はリスク移転，リスク集積，リスク分散であり，この三つの機能が保険の要件であると考えられる。

以下では，この三つの保険の機能を概観しつつ，この三機能が保険の要件だと考えれば保険と保険類似制度の境界画定に一つの解決法を提示できることを示す。

(3) リスク移転（保険におけるリスク移転）

保険におけるリスク移転（risk transfer or risk shifting）とは，保険契約者に経済的リスク（あるいは，経済的不確実性）が存在するが，当該リスクが顕在化して経済的不利益をもたらした場合には，保険者が保険契約者に対して，当該経済的不利益の全部または一部を補填する給付を行うことにして，経済的リスクを保険契約者から保険者へと法的に移転することである。この要件を分解す

ると下記①〜⑤のようになる。

なお，下記①〜⑤の要件は「保険におけるリスク移転」の要件であって，もっと緩やかな意味で「リスク移転」という言葉が用いられることがあるので注意を要する（たとえば，「保険デリバティブもリスク移転を行うものである」と言われることがあるが，下記①②⑤を充たしていない可能性がある。なお，本章でも単に「リスク移転」と言う場合には緩やかな意味で用いている）。

① 保険契約者にリスクが存在すること

保険契約者に何らかの利益関係（あるいは，利害関係。以下同じ）が存在し，かつ，その利益関係が変動する不確実性，少なくともダウンサイドの不確実性に曝されている（マイナス方向の分散リスクを抱えている）ことが必要である。このように，利益関係の存在と不確実性の存在との両者が必要となるので両者に分けて検討する。

(a) 利益関係の存在

第1に，保険契約者には，付保対象について，何らかの利益関係が存在しなければならない。これは，損害保険では一般に被保険利益（保険事故により損害を受ける経済的利益のこと。江頭[2005]，p. 385）と呼ばれている。他方，生命保険には被保険利益概念はないが（英米法系を除く），他人の生命の保険契約における被保険者の同意要件（または，被保険者と保険金受取人の同一性要件）の存在（商法674条1項）に鑑みると，被保険者本人が同意するような保険金受取人には，当該被保険者の生死に関して何らかの利益関係があるものと見なしているとも考えられる。

このように，保険には利益関係の当初存在が不可欠であるので，賭博，投機取引（speculation）や裁定取引（arbitrage）は保険ではないことになる（ヘッジ目的ではない保険デリバティブも同様である）。また，保険には利益関係の存在（あるいは，被保険者の同意）が不可欠であるので自由な流通はできない（吉澤[2006]，p. 11）。

3．「保険」への機能的アプローチ

(b) 不確実性の存在

第2に，保険契約者が持つ利益関係に関して，不確実性が存在しなければならない。この不確実性は，保険契約締結時においても必要であるし，保険事故発生時においても必要である。なぜなら，共に不確定でないと，不確実性（分散リスク）が存在しないからである。

なお，終身保険は被保険者の死亡を保険事故とするものであるが，保険期間の終期はオープン・エンドなので保険事故は必ず発生する。したがって，終身保険における不確実性は死亡の時期（タイミング・リスク）のみである（水島 [2006], pp. 4-5；大森 [1985], p. 257）。タイミング・リスク（timing risk）とは，保険事故の発生・不発生，あるいは，発生する場合の損害額の多寡に関する不確実性ではなく（これらは保険引受リスク（underwriting risk）と呼ばれる），保険事故がいつ発生するかに関する不確実性である。タイミング・リスクのみの保険が，生命保険のみに認められて損害保険には認められないという論理的根拠はないはずなので，財物の廃用保険も可能であると考えられる（吉澤 [2006], pp. 178-179. なお，賃貸住宅トータルサポート事件・前述2（1）②参照）。

② 保険契約者から保険者へとリスク移転がなされること

次に，保険契約者が抱える経済的不確実性を他の経済主体に移転することが必要である。つまり，リスクの引受を行うべき他の経済主体の存在，不確実性の移転，損害発生と発生損害を超えない給付が求められる。

(a) 他の経済主体

保険者の存在する保険制度が広く行われているものの，リスク引受の役割のみを果たす経済主体（＝保険者）がリスク移転先となる必然性はなく，保険者の存在しない相互扶助制度も保険たり得る（吉澤 [2006], pp. 97-111）。

なお，自家保険（self insurance）は，経済主体間のリスク移転がないので保険ではない。また，同様に，保険会社自身の自己契約も同様に保険ではない（吉澤 [2006], pp. 30-33）。他方，キャプティブ保険会社では異なる経済主体間でのリスク移転が行われているので，保険におけるリスク移転の要件の観点か

らは問題はない（ただし，リスク分散の問題がある。後述 3（5）③参照）。

(b) 不確実性の移転

不確実性の移転が必要なので，リスク移転が全くないものは保険ではない。

逆に，多少なりとも不確実性の移転があれば，保険たり得る可能性がある。たとえば，ファイナイト保険では保険リスクの移転の有無や程度が会計上問題となるが（前述 2（2）②参照），少しでも保険リスクの移転があれば，経済的には保険たり得る可能性がある（なお，保険引受リスクとタイミング・リスクを併せて保険リスク（insurance risk）と言う）。また，保険者が保険事故の不発生に相当程度に関与できる場合も同様である（大東建託事件・前述 2（1）①参照）。

(c) 損害発生と発生損害を超えない給付

保険契約者が抱えている不確実性を保険者が負担するのであるから，保険契約者に発生した損害が保険者の塡補対象となる。このことは，保険契約者に損害が発生することと，保険給付が発生した損害を超えないものであることの二つを意味しているので，両者を分けて検討する。

(1) 損 害 の 発 生

保険契約者に損害が発生することが要件であるから，保険契約者に損害が発生していないのに給付がなされるものは保険ではない。たとえば，保険デリバティブやリスク証券化では，一般に，ある事象（トリガー・イベント）が発生すると，損害の発生如何を問わずに給付がなされるので保険ではない。

この問題は，被保険利益の問題に包摂されたり，被保険利益の問題と区別せずに論じられることが多い。けれども，被保険利益の存在と損害発生要件の具備とは異なる概念である。なぜなら，たとえ被保険利益が存在していても，損害発生を要件とせずに給付がなされる金融商品を開発することは可能であるが，そのような金融商品は保険ではないのである。

(2) 損害を超えない保険給付

保険給付が保険契約者に発生した損害を超えないことが要件である。換言すると，保険契約者に発生した損害を超えて給付が行われる場合には，少なくと

も超過給付部分については，リスク移転がない（さらには，過剰な保険給付によってかえって分散が大きくなることもある）ので保険には該当しない。たとえば，保険デリバティブやリスク証券化では，一般に，ある事象（トリガー・イベント）が発生すると，発生損害の多寡を問わずに給付がなされるので保険ではない。

ただし，生命保険については，死亡または生存という保険事故による経済的損害の額が一般に算定困難であるため，原則として自由に保険金額が設定できることになっていると考えられる。

なお，保険給付は金銭給付でも現物給付でもよい。ただし，人保険の定額給付方式において，もしも今後，現物給付（前掲図表2-1のB，F）を認める場合には，この「損害を超えない給付」という大原則を始め，保険の仕組みや定額給付の性格に立ち返った議論が必要であろう。

③ 法的なリスク移転であること

法的に，保険契約者から保険者へとリスクが移転することが必要である。つまり，保険者に一定の法的な給付義務が発生することである（ただし，経済的に保険とは，保険契約者から保険者へと一旦はリスク移転がなされるが，実質的には多数の保険契約者がそれぞれリスクを分散負担する経済制度である。後述3（5）参照）。

保険者の保険填補義務が法的拘束力を持つという点は極めて重要である。海上保険の起源とされる冒険貸借（foenus nauticum）がローマ法王グレゴリウス9世の徴利禁止令（1230年頃）で禁止された後に，無利息消費貸借や売買といった法形式が維持されたのも，保険契約という法形式が認められていなかった当時としては，ローマ法で認められていた法形式の方が法的安定性が高かったからである（近見［2006］, p. 19）。

④ 移転するリスクは経済的リスクであること

保険の経済的要件として求められるのは，あくまでも経済的利益であって，

それ以外の利益（たとえば，精神的な豊かさ自体や，他界した親族の遺品に対する深い愛着）は保険保護の対象とはならない。なぜなら，経済的利益以外は，そもそも他者へのリスク移転が不可能または困難である（したがってまたリスク分散も困難である。後述3（5）①参照）。

⑤ リスクのみの移転取引であること（自律性）

　保険以外の契約においても，当事者間でリスクの移転がなされることは多々ある（たとえば，売買に伴って，価格リスクや売買対象物の欠陥・瑕疵・汚染・効能不発揮等といったリスクが買主に移転したりする）。しかしながら，こうした他の契約に伴って発生するリスク移転は保険とはならない。保険は，リスク移転のみの行為でなければならないとされているからである（「自律性」と呼ばれる。*Ref*., New York Insurance Law §1101（b）（1）（B）。なお，大東建託事件では（前述2（1）①参照），大東建託は保険の自律性の観点からも保険ではないと主張しているが，この点については金融庁の回答では触れられていない。他方，賃貸住宅トータルサポート事件では（前述2（1）②参照），金融庁は自律性も考慮している）。

　したがって，他の契約とは独立して一定のリスクを引き受けるリスク移転契約は，たとえそれが現物給付方式であるとしても（たとえば，会員制の自動車故障サービス契約），保険たり得る可能性がある（吉澤［2006］，pp. 22-28）。

（4）リスク集積

　保険におけるリスク集積（risk pooling）とは，同質で，相互独立のリスクを多数集積することによって，大数の法則と中心極限定理とが働き，リスク団体全体の当該リスクによる経済的不利益の総額を予測可能なものとすることである（なお，論者によっては次述3（5）のリスク分散と併せて「リスク集積」と呼ぶことがあるので注意を要する）。この要件を分解すると下記①～③のようになる。

　ここで，大数の法則（law of large numbers）とは，相互に独立のリスクを多

数,集積すればするほど,標本平均(当該リスク集団の平均損害額)が期待値(母集団の平均損害額。expectation)に近づいていくことである。また,中心極限定理(central limit theorem)とは,相互に独立のリスクを多数(最低でも一定数以上),集積すればするほど,母集団(平均が μ,分散が σ^2 の確率分布に従う確率変数とする)の分布の如何にかかわらず,標本平均が期待値を中心とする正規分布(normal distribution. N $(\mu, \sigma^2/n)$)に近づいていき,かつ,標本平均の分散(σ^2/n)がゼロに近づいていくことである。

なお,リスク集積の機能を要件としないリスク移転手法,たとえば,保険デリバティブ(前述 2 (2) ③参照)やリスク証券化(前述 2 (2) ④参照)や保証事業(前述 2 (3) ①参照)は保険ではないことになる。

① 集積するリスクについて同質性があること

保険者が集積するリスクについて同質性がなければならない。ここで同質性とは,数学的には,算術平均と分散が同じ確率分布に従っていることを意味する(高尾 [2006], p. 124)。

リスクの同質性を確保するにあたっては,母集団を一定程度限定しないと適切な標本抽出ができず,大きな標本誤差(sampling error)が生じて大数の法則や中心極限定理がうまく働かない。つまり,集積するリスクの同質性を確保するため,付保対象リスクを限定することになる。ただ,標本誤差が一定程度に収まれば十分であり,逆選択(adverse selection)や保険拡販等の目的でそれ以上にリスクの細分化を行うことが実際に行われるとしても,そのことは保険の要件ではない。

② 集積するリスク間に相互独立性があること

保険者が集積するリスクは相互独立でなければならない。完全な正相関(perfect positive correlation)であったり,強い正相関を持つ場合には,大数の法則や中心極限定理が働かない(あるいは,ほとんど働かない)からである。動態的危険(dynamic risk)が一般に保険に馴染まないと言われるのは,そのた

めである。

逆に，相互独立性が相当程度に確保されるのであれば，金融リスクやコモディティ・リスクのうちの，アンシステマティック・リスクについては保険化できる可能性がある（吉澤［2006］，p. 42）。

③ **多数のリスクを集積すること**

保険は多数のリスクを集積しなければならない。そうでないと，大数の法則や中心極限定理が十分に働かないからである。どの程度がリスク集積の要件としての「多数」であるかは難しい問題である。結局は，リスク集積の効果が発揮できるか否かの問題であるので，統計学的な検討が必要である。中心極限定理は標本数が30程度でも成立するので，保険における多数性の最低要件は30〜50ということになろう（ただし，この程度のリスク数では分散が大きすぎて，一般には保険商品化がなされにくい）。

なお，リスク集積において必須の要件として求められているのは，あくまでも多数のリスクの集積であって，多数の保険契約者の糾合ではない。多数のリスクが存在すれば，1企業の内部でもリスク集積は実現している可能性がある（この場合，自家保険を現実的に検討する余地が出てくる）。

(5) リスク分散

保険におけるリスク分散 (risk distribution or risk allocation) とは，法的には保険者にリスク移転を行うものの，保険契約者に課されるリスク移転対価を通じて，実質的には各保険契約者にリスクの分散がなされることによって，個々の保険契約者の不安定なリスクを，他人の多数のリスクの極小部分の集合という安定的なリスクへと変換することである。この要件を分解すると次の①〜③のようになる。なお，下記①〜③の要件は「保険におけるリスク分散」の要件であって，多様な意味で「リスク分散」という言葉が用いられることがあるので注意を要する（吉澤［2006］，pp. 50-75）。

① 保険契約者がリスク移転対価を拠出すること

　保険契約者が負担するリスク移転対価である保険料（より正確には，純保険料。生命保険では危険保険料）を通じて，法的には保険者に移転したリスクを，実質的には多数の保険契約者が分散負担することになる。したがって，保険契約者による純保険料の拠出は保険に不可欠な経済的要件である。

　なお，保険料の拠出時期は事前（＝保険始期前）に限定されないので，事後拠出（賦課方式。ex post assessments）でもよい。また，「保険料」と記述したが，現物拠出制でも構わない。ただし，保険の対象となるのは経済的利益に限定される。なぜなら，非経済的利益についてはリスク移転対価を観念しにくいからである（そもそも，非経済的リスクはリスク移転が困難である。前述3（3）④参照）。

② 収支相等の原則が成立すること

　保険団体に属する多数の保険契約者が支払う保険料の総額が支払保険金総額を賄うように，保険制度は設計され，運営されている（もちろん，結果的に，余剰を生ずることもあれば不足することもある）。これが収支相等の原則であり，この原則によって，保険団体のリスク全体が，保険料支払を通じて，当該保険団体に属する多数の保険契約者間で分散負担されていることになる。

　なお，収支相等の原則との関連で給付・反対給付均等の原則が保険の特徴として指摘されることもあるが，保険の要件ではない。また，実際にも，個々のリスクに正確に見合った保険料は設定されておらず，同一リスク区分内で必ず内部補助（internal subsidization）が生じている。

③ 保険契約者が一定数以上存在すること

　保険では一定数以上の保険契約者が必要である。そうでないと，保険契約者間でのリスク分散がなされないからである。したがって，自家保険では保険契約者が1名しかないので保険ではない（そもそもリスク移転もない）。また，キャプティブ保険会社のうち，親会社のリスクのみを引き受けるピュア・キャ

プティブ（pure captive）は，同様の理由で保険ではない（吉澤［2006］, pp. 134-144. リスク移転はあるがリスク分散がない）。

4．「保険」への目的論的アプローチ

　以上のとおり，機能的アプローチをもって，経済的な保険の要件を整理することができた。また，上述の各要件によって，保険類似制度を適切に保険と区別できることも検証できた。

　ところで，保険の要件を過去の保険本質論や機能的アプローチに拠るとしても，何故に保険が特別扱いされるのかという根本的な問題は依然として残されることになる。そこで，逆に，ここでは保険が特別に扱われる目的から保険の本質を見極めてみたい。つまり，「保険とは何か」を問うのではなくて，「なぜ，一定の射倖契約を保険として特別に保護するのか」を考えてみるのである。

　保険は法的には射倖契約の一種である（経済的に言い換えると，保険はオプションの一種であるということになる。前述2（2）③参照）。射倖契約とは，契約上の給付義務の発生・不発生や多寡が偶然事象によって左右される契約のことであるが，射倖契約の一種である保険が社会的に当然に容認されているわけではない。

　射倖契約は一般に，賭博（不労所得）の手段に用いられるおそれがある。また，発動条件たる偶然事象（トリガー・イベント）について操作可能性がある射倖契約に関しては，意図的な操作により当事者間の公平を損なうおそれがあるばかりか，犯罪行為（殺人，放火，詐欺など）を誘発するおそれもある。そのため，公序良俗違反とならぬように，一定の規制を受けたり，禁止されたりすることが多い。しかしながら，一定の類型の射倖契約は社会的に有用だと考えられたため，特別に保護されてきたり，禁止行為から除外されてきた。その一つが保険である。

　なぜ社会的に有用かと言えば，まず第1に，確率論に基づいた合理的なリスク・ヘッジ手段となるからである。保険者は，多数の者から多数のリスクを引

き受けるようにしてきたわけであるが，このことによって保険成績が安定することが知られていたのである。

　第2に，保険がリスク・ヘッジ手段として利用される限りにおいて，賭博や犯罪行為が生じる可能性は激減する（そして，厳密な損害塡補原則を求めれば求めるほど減少する）からである。つまり，保険は，射倖契約でありながら，合理的なリスク・ヘッジ手段になるという意味において社会的に有用であり，かつ，同時に射倖契約の欠点である賭博性や犯罪誘発性が縮減されるのである。

　このように，射倖契約でありながら，賭博や犯罪行為誘発を抑えるような方式でリスク・ヘッジ手段を提供しつつ，制度全体の安定性を確保しようとするところに保険の目的があると言えよう（吉澤［2006］, pp. 8-9）。このように考えると，目的論的アプローチからは，

① リスク・ヘッジ手段であること
② 賭博や犯罪行為誘発を抑えるような仕組みが内在していること
③ 制度全体の安定性を確保する仕組みが内在していること

が保険に必須の要件であることになる。先に検討した機能的アプローチで保険の要件としたリスク移転（「保険におけるリスク移転」），リスク集積，リスク分散（「保険におけるリスク分散」）という3要件には，上記①〜③が包摂されており（上記①②は「保険におけるリスク移転」で，上記③はリスク集積および「保険におけるリスク分散」で確保される），この3要件の妥当性が一つ確かめられたことになろう。

参考文献
印南博吉［1956］『保険の本質』白桃書房
江頭憲治郎［2005］『商取引法〔第4版〕』弘文堂
大森忠夫［1985］『保険法〔補訂版〕』有斐閣
小島昌太郎［1928］『保険本質論〔改訂再版〕』有斐閣
志田鉀太郎［1933］『保険学講義案』明治大学出版部
白杉三郎［1954］『保険学総論〔再訂版〕』千倉書房
高尾　厚［1998］『保険とオプション―デリバティブの一原型―』千倉書房
高尾　厚［2006］「保険市場」近見正彦他『新・保険学』有斐閣

近見正彦 [2006]「総説」近見正彦他『新・保険学』有斐閣
水島一也 [2006]『現代保険経済』〔8版〕千倉書房
吉澤卓哉 [2001]『企業のリスク・ファイナンスと保険』千倉書房
吉澤卓哉 [2006]『保険の仕組み―保険を機能的に捉える―』千倉書房

第3章　保険と金融観念

藤　田　楯　彦

1．保険のブランド資産と金融資産

（1）保険業のブランド資産

　「保険は金融の一分野」とする考え方が今日では定着しつつある。たとえば2006年に改正された「金融商品取引法」では，それまで保険販売についての規制と証券などの金融商品販売についての規制が別個のものとなっていたが，これらが共通の一本化されたルールの下で管理されることになった（金融庁[2006]『証券取引法等の一部を改正する法律案要綱』）。法規的には，保険商品は金融商品の一部であると位置づけられることとなったといえるだろう。

　保険は，日常的に視覚に訴えてくる広告などの影響もあって，近年では何となく身近な存在として受け取られるようになってきている。広告のなかで，癌や死亡あるいは自動車事故といった直截的なリスクについての発話も，かつてのように，「人の不幸につけ込む」とか「縁起でもない」と完全拒絶されることも少なくなった。「まさかの時の保険」といったあいまいな広告表現ももはや主流ではないだろう。今日の保険広告は，すべての機能ではないにしても，機能の一部については分かりやすく説明する内容になっている。

　保険の広告には，着ぐるみパンダ（SJ社）とかダック（AFL社）やハナコアラ（S24社），あるいは，石原軍団（NK火災）というように，テレビCMの傑作といわれるものも少なくない。内容が十分かどうかは別にして，訴求される保険機能も分かりやすくなっている。

　ブランド構築によって企業が社名や製品を他社のそれと差別化することの価

値は，計量的には把握できないが，無形資産である「のれん」として大きな意味を持っている。ブランドやのれんは従前，擬制資本的な役割を評価されてきたが，今日では，金融資産と並ぶ重要な無形の資産と評価する企業が多い。今日欧米で一般化している M&A や TOB は，その会社の財務状況や金融資産だけをターゲットにするのではなく，ブランドという無形の価値を資産として評価して，合併や乗っ取り計画をたてている（アーカー［1994］）。

　前述したように，保険会社もまた広告などを通じて自社のブランド力を高めようとして工夫している。とくに，保険業は無数の，しかも，多様なリスクを引き受けて保障するビジネスだから，見込み違いのとんでもないリスクを引き受けてしまった場合でも，着実に保険金の支払いができるよう有形の金融資産を確保する。このような金融資産に加えてブランド力といった無形資産の形成も不可欠となっている。なぜかというと，ブランドは商品の付加価値を高める魅力を持っているだけではなく，従業員の帰属意識，営業部門の販売意欲，経営者のコンプライアンスといったものを強化する機能もあわせ持っているからである（アーカー［1994］）。保険業における販売，管理，ガバナンスといったものを鼓舞しながら，金融資産を拡大再生産してゆく動力こそブランド資産なのである。こう考えると，保険業の広告活動や広報は決して保険料の無駄遣いとは言い切れない。

　どのような会社でも，資金さえあれば広告は打てるしブランドを名乗ることができる。だが，それだけではブランドという無形の資産が蓄えられたということにはならない。そのブランドを耳にするだけで，顧客が強い印象を感じ，販売組織が自信を持って顧客に推奨し，経営者が不祥事防止とコンプライアンスを自覚し，新卒学生が企業研究もしないうちから就職を希望するような，一種の名前の魔力を持つようになって初めて，その会社はブランドの資産化に成功したといえるのである。

　ブランド構築は差別化のためにも行われる。商品の機能だけを見れば，大数法則を有効に利用して安定的な保険料計算をしているかぎり，保険はどこの会社でも同じに見える（水島［1999］）。しかし，機能が似たような商品ほど差別

化が必要になり，差別化のためにはブランド力がものをいうことになる。問題は保険商品で差別化が行われているのかどうかということである。

（2）説得商品に固有の無形資産と金融資産

　保険は説得商品だから，よく利用している代理店や顔見知りの外務員を通じて保険に加入する顧客が多い。事実，保険広告には，代理店や外務員との個人的な人間関係から保険契約を結んだ，というような体験談的ストーリー広告も少なくない。保険は一度利用すると，一般の商品と比べた場合，他社の商品に乗り換える可能性は低い。短期の契約であっても顔見知りの外務員や代理店を通じた契約が多いから，いったん契約を締結すれば，結果的には，ブランド・ロイヤルティーの高い顧客を確保したにも等しいともいえる。

　とはいっても，長期の保険契約であれば住宅ローンと同じくらいの保険料負担もありうるから，成約に漕ぎ着くのは容易ではない。結果的には，顧客にだけではなく，外務員や代理店にもブランド・ロイヤルティーを高めさせ，営業活動に誇りを持たせてこの困難な説得に従事させるのも保険広告のねらいとなる。

　保険の場合，大数法則が働く結果，商品が売れれば売れるほど，危険分散機能は強化され，平均費用は右肩下がりに下がる。保険は確率計算をベースにする商品だから，契約が増えるほど安定した料率が設定できる（吉澤[2006]）。他の商品ではこうはゆかないだろう。販売量が一定水準を越えると販売管理に要する平均的なコストは，それまでの下降傾向を停止して，今度は上昇に転じる。つまり，平均費用曲線はUの字を描くとイメージすることができる。小規模の小売店が量販店や大規模小売店にかなわないのは，量販店や大規模小売店の構造のほうが，当初から，こうしたU字型の平均費用の上昇にならないように仕入れから販売まで直結し，しかも，大量取引をしているからである（ポーター[2006]）。

　こと，販売構造に関するかぎり，見方にもよるが，保険は量販店や大規模小売店と同じように，保険の契約が仕入れであると同時に販売となるような，大

量取引の利点を生かしたビジネスをしている。ただし，保険商品は量販店や大規模小売店とは若干異なり，商品陳列や展示だけではまず売れない。外務員や代理店を使って販売することが重視される点で，説得商品と呼ばれる理由もここにある（水島［1999］）。その結果，保険のブランド・ロイヤルティーは，顧客志向で構築されずに，販売組織志向となったとしても不思議ではないのである。

しかし，説得商品とはいっても，外務員自身や代理店自体が保険の本質を十分に理解して販売しているかどうかとなると，それは別の問題である。顧客は一定の確率に応じて保険料を負担し，偶発的な損害事故に対応して巨額の保険金を受け取るというのが，保険商品の機能のひとつである。だが，理屈や観念はともかくとして，そうした特殊性を顧客が実感として認識することは決して容易ではないだろう。販売組織にしてもこのような理論や理屈では保険は売れるはずはないことを，本音では，十分知っているはずである。

結局，保険販売は人間関係の影響力や感化力に頼ることになるが，それは販売というより勧誘である。勧誘する側が自分の推奨する商品と会社にある種の共感と信頼を抱いていなくては勧誘にはならない。販売組織従事者の信頼とは，経営の安定性や金融資産の大きさでもある。顧客のほうもまた，保険会社のブランドという無形資産に共感し，金融資産という有形資産を見て信頼する。こうした保険商品に対する近年の顧客の態度等については，生命保険文化センターや損害保険協会などが実態調査をおこなって，結果をサイト上で公開しているから参考として検索してみるとよいだろう。

保険業はリスクを引き受けて保障をするビジネスである。このようなビジネスがブランドを構築し，責任準備金のような資産を増やす金融業務を行うことは，それが過剰に肥大化しない限り，相応の道理であるともいえるだろう。

（3）保険ブランドとコンプライアンス

ここでブランドと保険業のコンプライアンスの関係にも触れておこう。保険業が保険金の支払い忘れや未払い，あるいは不適切な勧誘等で不祥事事件とし

て話題にされたのも，ブランドというものの怖さについての経験不足であった一面は否定できない。ブランド・エクイティーが弱い産業ほど新製品の投入回数と種類が増加する（アーカー［1994］）。その商品拡張は保険会社がかつて体験したことのないような経営リスクを呼び込んだに違いない。商品種類が多すぎて保険金を払い忘れた，とか，保険金の不正請求などのモラル・ハザードへの懸念が高まり，保険金支払いが慎重になったというような事件は，商品機能の無原則な拡大と無関係とはいえないだろう（この間の経緯については，金融庁監督局保険課から適宜提供される『報道資料』等を参照すると良いだろう）。何よりも保険業が自戒しなくてはいけないのは，保険業が金融業に接近すればするほど，わずかの不祥事でもブランド・イメージは大きくマイナス方向に振れて，企業存立の根幹を脅かすということである。

金融の経営根幹は信頼と秩序である。保険事業が金融市場に積極参入を企図するということは，コンプライアンスを疑われる保険会社は淘汰されるような経営環境に置かれるということである。前受け金制度を前提とする保険業や学校経営（これを「価値循環の転倒性」というが，詳しくは水島［2006］を参照のこと）は，実体の伴わない綺麗ごとだけのコンプライアンスを掲げても通用しない。ブランド構築のなかで，自己規制や自己抑制を反映する努力と工夫が必要となるのはいうまでもない。

（4）不明確な事業の存立領域

保険広告で説得される機能は保険の機能の片面でしかない。保険商品には金融商品とよく似た機能も当然ある。ただし，そうした金融商品と保険は完全には同一ではない。両者の機能は似ているが構造は違うところがある。まったくの他人ではないから顔つきは似ている，というようなものであろう。かなり遠い親戚で性格も生活様式も異なる，といったような関係の場合，こういうことを説明するのも大変だが，説明を受けるほうも理解に苦労する。結局，親戚か他人かの二者択一で判断したがる。説明するほうもどちらかに決めて説明するほうが，本当は手間がかからない。

前述した保険会社のCMは，どちらかというと，保険機能に特化した広告なので，比較的訴求内容は分かりやすい。広告は製品の差別化の強力な手段である。機能の違いを浮き彫りにして差別化すればするほど説得力がある。だから，損害保険は損害保険，生命保険は生命保険，金融商品は金融商品と，それぞれが差異を主張して訴えれば広告としてはインパクトがある。しかし，その差異を過度に強調することは，これらの事業の境界が不明確になりつつある現状では，不利益のほうが大きくなる可能性もある。

たとえば，傷害保険や疾病保険，入院保険，あるいは，自動車保険の死亡事故特約といった，「人間の身体」が直接被る「損害」を保障する保険は生命保険だろうか？ それとも，損害保険だろうか？ 従来このような保険を第三分野保険と呼んでいたが，このような呼び方が存在すること自体，生命保険と損害保険の機能識別がだんだん難しくなってきていることを意味している。だが，ガン保険や入院保障保険のような第三分野は，いまや主力商品のひとつで，どこの会社もこの商品市場でしのぎを削っている。だから損害保険か生命保険かという峻別にこだわることで顧客の注意力を逸らしたくはないだろう。顧客もまたそのような棲み分け状態にまったく関心を持っていない。

しかも，通例，保険業には本来的に金融活動が付随する。金融の概念については後述するが，保険業の金融活動を否定することはあまりに非現実的である。顧客から集めた保険料積立金を運用し増やしてゆくことは保険業の課題である（水島［2006］）。責任準備金（顧客勘定）やソルベンシー・マージン（自己勘定）を積まなければ，「危ない会社」として，顧客も販売組織も会社に対する信頼を置かないだろう。だから，保険業の金融業的側面も訴求して関係者の理解を得たいはずである。保険契約者であると同時に資金提供者でもある顧客に，出資した保険料は何に使われ，どういう成果を挙げたのかというIR（出資者との情報交換）は金融機関ならどこでもおこなっている（ポーター［2006］）。

しかし，困ったことに，保険と金融の二重性を訴求しようとすると，途端に，差別化の効果が現れないことになる。このことは，比較的よく知られている保険広告を見ると理解できるだろう。生命保険広告を例にとって見よう。「ネズ

1. 保険のブランド資産と金融資産　63

ミ・ファミリー」(N生命) とか「コツりん」(M生命), あるいは,「時をこえて」(MY生命) といったテレビCMは, 作品としての完成度は高いかもしれないが, 保険会社のコマーシャルとしてよりも, CMの面白さだけが印象に残る。

　松嶋菜々子と井上真央という, この年齢の似通った2人の女優のどちらがS生命保険のイメージ・キャラクターで, どちらがM銀行のそれなのか, よほどの芸能通かファンでなければ分からないだろう。若年層に好感度が高いといわれている, 貫地谷しほり (MTU銀行), 上野樹里 (O生命保険), というイメージ・キャラクターたちの訴求内容の違いが即座に脳裡に浮かぶだろうか? 保険業の広告作品そのものに問題があるというよりも, それくらい生命保険と金融商品の差別化は難しくなってきているのである。

　菅野美穂, 石原さとみ, 相武紗季が登場するCMは, 何という保険会社の広告なのか? 保険にかかわって生活している人間でも即答はできないかもしれない。ビールにせよ化粧品にせよ同工異曲の商品間でも差別化の成功例は多々ある。保険会社間の差別化は, 上記の広告想起例からも推定できるように, かなり難しいかもしれない。それどころか, 生命保険と損害保険の, あるいは, 保険業と金融業の差別化さえも難しくなっているのが現状であろう。

　保険広告には知名度の高いキャラクターが頻繁に登場する。しかも広告作品自体は印象的なものも多い。にもかかわらず, 個社名はおろか帰属する産業名さえもあいまいになってくる。他の商品であれば, 軽乗用車→福山雅治, 携帯電話→仲間由紀恵, 乳酸菌飲料→長澤まさみ, 化粧品→山田　優, というような図式が脳裡に描かれて, 企業名や商品名と広告の一致度は高くなる。広告を観察すると, 多くの保険会社は捉えどころがない存在に映る。それくらい保険事業は差別化が難しく, 金融業との二重性が保険会社の存在を不鮮明にしているのかもしれない。

2．機能としての保険と構造としての金融

(1) 生活保障観と自己責任と

　ところで，生命保険と金融商品の機能の差異は死亡保険に現れる。死亡確率に応じて保険料を払って，死亡事故が偶然に発生したときに一定の金額が保険金として払われる，というのが生命保険のひとつの機能である。自動車保険などにも死亡事故保障という形式で死亡保険が組み込まれているから，厳密には生命保険固有の機能とはいいにくいけれど，金融商品一般には存在しない機能である。

　生命保険が金融商品の機能に，とりわけ，預金の機能に似ているように映るのは，生存保障の部分である。養老保険のように，蓄積保険料を徴収している保険は，単純化していうと，保険プラス貯蓄の機能を持っている。一時払い養老保険の場合はさらに投資的な機能を加味しているといえるだろう（田村 [1990]）。生命保険に限らないが，保険業は顧客の払う保険料を保険料積立金という受け皿に集めて，そこから責任準備金という資金溜まりをつくり，さらにそれを原資にして，貸付を行い，株式や債権に投資して金融資産を増やしてゆく。このような手法は，保険業が金融業を営んでいることと同義だといえよう。

　他方，保険の機能が生活保障目的から説明される場合もある。事故対応と言うこと自体が保険の保障機能として表現できるのだが，ここでいう生活保障目的とは，理論的には，「保障の三本柱」や「保障の三層構造」のなかの自己保障や職場保障を実現することである（水島 [2006]）。この生活保障目的を実現する手段として，保険や貯蓄を同列的に分類してゆく方法論である。この観点では，当然，保険と金融商品は融合する。また，そうでなくては実現不可能である。

　ただし営業話法ではこのような論理による説明は回避される。たとえば，死

亡保障をとりあげても，家族の生活を支えている誰かが死亡しても残された家族が生活に困らないように保障する制度，といったような説明を加えることになる。

　「家族の生活を支えている」とはどういう状態か，「生活に困らない」ことをどう確認するのか，といった概念理解の問題は残る。最終的には，この種の意味づけは，商品の販売仲介者や契約者の主観的価値判断に委ねられるしかない。ただし，生活保障を前面に出す商品は，保険の損害事故対処機能だけでは説得力に欠けるから，保険に貯蓄や他の金融商品の機能も併有させないわけにはゆかないだろう。

　上記のような，生活保障手段として保険を考える考え方が登場してくるのは，日本人の思想や価値規範の展開を考えるうえでは，非常に興味深いものがある。国家や会社のためではなく，自分自身や家族のために保険をかけるという発想は，新たな日本的自己責任観を胚胎しているのかもしれない。世帯の大多数が保険に加入しているという意味での保険普及の現状は，プロダクト・サイクル理論のような意味では，保険の成熟化現象を意味する。しかし，保険の成熟化とは，人間の自由や自己責任の観点抜きには語りにくい部分があるのも，また事実である。

（2）愚行の回避

　効用とか機能の点から保険の説明に拘泥すると，リスクに備える保障手段は別に保険に限らないとか，家族が困窮しないように保障するというのなら貯蓄だって同じではないか，といった反論も可能になる。現象や観察だけを論拠にして，あるものや制度の存在を「何かをするための」とか「何かのために」というような目的で説明する方法論を機能論という。その話法が広告でしばしば多用されるように，機能論はある意味で便利だが，判断を誤ると思いもかけない問題を引き起こす。

　ある現象を論理的に分析する場合に，忘れてはいけないことがある。それは，機能が同じであるとか機能が類似している，という現象だけをもって，本質や

構造も同じであるという認定はできないということだ。空を飛ぶという機能だけで，鳥と昆虫を一緒にするようなことは小学生でもしない。機能が同じでも生き物としての構造が違うと認識しているからだ（機能と構造の差異については，池田清彦（1994）『構造主義と進化論』海鳴社，等を参照するとよいだろう）。

　しかし，大多数の人間にとっては，保険商品と金融商品の異同などという問題はどうでもよい問題にも見えるだろう。それで生活が便利になるなら，そのような峻別にこだわる必要はないようにも見える。ただし，人間は見かけに惑わされる。

　保険を金融商品とまったく同じものと錯覚し，その結果，大きな経済的損失を抱えるという愚行はこれまでも何度も繰り返されてきた。この愚行を回避する方法は，保険とほかの金融商品は何が同じで何が異なるのか，機能ではなく構造で理解する以外にない。

（3）金銭の融通と金融商品

　金融とは，文字どおり「金銭を融通すること」である。金銭が余っているところから不足するところに移動する構造である。ただし，金融に限っていえば，金銭の移動それ自体が目的ではない。金融業は貸付という金銭の移動によって利子を取得するという機能上の目的を持っている。利用者側はこの機能を利用することで借入金による資金調達という便益を得られることになる。

　同じことは金融と「金融派生商品」についてもいえる。金融派生商品は文字どおり金融から派生した特殊機能の商品であって，おもに投機取引を目的とする機能を持っている。株式や債券のような有価証券も，厳密にいえばその起源を古くした金融派生商品なのだが，企業の自己資本や他人資本を調達する特殊な機能を持っている。

　金融の構造を河川の構造になぞらえればこうなる。河川そのものは何かの目的を持った機能ではない。単に高いところから低いところへ水が流れているというだけのことでしかない。ただし，人類は河川の構造を利用して，農業や漁業，水車製粉，水上交通といったものから水力発電にいたるまで，つぎつぎと

2．機能としての保険と構造としての金融　67

何かの機能を持った仕組みを作り出してきた。保険のような金融商品と金融構造との関係はこれにあたる。保険はいくつもの支流から流れ込んでくる水を集めて，渇水などの際に，必要なときに必要な場所に水を放流するダムや溜池のようなものである。

　人間の目には見えないけれど，人間が経済活動を営む限り金銭が流れているという構造が金融である。人間はこの金銭の流れを利用していろいろな機能を持った商品を作ってきたのであり，これからも作ってゆく。ただし，河川の流れに水力発電所は大きく依存しているが，河川と水力発電所を同じものだと考えることはあまりない。また，河川の流れを利用して動力を作り出しているという理由で，水車と水力発電所を同一視する人は少ないだろう。人間が理性的に異同を峻別する根拠とするものは，機能の異同ではなく構造の異同なのである。

　すでに述べたように，金融とは目的を持たないただの構造的存在である。あるいは，単なる金融そのものは母体的な存在といってもよい。金融を母体として保険とか預金・証券というように目的と機能を持った商品群がそこから生み出される。ただし，それらは機能が違うのだからという理由でバラバラ勝手に何をしてもよい，ということにはならないだろう。

　河川の流れのたとえ話に戻すとこうなる。河川を利用して各自が勝手なことをすれば，相互に深刻な問題が発生する。途上国の水利がしばしば水争いや旱魃，汚染などの問題を引き起こすのは，一面では，水利が全体管理されていないために，無原則に自己目的化されてしまうからである。金融という金銭の流れも同じである。冒頭で引用した金融商品取引法のような規制の網が保険にかぶせられるのも，「保険は金融商品と無関係だから」という理由で，勝手な取引行動を展開されては困るからなのだ。

（4）保険のリスク移転機能

　すでに述べたように，保険は保険固有の機能を持っている。ここでいう機能とはある目的を達成するための体系だった仕組みである。保険は「リスク移

転」という目的を伴っている。この目的を「リスク移転」ではなく，「危険転嫁」とか「リスク除去」とか，別の表現で書き表したとしても，とにかく，リスクなり危険なりに関連した目的を伴う（吉澤［2006］）。その意味で保険は機能的存在なのである。保険は多数の保険契約者から保険料の形で金銭を集めて，たまたま偶然に巨額の金銭を必要とするような事故に遭遇した人や企業などに，「保険金」と呼ばれる金銭を支払う。この点で機能上の目的がはっきりしている。ただしこの機能は金銭の移動の形で観察される。保険は金融のように無目的ではなく，リスク移転という特定の機能に特化されてはいるが，金銭の移動という金融の構造もあわせ持っているといえるだろう。

　しかも，すべての保険契約が，このようにして集まった保険料を即座に保険金にしなくてはならないわけではない。多くの場合は，保険金が請求されるような事故が起こるまでは，徴収した保険料を手元に置くという理由づけができることになる。この名目を「未経過保険料」という。また，保険契約者という顧客が払った保険料は個々の契約ごとに個別勘定で管理されているわけではない。いったんは保険会社の経理に「保険料積立金」という呼び名で収められる。

　さらにまだある。保険商品のなかには，万一のときの保障機能以外に貯蓄を兼ねている商品がある。養老生命保険などはその例ともいえるが，こういう保険をこの章では貯蓄性保険と呼んでいる。貯蓄性保険は「蓄積保険料」というある種の預金部分を保険の原価に加えている。

　このようにして，未経過保険料とか保険料積立金といった勘定科目に流れ込んでくる膨大な資金は，会社の地下の大金庫に現金の形で眠っているわけではない。いったんは「責任準備金」と呼ばれる科目に統合される。名義上は保険会社の資本ではなく，顧客のもの，他人勘定になる。その巨額の保険資金が「資産運用」という名称で貸付の原資となるのである。あるいは，株式や債券などの有価証券購入といった投資行為に効率的に使われるのである（水島［2006］）。このような仕組みを考えると，保険業はまた銀行や証券会社などの金融業と類似したビジネスを同時に行っていることが分かるだろう。

3．金融リスクという変動危険と純粋危険

(1) ミクロ経済の間接金融商品としての保険

　保険は金融商品ではあるが，金融商品といっても，それは，マクロ的な見方とミクロ的な見方でかなり論点が変わってくる。この章では，河川の流れを例に引いて金融を説明したが，河川の水量や速度など河川全体を把握するように，金銭の融通の構造全体を把握するのがマクロ的な見方である。たとえば公定歩合に関する日銀の決定とか公開市場操作のような通貨量の管理を行う経済政策はマクロ的な観点で行われる。

　保険や預金・証券のような金融商品に関するものはミクロ的な観点で分析されるのが通例である。増水危険や渇水問題が河川の流れ全体で捉えられるのではなく，ダムとか貯水池といった地理的カテゴリーで観測されるように，金銭の流れも，ある市場という局面に限定しなくては観察できない場合がある。あるときある市場で資金の需給関係はどうなっているか，その資金の値段，つまり，その資金を手に入れる利子率はいくらか，などの問題はミクロ金融の問題である。

　金融はまた直接金融と間接金融に分けて観察される。直接金融とは，金銭の貸し手から借り手に金銭が資本市場を通じて直接的に融通されるのが直接金融である。つまり直接金融は相対取引なのだ。実際には証券業などの斡旋機関を利用して金銭をやり取りしている構造を直接金融という（中塚 [2006]）。直接金融では，当然，資金提供者は自分の資金提供先のリスクを認知して提供している。直接金融の自己責任の根拠はここにある。

　これに対して，間接金融は資金の貸し手から，銀行や保険会社のような機関を通じて，借り手に間接的に貸与されることをいう。銀行預金をするとか保険会社に保険料を払うという時点では，預金者や保険契約者は，自分の出した金銭がどのようなリスクを持った個人や団体に貸し出されるのか，あるいは，何

に投資されるのかを事前には知らないのである。この点で，資金提供者に対する間接金融としての銀行や保険会社の責任は一段と重いといえよう。

つまり，ひとくちに金融商品といっても，保険はミクロ金融として扱われる間接金融商品なのだ。預金も同様であろう。ところが，株式投資や債券投資といった有価証券の購入行為は，資金提供者が金銭を提供する相手を特定するという意味では，直接金融商品とみなすことができる。保険業の資産運用で行われている貸付けは直接金融といえる。保険料という同じ金銭なのに，保険料を払っている顧客の立場では保険は間接金融商品であり，保険会社には直接金融行為となることがあるのだ。直接金融は投資行為や資産運用と同義である場合が多い。提供した資金が返済されないリスクは自己責任である。投資をした結果，どれくらい儲けを得ることができるかという期待収益率は主観的なもので，そのことについて投資者は自分以外の者に責任は問えない。

一般的には，主観的な期待収益率が高くなればなるほど，手放した資金（出資金）が戻ってこないリスクも高くなる。「うまい儲け話には裏がある」の格言どおり，儲け話に期待を膨らますほど失敗や破綻が現実のものとなりやすい。その点，保険はこうした期待収益率を前提としない。損害の填補とか生活の保障といった安全志向や損害危険の回避機能が保険の機能である。

人間の経済行動の根拠は，現在の行為が導くであろう将来の成果を予測し，自分の能力を信じるところにある。その意味では，経済行動は信用創造というある種のバブルや夢で支えられている（中塚［2006］）。現実の経済が人間の夢想や不確実な信用で支えられているというのは皮肉な話ではあるが，他方で，そのような夢想が破綻した場合を想定する理性によっても経済は支えられている。人間は確率によってバブルの夢のなかから少しでも不確実なものを除去して，将来を先取りしようとする。問題が起きて，結果的に強いものだけが生き残るという結果淘汰型の環境適応ではなく，問題が起きることを確率的に予想して生き残るという環境適応の道を進んだともいえるだろう。この新しい環境適応の有効な方法のひとつが保険であった。換言すれば，人間の環境適応能力は確率的な予想能力なのである。保険という切り札を持ったときに，人間は，

大胆に取引相手を信用し，期待収益率という主観的な目標を設定して経済活動を飛躍させたのである。

(2) 純粋リスクと金融のリスク

　保険といえば大概の人はリスクとか危険といったことばを連想する。他方，金融といえば利子や利息を連想する場合が多い。だから金融はリスクと無関係かといえば，そうではない。金融の利子はリスクを裏から見た機能なのだ。

　保険の機能はリスクの移転であるが，ここでいうリスクとは純粋リスクとか純粋危険などと呼ばれる不確実性である。純粋リスクの性格は，火災とか自動車事故とか死亡などといったような，具体的な保険事故を想定すれば分かるだろう。ある種の災厄に属する事故が偶然引き起こす損害や金銭の欠乏現象と結びついている。単にある偶然的な条件が充足されれば金銭が支払われる，というような射幸契約よりももっと限定的なのである。

　リスクとは何か，あるいは，リスクにはどのような種類があるかといった点では，専門的にも理論的にも未解決の問題がたくさんある（吉澤[2006]）。また，損害についても議論は多い。損害という概念自体が価値の逆概念であって，価値というもの自体が主観的であるからである。損害賠償責任やセクシャル・ハラスメントなどの法廷係争で，認定される損害額が国や文化によって異なるのも，損害には普遍的価値規範が成り立ちにくいからであろう。

　このような未整理の問題がたくさんあるのだが，損害だけが一方的に発生して利得の機会が生じない危険を純粋リスクとか純粋危険と呼ぶ。保険が対象とするものはまさにこの純粋危険なのである。しかも，純粋危険であると同時に，ある確率的な不確実性でそのような損害が発生している場合に限定されているのである。保険が対象とするリスクは偶発的な純粋危険である。

　金融商品の場合のリスクは，保険の対象とするリスクよりも複雑である。金融とは，前にも述べたように，金銭の余っているところから不足しているところへの融通の構造である。この構造を利用していろいろな機能を持った金融商品が生み出されている。

金融の一般的リスクとして想定されるのは，金銭の提供者の貸し倒れリスクであろう。すでに述べたように，直接金融の場合には自己責任の要素が大きくなる。直接金融は投機的動機で取引される場合が多い。銀行業や保険業のような間接的な介在機関が入らないのだから，その思惑がはずれて損失を被っても自己責任でしかない。その意味では，金融商品の売買は程度の差こそあれリスク追求的である。変額保険や一時払い養老保険のような金融商品的な性格の強い保険商品も，名前は保険であっても，支払われた保険料で有価証券を購入し，保険金を市場の証券価格変動にリンクしている点で，金融的なリスクの大きな商品といえるだろう。

　かつて，保険金額を株式価格に連動させる保険商品が流行したことがある。しかも銀行の窓口販売を通じてもそうした商品が売られた。あるいは，消費者への貸付残高増大をねらって，一時払い養老保険の加入を勧め，そのための高額の保険料融資に積極的に働きかけた銀行も多かった。株式価格の急暴落とバブル崩壊による経済の低迷のなかで，多くの保険契約者が損失を被った。次いで保険会社の経営危機が続出した。保険会社も消費者も，保険と金融を混同することの危険に気づかなかった。一部の識者からこの危険性を指摘されたにせよ，少なくとも，大多数の保険業者や消費者は，保険商品を金融商品の一種として無批判に受け入れていたきらいがある。右肩上がりの経済環境が一変してしまったときに，保険商品を金融商品と同じように考えていた人たちは大きな損失を被ったのである。

　このように，たとえその商品に保険という名前がついていたとしても，その内実が金融商品である場合には，この商品には利得と損失の不確実性が並存している。人間には，自分にとって望ましいことは他の人より比較的高い確率で体験するが，望ましくないことは他の人より比較的低い確率で体験する，と信じる心理的傾向がある（岡本 [2003]）。飲酒運転や喫煙などがその好例とされているが，利得は夢想し損失は予想しないという意味で，金融商品の購入はこのような比較楽観主義に支えられている場合が多いといえる。

4. 保険料と金融リスク

（1）不確実性対応手段としての三利源

　最後に，保険の原価である保険料の話に触れておこう。保険を利用する顧客が払う保険料は，総保険料とか表定保険料といって，保険商品の価格である。どのような商品の価格にも原価があるように保険にも原価がある。保険商品の原価構成は，概略的にいえば，①危険保険料，②費用保険料，③蓄積保険料から成っている。

① 危険保険料

　いうまでもなく，リスクという確率に応じた価格である。死亡保険なら死亡率，自動車保険なら損害規模別の事故率といったような確率事象（保険料率）を保険金額に乗じたものをいう。生命保険，とくに死亡保険の場合，年齢とともに死亡率は上がるから，自然保険料の状態にしてしまうと，加齢による保険料負担は高すぎて契約継続ができなくなる。このように料率が高すぎて保険に入れないような保険料を禁止的保険料という。この状態を避けるために，自然保険料は時間で平均されて平準保険料と呼ばれる保険料で徴収される。長期保険の場合，契約期間前半では，この平準保険料は実際の死亡率よりも高く設定されているから，ここで生じる黒字部分も資産運用の原資となっている。

② 費用保険料

　保険契約を成立させ維持してゆくための管理コスト部分である。とくに生命保険のような保険では，契約締結時に加入希望者の健康診断を行うことがある。これを医的診査というが，病気になって診察を受けるわけではないので公的医療保険の利用が不可能なため，存外に費用がかかる。また，契約を斡旋または仲介した外務員や代理店に払う報償金などもある。そのほかにも保険会社で働

く人の人件費や契約保全費など費用がいろいろかかる。総保険料のなかにこのようなコスト部分を費用保険料という名称で組み込んでいるのである。いうまでもなく，医的診査や報奨金など契約締結の段階での費用が相対的に大きくなる。ここでも，禁止的保険料化を避けるため，平準保険料化が試みられ，契約初年度以降は黒字が発生して，これも投資の原資となりうるのである。

③ 蓄積保険料

前にも述べたように，貯蓄機能と大差がない。生命保険であれば養老保険や終身保険，損害保険であれば総合保険や積立型保険と呼ばれるような保険でこの蓄積保険料が徴収される。

保険業の儲けは主にこれらの三利源と呼ばれる保険料構造を利用して生まれる。危険保険料で徴収する保険料は実際の危険保険料率より少し高めに設計される。この差額が危険差益（死亡保険なら死差益）と呼ばれる儲けなのである。

費用保険料からの儲けもかなりある。実際に必要と思われる経費率よりも高めの費用保険料率で計算しているから，費差益と呼ばれる利益が取れることになる。通常の企業経営であったら経費率を抑制して経営の効率化を図るはずだから，保険業の経営者も，おそらくは，経費節減に努めているはずである。常識的に考えれば，費差益は保険業の生命線となるはずであるが，経費の内訳は一般には分かりにくい。

蓄積保険料から期待される儲けは利差益である。実際に達成できている資産運用利回りよりも低めの利回り計算で，蓄積部分を顧客に返還してもなお残っている差額の利益である。ただし，理論的には，①の危険保険料や②の費用保険料も，未経過保険料や保険料積立金の勘定科目に，一時的には，流れ込むので，これらも資産運用の原資となる。

顧客にとってさらに分かりにくいのは安全割増である。確率計算で保険料を徴収しながら，予想外の変動に備えて徴収される金銭も保険業の巨額の積立金に加えられてゆく。利差益はこうした資金の全体的な投資効果と総保険料との差額を積極拡張してゆくことで増殖すると想定される。

保険は大数法則利用の性質上，多様なリスクを引き受けるので，会社経営にとって思いもかけない損失問題が発生する場合に備えて，仮想条件で保険料を計算している。実際，基礎利益が崩落すれば，予定利回り制や保険料割引制が機能しなくなるだけではなく，保険経営そのものが破綻の危機に遭遇する。しかし安全割増制度や実態と極度に差の生じる保険料徴収方法がこれでよいのか，将来の検討課題であることは確かだろう。

（2）責任準備金とソルベンシー・マージン

保険業は保険商品として顧客の視点から見ると，金融との関係が分かりにくい。しかし，すでに指摘したように，保険業は機関投資家として金融業務も行っている。危険差益，費差益，利差益，基礎利益，といった概念も保険業のジャーゴンで記号化されているだけで，その本質的構造はリスク・ヘッジとしての利子率のバリエーションに他ならない。

銀行の本業は，地銀や中小銀行の金銭を集積させた大手銀行を中心に，最終的に，手形や為替の決済をすることにある。中小企業の占める割合の大きな日本の産業は，現金決済よりも約束手形の流通という企業間信用創造で成り立っているから，決済機構を維持してゆくためには銀行制度は絶対的に必要とされる。背後に，日銀のような中央銀行や預金保険機構などの支援構造が控えているのもこのゆえんである。

保険業では銀行業ほど支援や保護は期待できない。せいぜい金融庁の管理と規制ぐらいである。だから，自ら経営危機に備えるために，ソルベンシー・マージンとして自己勘定の資産を積み上げるのである。また，保険金の支払不能に備えるために，責任準備金という契約者勘定の資産を積み立てているのであって，責任準備金やソルベンシー・マージンを金融活動とみなすには議論も多いのだが，この問題は別の機会に譲りたい。

参考文献
D. A. アーカー著　陶山他訳［1994］『ブランド・エクイティ戦略―競争優位を作り出す

名前・シンボル・スローガン―』ダイヤモンド社
岡本幸一・今野博之 [2003] 『リスク・マネジメントの心理学』新曜社
髙尾　厚 [1998] 『保険とオプション』千倉書房
田村祐一郎 [1990] 『生活と保険』千倉書房
田村祐一郎 [1985] 『経営者支配と契約者主権』千倉書房
中塚晴雄 [2006] 『金融論』税務経理協会
M. E. ポーター [1995]　土岐他訳 [2006] 『新訂 競争の戦略』ダイヤモンド社
水島一也 [2006] 『現代保険経済〔第8版〕』千倉書房
吉澤卓哉 [2006] 『保険の仕組み』千倉書房
J. B. Caouette, E. I. Altman & P. Narayanan [2003], *Managing Credit Risk*, J. Wiley.
P. Bernstein [2003], *Agains the Gods*, J. Wiley.

第4章 生命保険の新潮流
―― キャッシュフローの組換えによるリスク対応と
本源的経済価値の抽出――

久 保　英 也

1. は じ め に

　従来，保険が独占してきたリスクの引受け機能を保険以外の金融市場が担うケースが増加している。保険の本来機能は変わらないものの，損害保険分野の大規模自然災害リスクの移転や生命保険分野の一部保険事業の証券化などリスク引受けの金融市場化が着実に進んでいる。ただ，その目的は，1990年代初期に見られた保険会社のリスク引受量の限界への対応段階から，保険会社の資本の効率利用や保険の枠組みでは掴めない顧客ニーズに応える段階に進んでいる。リスクの移転に伴うキャッシュフローの組換えは，保険会社と金融市場との関係や保険の意義自体を改めて考えさせる。

　生命保険業では，ART（Alternative Risk Transfer，内容は第2節で説明）の拡がり，新たな健全性指標である欧州のソルベンシーⅡの導入など監督の抜本的見直し，1899年に制定された日本の保険契約法の改正，株式会社化後の経営戦略の変化など，新しい流れが起こっている。この章では，その中で，ARTや生命保険の買取制度を分析することにより，生命保険業の新潮流が「キャッシュフローの組換えによる多様なリスク対応と本源的経済価値の抽出」にあることを解説する。

2．企業や保険会社におけるリスク管理行動と資本政策の変化

　産業金融におけるパラダイムシフトに保険も取り込まれている。産業金融は，企業の成長力の鈍化などにより，従来の資金不足への対応（量の確保）から，資金余剰の中で効率的な調達と運用（手法の的確な選択）へ変化している。企業は，大企業を中心に企業グループ内での余剰資金約40兆円（銀行の融資残高約500兆円）を有効に活用するため，CMS（Cash Management System）を導入し，転換社債や新株予約権付き社債の発行，在庫を担保に融資するABL（Asset Based Lending），資産の証券化など資金調達の多様化・高度化を進めている。金融機関も銀行・証券・保険という縦割分野規制が大きく緩和され，外資の参入も本格化したことから，新しい金融サービスの提供が競争力の重用要素となっている。一方で，企業年金の積立金は約80兆円にも達し，運用利回り向上のため，株式・債券など伝統的な資産に加え，商品取引，不動産，デリバティブなどオルタナティブ投資に運用範囲を広げている。

　企業の資金の調達・運用が今後ますます積極化，高度化するに伴い，リスク・マネジメントの重要性はさらに大きくなる。ただ，リスクの自己管理手段である引当金や準備金の積立はその対象が限られ，キャプティブにしても海外キャプティブが中心となり，手間とコストがかかる。そこで，リスクの外部移転が重要となるが，伝統的な損害保険は，リスク総量や引受リスクの種類に限界があり，また，リスクを時間分散するファイナイトも，支払い保険料の損金性に税務上の議論が残る。したがって，今後増大するリスクとその管理強化のためには，金融市場へのリスク移転がマクロ的に見て大きな流れとなろう。

　また，ミクロ的にも，内部統制の導入と株主のROE（Return On Equity）向上要求がリスク・マネジメントの強化を企業に要請する。内部統制は，企業自身が法令を守りながら，効率的に事業を行うためにルールや手続きなどを設け，それが機能しているかをチェックする仕組みである。2001年以降アメリカのエンロン社，ワールドコム社の大規模な企業会計の粉飾事件が発覚，全米有数の

会計事務所アーサーアンダーセンも破綻したことから，財務報告内容の適正さを厳しく求める SOX（Sarbanes-Oxley act）法が成立した。内部統制を義務づけた同法404条は，企業に大きな負担を与え，見直し議論も進むものの，日本でも2006年6月に成立した金融商品取引法の中に，内部統制に関する報告義務が織り込まれた。また，同5月の会社法改正でも資本金5億円以上，負債200億円以上の企業に内部統制に関する体制整備を義務付けている。内部統制の基礎には，アメリカのトレッドウェイ組織委員会（COSO）の「事業リスク・マネジメントの統合的枠組み」があり，これは4つの目的と6つの基本的要素からなる。まず，目的は，①業務の有効性と効率性，②財務報告の信頼性，③法令遵守，④資産の保全（義務付けられるのは財務報告の信頼性）の4つであり，基礎的要素は，①統制環境，②リスクの評価と対応，③統制活動，④情報と伝達，⑤モニタリング，⑥IT への対応の6つである。目的も基本的要素も極めて広範囲で，しかも，各部署，活動単位ごとに対応が求められる。

また，日本の企業会計基準委員会では，欧米で議論が進む国際会計とのコンバージェンス（相互承認）への追随を探っている。その中で，日本の概念フレームワークとして，①投資家の予測に役立つ企業事実の開示，②財務諸表の構成要素に資産・負債の評価に基づく包括利益概念の導入などが検討されている。

こうした動きの中で，企業は従来，別々に運営してきたリスク・マネジメントと資本政策を，「リスクにさらされた資本をどう効率的に管理するか」という視点で，双方を統合した運営に変えようとしている。株主の ROE の向上要請に対し，損失分布の中で発生確率の非常に低い赤字のテールエンド・リスクまで，すべて自社の貸借対照表上の資本（以下，オンバランス自己資本）で対応すれば，資本効率は著しく悪化する。リスクファイナンスの「オフバランス自己資本」を活用して，リスクへの対応を効果的に行うことが必要となる。図表4-1は，横軸に利益分布（右に行くほど黒字幅が，左に行くほど赤字幅が大きい），縦軸にその収益が実現する確率を示したもので，左のテールが長く，確率は低くともかなり大きな赤字が発生する可能性を示している。経営は，期待損失を上回る損失（以下，非期待損失と呼ぶ）の発生を当然認識しており，これ

はオンバランスの自己資本で対応する。ただ，非期待損失を超えるリスク（以下，ストレス損失と呼ぶ）の発現に対して，オンバランス自己資本で対応できれば健全性は高いものの，発生確率の低さから資本効率の悪化を招来する。株主の理解を得るには，ストレス損失は明確に認識したうえで，その対応にはオフバランスのリスク・ファイナンスを当てるのが合理的である。なお，ストレス損失は，99％バリュー・アット・リスクを超えたテール部分などで計算する。オフバランスの対応により余裕が出た自己資本は，今後の事業展開を想定し，リスクあたりリターンの最も高い事業戦略を選択し，これに振り分ける。この時，リスクの自己保有に伴う非常時の流動性コストや自己資本を厚くする資本コストの上昇とリスクの外部移転に伴うリスクプレミアムの支払や取引コストとを比較・選択する必要がある。すなわち，企業は，資本コストとリスク・ファイナンスのコストを比較する中で，保険も含めた金融市場のリスク対応諸手段を同じ土俵上で検討し，選択する。

このように組立てた資本戦略は，格付会社の評価やメディアを通じ，株式価値評価に影響することから，市場が多様なリスク・ファイナンス手段を求める傾向はますます強まる。

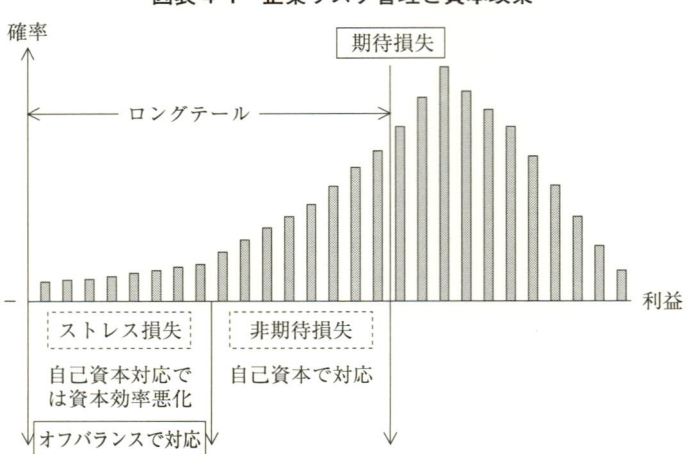

図表 4-1　企業リスク管理と資本政策

3．保険とARTの異質性と補完性

　金融市場によるリスクの引受けは，リスクがより明確で突発性の高い損害保険分野から進んだ。これらは，伝統的な保険を代替することから，また，リスクの保有でもリスクの完全な移転でもないことから，ARTと呼ばれている。ARTは，①1980年代のアメリカにおける賠償責任保険の保険料の高騰（アスベスト環境汚染問題を要因）と伝統的保険会社，再保険会社によるリスク引受の抑制，②1990年代前半の大規模自然災害の集積リスク（1992年8月：ハリケーンアンドリューの損害保険金支払額182.8億ドル，1994年1月：ノースリッジ地震135.3万ドル，1991年9月：台風19号ミレーレ65.4億ドルなど）のリスク引受の限界の明確化，③ロイズの再保険引受けに関する混乱（実損填補による再保険市場の混乱），から保険に代わるリスク対応手段として生まれた。ARTは，①ホリスティック・カバー，②コンティンジェント・キャピタル，③保険デリバティブ，④保険リスクの証券化，などに分けられる。

　ホリスティック・カバーは，保険リスクとそれ以外の例えば為替リスクを別個にヘッジするのではなく，統合して1契約でカバーし，会社全体として最適なヘッジを実現しようとするものである。ヘッジ額は，会社全体として容認できるリスク量までに抑えられるように設定する。これにより，重複ヘッジの回避やリスク間の相関を反映させた効率的なリスクヘッジを可能とするものである。

　コンティンジェント・キャピタルは，大規模自然災害など保険会社もしくは企業に，偶発的債務を生じさせるような事象が発生した場合，金融機関との間にあらかじめ設定する融資枠であるコミットメント・ラインを設定することにより，バランスシートの急激な悪化を回避しようとするものである。2004年に，日本のオリエンタルランドが地震による営業停止などのリスクに対応して，流動性を確保するために銀行と締結した契約などがこれに相当する。

　保険デリバティブは，保険で成り立つ価値と金融の世界で成り立つ価値を交換するものである。図表4-2に示したように，保険は，損害とその原因との

因果関係を重視し，特定の原因によって生じた損害を補償するが，保険デリバティブはその原因が何であれ，契約時に設定する基準値（トリガー）を満たせば支払われる。したがって，保険デリバティブは，支払額の計算が透明で，支払い自体も迅速という特徴を有する。逆に，損害保険は，実損しか塡補しないものの，ベーシスリスク（実際に生じた損害と受取れる決済金額とが必ずしも一致しないリスク）も存在しない。

リスクの引受けにおいて，保険は，本来，①大数の法則などに基づき，保険会社内で引受けた方が効率的なリスク，②固有事象性の高いリスク，③エリアや地域の特殊性に根ざしたリスク，④原因と結果の関係が明確なリスク，に対応するのに適している。一方，保険デリバティブは，①低流動性商品の効率的な市場へ橋渡し，②リスクの価格換算よる異なるリスク間の交換（例えば，地震リスクと価格リスクとの交換），③複数リスクの相関係数を利用したリスク管理の効率化（冷夏と夏雨は別個に起こるより，同時に起こることが多い：コリレーティブ・トリガー・オプション），などに適している。

保険リスクの証券化（Insurance Linked Securities）は，資産担保証券（ABS）やモーゲージ担保証券（MBS）が「資産」を証券化したのに対し，主に「負債」を証券化したものである。発生確率は低いものの，被害額の大きい地震や風水害などの自然災害に対応した Catastrophe bond（以下，CAT ボン

図表4-2 保険と保険デリバティブの特色比較

	保険	保険デリバティブ
支払要件	①実損の発生 ②損害と事故との因果関係	①契約当初に決めた条件 （トリガーとその乖離幅など） ②間接損害もカバー
ベーシスリスク	無 　実損額を支払	有 　支払額と実損額の間には差 　（過少，もしくは過大となる）
支払いの即時性	時間を要する 　損害調査や保険の発動要件 　の確認に時間がかかる	迅速 　支払要件が満たされれば， 　金額の計算も容易

（出所）経済産業省「リスクファイナンス研究会報告書」に，筆者が加筆・訂正。

ドと呼ぶ）などがこの範疇に入る。証券化のスキームは，保険会社が特別目的会社（以下，SPCと呼ぶ）を設立し，SPCと再保険契約を締結する。SPCは債券を発行し，満期までに災害など保険事故が発生した場合，元利金支払の一部が免除される。このため投資家は，再保険リスク相当額が加味された高い収益と保険事故発生による一定の元利金の減価というリスクとの双方を負うことになる。保険会社にとっては，①再保険会社以外の新たな保険リスクの移転先の発掘，②再保険では難しいとされる長期の保険期間の確保，③リスク移転先の信用リスクの回避などの利点がある。

保険リスクの証券化に伴うプライシングは，同種の自然災害の被害サンプルを可能な限り収集し，仕様や要素に差のある事象や商品の価値を推計するヘドニックアプローチなどにより行われる。例えば，台風であれば中心気圧，進行速度，台風を囲む気圧配置，季節性などの各要素についてパラメーターを抽出し，保障の対象となる自然災害の発生確率や規模などから価格が決まる。ただ，保険リスクは，保険会社の対応によっても変化するため，保険会社のモラルハザード（保険金支払い抑制努力の怠慢）や逆選択（営業優先でリスク評価が甘くなる）などを防止する仕組みも必要である。

このように，ARTは，保険を代替するが，一方で，クレジット・デリバティブのように，対象リスクはデリバティブの持つ自然災害と同じ突発的リスクであるものの，支払条件はトリガーとの差ではなく，所定の事由（倒産，解散，債務超過，法律に基づく破産，解散，清算などの申立）の発生というように保険的性格を持つものもある。また，風力発電発電量のリスク対応には，保険（異常危険保険）とデリバティブ（天候デリバティブ）の２つあるが，即時支払などを優先するなら天候デリバティブを，発電量が風力だけでなく風向や標高などにも影響を受け，ベーシスリスクを強く意識する場合には異常気象保険を選択することになる。このように，ARTは，従来の保険，再保険にはない特色を有しており，保険を代替するというより，リスク・マネジメントにおける顧客の選択肢を広げる手段である。

84　第4章　生命保険の新潮流

4．保険リスクの証券化と市場規模

　保険リスクの証券化は，まず，損害保険分野で始まり，1990年代に再保険市場では十分かつ効率的に移転できなかった大規模自然災害を資本市場へ移転した。CATボンドは，日本でも東京海上（地震：1997年，台風：2006年），安田火災（台風：1998年），オリエンタルランド（地震：1999年），ニッセイ同和（地震：2002年），JA共済（地震・台風：2003年）などの発行がある。その後，生命保険分野で銀行やクレジット会社と同様に資本効率を高めるために，現在の保険事業の一部を証券化する動きが進んだ（同時に死亡率悪化リスクや解約リスクも移転）。また，伝染病などによる急速かつ広範囲に起こる死亡率悪化リスクを資本市場に移転する証券化も動き始めている。
　保険リスク証券化商品（Insurance Linked Securities）の市場規模は，損害保

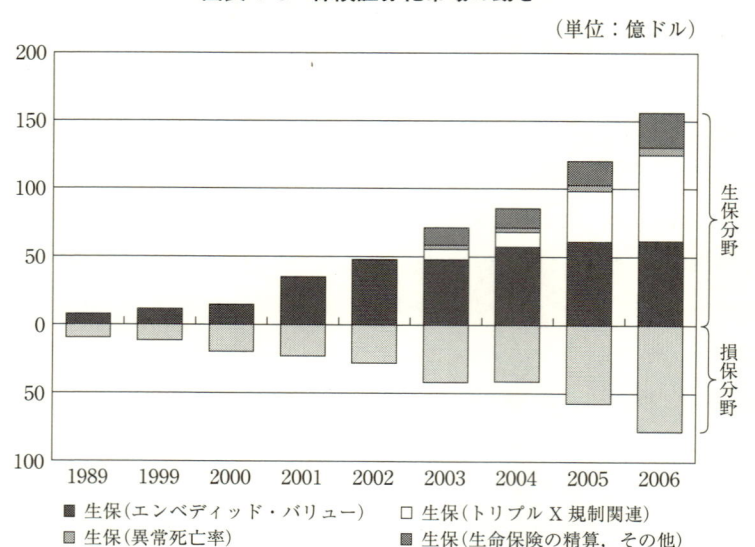

図表4-3　保険証券化市場の動き

（単位：億ドル）

■ 生保（エンベディッド・バリュー）　　□ 生保（トリプルX規制関連）
■ 生保（異常死亡率）　　■ 生保（生命保険の精算，その他）
□ 損保計

4. 保険リスクの証券化と市場規模

険関係で77億ドル（2006年8月末，公募債券のみの発行残高），生命保険関係で156億ドル（同）の合わせて233億ドルである（スイス再保険会社資料による）。

現在，80億ドルのCATボンドの発行残高（2006年8月末）は，再保険市場1,240億ドルの約6％の規模に相当する。今後，地球温暖化に伴う自然災害の増加などから，異常気象リスクの再保険需要が高まれば，150億〜300億ドル程度の市場規模になるとされる。また，アクサ保険が2005年12月に実施した自動車保険の証券化が拡大すれば，保険母体が大きいため（2006年の自動車保険の推定損害額は約3,500億ドル），仮に全体の6％が証券化されたとしても200億ドル規模の巨大な市場となる。

生命保険分野の証券化の主役は，後述するエンベディッド・バリューの証券化（2006年8月末残高63億ドル，潜在市場規模4,000億〜5,000億ドル，ミリマン社推計による）とトリプルX規制対応（同61億円，アメリカの同準備金520億ドルの約7割に相当する同340億ドル，同推計）である。

エンベディッド・バリューは，無形資産である繰延べ新契約費（DAC）と将来利益の現在価値（PVFP）とを合わせた概念で，欧米の生命保険会社はバランスシートにこれらの金額を計上しているが，日本の保険会社は計上していない。欧米では新契約の獲得に要した大きなコストは資産計上され，翌年度以降の保険料収入により償却される。証券化により，早期の解約・失効リスクは投資家に移転されることからDACを実質的に現金化することができる。また，株式会社化に伴うクローズドファンドや買収保険会社の将来利益の現在価値についても一部を実現できる。例えば，収益率が12％の証券の裏付事業を市中金利の6％のクーポンで投資家に譲渡すれば，その差の6％は利益として計上ができ，保険会社のROEを向上させる。また，証券化商品は，リスク度に応じ3〜4のグレードに分けられ，投資家の求めるリスク・リターン特性に合うように組上げ，発行される。債券期間内での損失は，まず留保残余部分を有する保険会社が引受け，それを超える部分の一部をBB格債引受者，次にまたその残りをBBB格債の引受者が引き受けるなど多段階の優先劣後構造を作ることができる。これにより保険会社のリスク対応必要資本量が減少するとともに，

投資家の要望に応じた債券を提供できる。

　トリプルX規制対応は，法定準備金の必要以上の積増しを回避するための証券化である。アメリカで2000年に発効したトリプルX規制は，平準保険料式定期保険と保証付ユニバーサル生命保険に対し，過度に保守的な準備金（経済実勢に比してかなり低い予定死亡率を使用）の積立を要求する。この過剰な準備金と市場が一般に合理的と考える準備金水準との差を回収するため，特別目的会社がこの差額に相当する債券を発行する。投資家の投資金額はSPVが国債等で運用することで，実質的に過剰な準備金と合理的と考える準備金の差額を投資家が提供することになる。証券化により，税負担そのものには変化はないものの納税時期が繰り延べられる（10年～15年）。このように，証券化は，会計制度などにより，潜在化している「本来有している経済価値（以下，本源的経済価値と呼ぶ）」を顕在化するとともに，それを引受けしやすい形で流動化できるところに最大の特徴がある。

　なお，生命保険の固有リスクである「異常な生死に関するリスク」については，長生きリスクを対象とした証券化実績はなく，伝染病など死亡率急上昇リスクを対象とした証券化商品が9億ドルと損害保険の前述のCATボンドの80ドルに比べると規模が小さい。

　欧州で導入が検討されているソルベンシーIIは，生命保険リスクを外部移転する再保険と保険リスクの証券化とを広範なリスクヘッジ手法として，同一の基準で取り扱う可能性が高い（ソルベンシーIでは再保険のみを対象とした）。投資家は，今後，より分散された死亡率リスクのポートフォリオを選好すると考えられ，グローバルに活動する保険会社を中心に，自社の死亡率リスクの一部を金融市場に移転する動きが加速しよう。

　保険リスク証券化商品を購入する投資家側から見ると，損害保険の証券化商品は他の金融商品との相関性が小さく，投資家のポートフォリオ効率を押し上げる。また，生命保険リスクの証券化商品は，死亡率データなど原資料の入手が容易で，将来のキャッシュフローを想定しやすいことから，投資対象として魅力がある。保険リスク証券化商品を保有する投資家は，投信40％，保険証券

化商品専門ファンド33％，ヘッジファンド16％（2004年末）と裾野の広がりを見せている。アメリカの金融機関所有のローンの42％は既に証券化され（2005年），発行コストが大きく下がったように，生命保険の証券化コストも今後さらに低下し，市場は今後も拡大傾向を続けるものと考えられる。市場の拡大に伴い，証券化の最も重要な機能，すなわち，オフバランス化を通じ，①原資産所有者の必要自己資本量の圧縮，②資産の潜在価値（本源的経済価値）の顕在化，③流動性の付加，の３つの機能が円滑に機能するようになる。

5．個別保険の本源的な経済価値を実現する生命保険の買取り制度

　日本ではあまり知られていない生命保険の買取制度は，証券化などと同じく市場を通じ，キャッシュフローを組換え，経済価値を創出する仕組みである。前出の図表４-３の生命保険証券化の内訳に「生命保険の清算・その他」が１項目として分類されている。これは，保険契約者が，生命保険証書を投資家に解約返戻金より高く，死亡保険金より低い金額で売却する，いわゆる「生命保険の買取り制度」を証券化のスキームの中で行っているケースと考えられる。欧州とりわけイギリスでは，生命保険の買取り業務に何ら法的規制はなく，貯蓄や投資目的に加入した保険についてそのキャッシュフローを束ね，債券として投資家に売却することは，金融の論理からは何ら問題がない。生命保険は，保険料の支払いと満期や死亡に伴う保険金受取という将来キャッシュフローを有している。イギリスやドイツで販売されている保険の多くは日本の一時払い養老保険や変額保険・変額年金に相当する商品（ユニットリンクといわれている）であり，死亡・医療・介護保障部分は小さく，保険というより実質的には金融商品である。これらの商品の契約者が保険会社の算定した解約返戻金とは異なる，市場が評価する財産価値により保険契約を処分したいとの考えに，異議をはさむことは難しい。金利低下により含み益を有する国債や値上がりした株式を市場で売却する行為と経済的には差がないからである。

ところが，日本やアメリカのような死亡・医療保障を主目的とする定期保険や終身保険が主力の市場では，責任準備金や配当金などの財産価値は小さく，市場が認識する価値は，例えば死亡保険金の受取り確率が非常に高いという点になる。被保険者が想定した期間内に死亡するかどうかは不確実であるが，それは金融市場の価格が上がるか下がるかが不確実というのと本質的に同じであり，金融市場では，先物，オプションにより，これらの不確実性に値付けを行うことが可能である。不確実性の特性はやや異なるものの，保険デリバティブと同じ手法により，保険の市場価格の算出は数理的には可能であろう。さらに，投資家が購入しやすいように，複数の買取り契約をまとめて証券化することにより，リスクの分散とキャッシュフローの組換えを進め，投資家のリスク選好にあう形に仕立て上げることも可能である。この作業を通じ，前節で述べた証券化の大きな特徴の一つである「本源的経済価値」を実現することが可能となる。生命保険の証券化は，保険事業の将来キャッシュフローや割高な積立金を本源的経済価値に変貌させたが，保険の買取り制度は，保険の仕組みでは埋もれている個々の契約が有する本源的経済価値を実現する。

次節では，保障性商品の販売割合が高いアメリカを例にとり，生命保険買取り制度を概観する。

6．生命保険の買取り制度

アメリカの生命保険買取り事業は，1989年4月にリビングベネフィット社が余命2年以内のエイズなどの終末医療患者を対象に買取りを実施したのが最初である。これをバイアティカル・セツルメント（Viatical Settlement：以下，VSと略す）という。当初は，国民皆保険制度が整備されていないアメリカでは，高額医療費負担に耐えられない世帯が続出し，末期患者に対する保険買取りは，人道的活動の性格が強かった。その後，エイズ治療法の大きな進展が見られ，終末医療費対応から，老後の生活を豊かにするために，この制度を利用するライフ・セツルメント（Life Settlement：以下，LSと略す）が主となって

いる。これは，過去に購入した保険がライフサイクルから不要になった場合，市場で売却し，得た資金で老後生活を豊かにすることを目的としている。LSは年齢65歳以上で，余命2年～15年層を対象とするなどVSの余命1年以下に比べて期間も長い。

　最近では，ヘッジファンドや機関投資家が伝統的投資資産との相関係数の低さからポートフォリオに保険リスク証券化商品を組入れる動きが顕在化し，LSも新たな局面を迎えている。投資対象として，大量の死亡保障証券を集めるために，事前に高齢者に被保険者として生命保険への加入を勧め，それを買い取るインベスターオウンド（Investor-Owned，以下IVOと略す）と呼ばれる買取形態の登場である。保険会社は，VSやIVOへの対応として，ジャクソン・ナショナル生命が1988年に長期介護給付，重病給付，末期症の3給付を備えた生前給付商品を開発，1990年にはプルデンシャル生命が，追加保険料なしで余命1年以内の末期型生前給付保険（リビングニーズ保険）を発売している。

　生命保険の買取り市場の規模は2004年で約40億～50億ドルといわれ，アメリカの個人保険保有契約高9兆9,699億ドル（2005年末）の0.05％程度にすぎない。ただ，プルデンシャル生命のリビングニーズ保険の販売は1.5億ドルにとどまり，生命保険の買取りブローカーへの十分な対抗策とはなっていないことから，生命保険の買取制度は，契約者や市場のニーズをある程度満たす制度でもあると言える。

　当然のことながら，経済的には合理的な取引であっても，運営によっては，被保険者の人命に危険の及ぶ可能性もあることから，諸要素を慎重に検討する必要がある。買取の取引について，日米の法制は次のように異なった立場をとっている。アメリカでは，1911年の連邦最高裁判決以降，保険証券は保険契約者の「財産」として自由に譲渡できるとされている。保険契約者の所有権の対象である保険証券の譲渡という物権的構成であり，譲渡に対する制約は保険者の同意も含め不要となっている。むしろ，譲渡の同意を保険会社が拒否することは個人の財産権の侵害となる。

　また，アメリカの被保険利益の原則は，親族関係に伴う保障だけではなく，

金銭的な債権債務関係でもよいとされ，また，被保険利益が問題になる時期は保険契約締結時に限られる。血縁関係のない第三者が保険金受取人になることも問題にされないため，モラル・リスクを具体的に立証し，譲渡を制限させることは難しく，IVOが増加する1つの要因となっている。

　一方，日本は，アメリカのような物権的構成ではなく，保険契約上の地位の譲渡という債権的構成となっている。したがって，一方の契約当事者（この場合は保険会社）の承諾を条件に契約譲渡は発効する。生命保険会社の同意拒否をめぐり注目された2006年3月22日の東京高等裁判所判決も，双務契約の当事者の地位の譲渡については相手方の承諾がなければ，その効力が生じないとしている。また，生命保険契約における保険契約者の地位が売買の対象になることによる不正危険の増大や社会一般の生命保険制度に対する信頼の毀損などから，一般に，保険会社は，譲渡についての同意を拒否でき，それが権利の乱用や信義則違反に該当しないとしている。保険の買取りに同意するかどうかは保険会社の判断次第ということになる。

　さて，アメリカの生命保険の買取対象は，VSの場合，保険金額25,000～50,000ドルの比較的少額かつ余命2年以内（実際は1年以内）の定期保険，終身保険，ユニバーサル保険で，買取価格は死亡保険金の70％程度といわれている。一方，LSの場合は，保険金額250,000ドルを超える65歳以上の高齢者を対象とし，買取価格は，同25％程度といわれている。

　アメリカの買取ブローカー Advanced Settlement 社のホームページには，「2006年の買取金額の総額は2.98億ドル，当該契約の解約返戻金は0.70億ドル，契約者が手にした金額は2.28億ドルで，買取金額は，死亡保険金額の24％に相当する」と記載されている（ブローカーなどへ手数料控除前）。そこで，生命保険協会がヒアリングにより入手した数字から，保険会社，投資家，保険契約者，そして，買取ブローカー（AS社など），案件を紹介したファイナンシャル・プランナー（以下，FP）のそれぞれのキャッシュフローを算出すると図表4-4のようになる。対象は85歳の女性で，死亡保険金額は500万ドル，7年後の92歳に死亡すると余命判断した事例である。買取り額の保険金に対する比率

6．生命保険の買取り制度　91

図表4-4　生命保険買取りビジネスのキャッシュフロー

(単位：1,000ドル)

主体	85歳買取，92歳死亡を前提	買取時(85歳)	対保険金	1年後(86歳)	2年後(87歳)	3年後(88歳)	4年後(89歳)	5年後(90歳)	6年後(91歳)	7年後(92歳)
保険会社	保険料受取 保険金支払	324		324	324	324	324	324	324	324 −5,000
投資家	買取代金の支払 保険料支払 保険金受取	−1,250	25%	−324	−324	−324	−324	−324	−324	−324 5,000
	利回り (IRR)	—	—	274%	81%	42%	26%	17%	12%	8%
保険契約者	保険売却収入 保険料支払	800 −324	16%							
買取ブローカー	手数料収入	300	6%							
FP，保険代理店	手数料収入	150	3%							
年齢別死亡率（日本，女性） 86歳からの累計死亡率（日本，女性） 平均余命（年，同上）		0.0570 — 8.1	—	0.0652 0.0652 7.55	0.0739 0.1391 7.05	0.0832 0.2224 6.57	0.093 0.3154 6.12	0.1042 0.4195 5.69	0.1164 0.536 5.3	0.1312 0.6672 4.93
長寿リスク（上記の続き，93〜98歳）				(93歳)	(94歳)	(95歳)	(96歳)	(97歳)	(98歳)	—
投資家利回り (IRR)				5.0%	3.0%	2.0%	1.0%	0%	−1%	—
年齢別死亡率（日本，女性） 86歳からの累計死亡率（日本，女性） 平均余命（年，同上）				0.1455 0.8127 4.60	0.1601 0.9728 4.30	0.1748 1.1476 4.02	0.1898 1.3374 3.77	0.2051 1.5425 3.54	0.2205 1.763 3.33	—

(出所) 生命保険協会調査部レポート (2007) のデータを利用し，に筆者が計算，加筆，訂正。

は，同社ホームページの平均値とほぼ同じ保険金額の約25%である。

　まず，保険会社は，保険料（32.4万ドル）の負担者が保険契約者からこの保険契約を購入する投資家に変わるだけで影響を受けない。契約者の受取りは，保険金額の25%（手数料控除後16%）にすぎないが，解約返戻金額の約4倍程度（同2.8倍）の金額になる。買取りに介在した買取ブローカーは同6%の手数料を，この契約者をブローカーに紹介したファイナンシャル・プランナーも約3%も手数料を得ている。余命判断は，外部の余命診断会社に委託するため，手数料（1件300ドル程度）がかかるが，ブローカー手数料率の中に含まれる。この契約1件について，投資家に提示される利回りを計算すると，IRRで8%になる。

7．生命保険買取り制度と証券化

　保険は，多くの「個」である保険契約者を集め，集団化することにより，リスクを安定化させるが，生命保険の買取制度は，集団と1つの「個」との関係は崩さず（保険料は継続して投資家が支払う），集団から，特定時点の「個」を取出して，保険制度以外の市場価値で評価しようとするものである。その「個」は，重病や高齢により，死亡率が集団の中では高く，保険金を受け取る蓋然性が高い主に経済的に余裕のない層でもある。従来の，保険制度の責任準備金から現在までの諸コストを差引き計算（純保険料式保険料積立金―契約の締結・維持に必要な諸経費）する解約返戻金の概念と現時点で同保険が有する市場の経済価値とは，この時点で大きく乖離する。

　日本の場合，この一物二価の解消には，欧米以上に，慎重に議論を進める必要があるものの，契約譲渡を求める理由の合理性と制度の必要性は判例も認めている。保険会社が契約譲渡を拒否しても権利の乱用や信義則違反に該当しない理由として，①保険契約者の地位が売買取引の対象となることによる不正危険の増大，②社会一般の生命保険制度に対する信頼の毀損を挙げている。逆に見れば，この①，②をクリアできる制度や条件のもとでは，保険者も承諾しやすくなるとも考えられる。

　上記①，②を回避する制度にするには，①売買理由を末期医療などに限定しアメリカで見られるIVO型の買取りを排除，②公的な余命判断会社設立もしくは複数の余命判断機関の併用義務化，③治療費など合理的な資金使途のチェック，などが必要要件として考えられる。死亡保険金を受取る確率が高まり，その時点で保険の市場価値を実現する合理的理由が契約者にある場合には，確率的なキャッシュフローを保険会社とは切り離し，金融市場に委ねることは拒絶しにくい。生命保険の買取制度は，いわば，個人版のARTとも考えられる。助け合いのシステムである保険の範疇で行えることは，保険の領域で行うものの，合理的な顧客ニーズがこの範囲を超える場合は金融市場が引受けるという

7. 生命保険買取り制度と証券化　93

役割分担は，第2節で述べた保険とARTとの関係と同じである。

これら①〜③の制度要因を解決したとしても，市場において，公正な買取り価格と合理的な介在者の手数料率が適切に決まるかという本質的な問題が別途存在する。図表4-4の投資利回り（IRR）欄を改めて見ると，死亡年が1年前後するだけでIRRは大きく変動しており，価格変動リスクは小さくないことを示している。IRRは，基準の7年後では8％で，1年後死亡の274％から13年後死亡のマイナス1％まで変動する。とりわけ，投資期間7年近傍で，死亡までの期間が1年前後すると約5％のIRRが変動する。余命判断会社に被保険者の死亡までの期間を査定させるとしても予想生存期間がそのまま実現する保証はない。また，想定された死亡年齢は92歳であるが，仮に日本の女性の死亡率（85歳から92歳までの累計死亡率：2004厚生労働省大臣官房統計調査部保健統計課，簡易生命表による）をあてはめると，0.66といまだ3分の1は生存することになる（ただ，アメリカの女性の死亡率はこれより高い）。

そこで，死亡率や市中金利により投資収益とリスクが大きく変化するこの商品を日本に持ち込んだ場合に，どのような魅力を有する商品になるのかを検証したい。まず，死亡時期により大きくこの商品の価値が変動することから，最も蓋然性が高い7年を基準に前後6年，すなわち，86歳（投資後1年経過）からの6年と98歳までの6年の計13年について各年の死亡率を反映させた買取り価格を算出する。これを足し上げたものが「死亡率を反映した投資価値」となる。投資価値を式で表すと次の通りとなる。

$$投資価値 = \frac{S \times (1-d)}{(1+r)^n} - \sum_{i=1}^{13} \frac{P_i(1-d)}{(1+r)^i}$$

ただし，Sは死亡保険金額，Pは保険料，dは年齢別死亡率，rは割戻し金利（市中金利）である。計算結果は，日本の金利水準に近い2％を前提とすると590.5万ドル，投資価値利回りは14.4％となる。アメリカの金利水準5％では同利回りは，5.1％とアメリカの国債利回りに近い（2007.8.25現在）ものになる。また，買取会社がアメリカで提示したIRR＝8％の数字は，市場金利4.2

図表 4-5 死亡率を反映した投資価値

(単位：1,000ドル)

死亡時年齢	金利 2%	金利 3%	金利 4%	金利 5%	金利 6%
98歳（投資13年目）	-1,625	-1,755	-1,881	-1,975	-2,051
97歳（投資12年目）	-1,316	-1,458	-1,597	-1,705	-1,795
96歳（投資11年目）	-997	-1,148	-1,297	-1,416	-1,518
95歳（投資10年目）	-668	-824	-981	-1,109	-1,221
94歳（投資9年目）	-327	-639	-648	-782	-902
93歳（投資8年目）	24	-144	-296	-434	-558
92歳（投資7年目）	388	224	74	-63	-189
91歳（投資6年目）	764	609	466	332	208
90歳（投資5年目）	1,143	1,002	870	745	628
89歳（投資4年目）	1,531	1,408	1,291	1,179	1,074
88歳（投資3年目）	1,924	1,824	1,727	1,635	1,546
87歳（投資2年目）	2,326	2,254	2,184	2,116	2,050
86歳（投資1年目）	2,738	2,700	2,662	2,624	2,588
投資価値	5,905	4,053	2,574	1,149	-139
投資価値利回り	14.4%	11.8%	9.0%	5.1%	-0.9%

(注) イールドカーブ形状は想定しにくいので，金利は期間にかかわらず一定と置いた。なお，8%のIRRと投資価値利回りが一致する市中金利は4.2%である。

%の投資価値利回りであり，妥当性の高い水準である。アメリカ女性の死亡率は日本より高いため，実際の利回りはこれより高くなると考えられる。

　この安定した投資利回りに落ち着くには，使用した死亡率が投資対象にも当てはまることが必要となる。すなわち，かなりの件数の買取契約を集め，証券化スキームを使用すれば，この投資利回りが実現される可能性は高くなる。

　すなわち，保険の買取制度に公正な買取価格を決定させるには，十分な規模の生命保険証券化市場が必要であり，これにより，キャッシュフローが安定化すればするほど買取り価格の引上げも期待できる。2007年のサブプライムショックの原因として，CDO（債務担保証券）と証券化商品に対するアメリカ格付機関の格付けのあり方が問題となっているが，これらの是正も含め，公正な金融市場に向けたインフラの見直しが重要である。

8. 結　論

　ARTは，企業分野のみならず，生命保険の買取制度を通じ個人分野でも広がりを見せる。保険と金融市場のリスク引受け機能とを相互補完的に使用できる環境を整備することで，リスク対応にむけた国民の選択枝は大きく増加する。また，証券化スキームを用いることで，保険契約が持つ本源的経済価値を引出せることから，新たな顧客ニーズに応えるとともに国民経済的にも大きな利益を生むものと考えられる。リスクの多様化時代には，保険と金融市場のリスク引受け能力を区分するのではなく，2つを統合し，円滑に稼働させるような創意工夫が重要となる。

参考文献

青木保繁［2006］「最近の欧州におけるエンベディッド・バリュー手法に関する一考察」『会報』第59号　第二分冊　日本アクチュアリー会
経済産業省［2006］「リスクファイナンス研究会報告書」2006年3月ホームページ
酒井重人［2006］「資本政策とリスク・マネジメントへの統合アプローチ」『アクチュアリージャーナル』No.59　日本アクチュアリー会
スイス再保険会社［2006］「ソルベンシーII：欧州保険会社のリスク統合アプローチ」『Sigma』2006年第4号
スイス再保険会社［2006］「証券化─保険会社と投資家にとっての新たな好機」『Sigma』2006年第7号
生命保険協会調査部［2007］「生命保険買取に関する一考察」『調査部レポート』No.32
髙尾厚［2007］「地震リスクと経済的保障の可能性」『保険学雑誌』第597号　日本保険学会
田中周二・松山直樹［2004］「統計学とアクチュアリーの現代的課題」『日本統計学会誌』第34巻第1号　日本アクチュアリー会
根本篤司［2005］「収益性と安全性をめぐる生命保険企業の行動」『保険研究』第57集　慶應義塾大学
土方薫［2001］『総解説　保険デリバティブ』日本経済新聞社
古沢優子［2005］「アメリカで拡がる生命保険買取事業と我が国における展望」『Business & Economic Review』2005年8月号　日本総合研究所
古瀬政敏［2007］「保険業法上の保険業と保険デリバティブ」『生命保険論集』第160号　生命保険文化センター
森本祐司［1999］「金融と保険の融合について」『IMES Discussion Paper Series』No.99

-J-13　日本銀行
溝渕　彰［2006］「米国における生命保険の買取に関する法規制の概要」『生命保険論集』
　No.154　生命保険文化センター

第5章　生命保険需要の変化

　　　　　　　　　　　　　　　　　　　　　　　林　　　晋

　本章では，はじめに無形サービス財である生命保険需要の形成プロセスについて述べ，一般の消費財・サービス財における需要との同質性と異質性を明らかにする（第1節）。続いて近代的生命保険の発祥の地であるイギリスにおける生命保険需要の歴史と，明治期に生命保険制度を移入した日本における生命保険需要の歴史を解説し（第2節），さらに調査・統計データにより，生活保障ニーズや生命保険の加入目的など，生活者の生命保険に対する意識を通した近年の生命保険需要の変化を示し，生命保険需要における将来の方向性を展望する（第3節）。

1．生命保険需要の形成プロセス

　生活者は日常生活でさまざまなもの・サービスを需要し，購入している。生命保険もその1つであるが，無形サービス財である生命保険の需要はどのようなプロセスで成り立っているのであろうか。一般の有形の消費財やサービス財における需要を説明した後に，生命保険における需要の形成プロセスを，その特殊性に着目して説明する。

（1）一般の製品やサービスにおける需要の形成プロセス

　需要の概念を理解するために，その背景（意識や行動の根源）にあるニーズ（要求，必要）と欲求，そしてそれらとの関わりを理解することから始める。
　ニーズは，①生命の誕生とともに人間に先見的に備わっている生命維持に必要とされる基本的要求と，②人間が社会生活を営んでいく中で経験的に得られる要求とに分けることができる。前者を生理的ニーズ，後者を心理的ニーズと

呼ぶことがある。例えば，生理的ニーズは，飢え，渇き，寒暑などに対処するための要求であり，心理的ニーズは安全，愛情，帰属，知識，自己表現などを得るための要求である。

ニーズとは，ある充足物に対する欠乏感を示す状態であるのに対して，欲求とは，そのニーズを満たす特定のものを欲する願望のことである。そして需要とは，特定の製品・サービスを買う能力と意思によって裏付けられたその製品・サービスに対する欲求のことである。欲求は欲しいと思うものを買うことができ，そして他のものではなくそれを買おうという意思を持ったときにはじめて需要となる。そして実際の購入行動に結びついていく。

つまり，需要プロセスは，

　　ニーズ⇒欲求⇒需要⇒購入

という意識の醸成，意識の昇華によって購買行動という具体的行動で帰結することになる。

(2) 生命保険需要の形成プロセス

では，生命保険需要はどのようなニーズからどのように帰結するのであろうか。具体的にみていくことにする。

保険には企業保険と家計保険という分類があるが，「保険サービスに対する需要をめぐる特徴は，家計保険の場合に明瞭に認識できる」(水島一也 [2006] p. 84) ことから，本章では生命保険需要の説明に当たって，生活者に直接的な関わりが強い家計保険に焦点を絞ることとする。

「保険に対する需要の出発点はリスクの認知に求められる。個々の経済主体が，将来何らかの偶然的事実の発生によって自らの経済運営に支障が起こる可能性があるということを認識し，これへの対処を考えるところから保険需要形成のプロセスが始まる」(水島一也 [2006] pp. 82-83) ことから，生命保険需要ではリスク認知によってニーズ（生活保障ニーズ）が発生するというプロセスをたどる。

具体的には，社会生活におけるさまざまな活動には「予期しない事態が起こ

1. 生命保険需要の形成プロセス　99

る」,「予期したとおりの結果にならない」などの不確実性がともなうことが多い。中でも深刻なのは経済的な損失である。例えば,「働き盛りの父親が亡くなった」,「病気で長期入院」などのリスクが家計に与える影響は大きい。

　これらのリスクへの対応を考えるに当たっては,はじめにこれらのリスクがあることを認知し,次いでそのリスクの大きさや頻度を評価し,対応・対策を考えることである。対応・対策方法としては,①事故が起きないように制御する（リスクコントロール）こと,②事故による損失に備えた資金対策がある。後者の1つに生命保険がある。生命保険に加入することによって,経済的ダメージを和らげたり,軽減させたりすることができ,生活者は安心して積極的な活動ができるようになる。したがって,生命保険需要はリスク認知で始まることが理解できよう。

　生命保険需要の形成プロセスではニーズが次のステップとなる。生命保険需要に関わる主要リスクは,死亡リスク,医療リスク,老後リスク,介護リスクの4つであり,4大リスクと呼んでいる。その4大リスクに対応するニーズとして,生活保障ニーズがある。主な生活保障ニーズには死亡保障ニーズ（保障内容：死亡した場合の,遺族の生活資金や本人の葬式費用などに備える）,医療保障ニーズ（保障内容：病気・ケガによる入院費や治療費,働けなくなった場合の生活資金などに備える）,老後保障ニーズ（保障内容：老後に必要となる生活資金に備える）,介護保障ニーズ（保障内容：寝たきりや認知症になった場合の介護費用に備える）がある。

　3番目のステップとして,それらのニーズに対応する手段として生活保障手段がある。生活保障手段には,「国の福祉政策である公的保障,企業が従業員の福祉のために設けている企業保障,各自が自分のために準備する個人保障の3つの柱」（生命保険文化センター［2007］pp. 5-6）がある。個人保障の中の主要な手段として生命保険が存在する。

　なお,生活保障ニーズと生活保障手段を結ぶプロセスには保障への欲求があるが,それは一般の欲求とは異なっている。「生活の安定性や保障への欲求は,衣食住その他の基本的必要が満たされた次の段階ではじめて問題となる」（水

島一也 [2006] p. 84) ことから, 保障への欲求は生活維持に必要な基本的欲求が充足された後に関心度合いが高くなるという特殊性を持っていることを認識しておく必要があろう。

以上のことから, 生命保険需要の形成プロセスは,

　　リスク認知⇒生活保障ニーズ⇒保障への欲求⇒生活保障手段⇒生命保険購入

という流れで成り立っている。

2. 生命保険需要の歴史

(1) 生活保障ニーズと原始的生命保険

　生命保険需要につながる生活保障ニーズは近代的生命保険の生成以前, はるか古代に発生していた。人類は早くから身を守ることや食糧を確保するために集団を形成して生活していたが, 集団でいること自体が生活保障になっており, まさに生活保障ニーズを満たす具体的対応策があった。

　中世ヨーロッパでは階級社会から農耕を中心とする封建社会へと発達し, さらに経済都市が成立した。その都市で経済活動をしている商人や職人は1人1人が独立して活動しており, 経済的損失を被った場合の補填は自らがしなければならなかった。そこで商人たちは事業や生活を守るために自主的な団結と相互扶助を組織的に行う制度を生み出した。それがギルドと呼ばれる同業組合で, 中世ヨーロッパの諸都市に発達した。ギルドでは, 組合員は一定の組合費を払い込み, 冠婚葬祭などの経済的損失に全員で分担するなど, あらゆる面にわたって助け合いが行われたことから, ギルドは近代的生命保険の起源という人もいる。この時代は, 生活保障ニーズをギルドという制度に内包させることで対応してきた。

　封建社会が終焉を迎え, 共同体からの束縛から解放されると, 資本主義社会という自由の獲得とともに自己責任の社会が姿を現した。さらに, 確率論の発

2．生命保険需要の歴史　101

達により，急速に生命保険の制度的基盤が整った時期でもある。

（2）イギリスにおける生命保険需要の歴史

　近代的生命保険はイギリスから始まった。イギリスでは産業革命により社会の近代化が達成したが，生命保険はこの近代化の過程で「後追い」として発生し発達した。つまり「近代社会への移行に伴って生活リスクの種類やその影響の度合いは大きく変化した。…生命保険は工業化・都市化社会における被用者家族…専門職業者，企業経営者，官僚，軍人など…を典型的な顧客として生まれてきたのであり，この意味において，生命保険はまさに時代の産物であった。」（田村祐一郎［2005］p. 31）さらに「産業革命の進展にともなう資本主義的生産関係の確立が，生命保険保護への需要を増大させてゆく」（水島一也［2006］p. 56）ことになり，産業革命により大量に作り出された賃金労働者の生活保障手段準備の必要性から生命保険需要が拡大していったのである。

（3）日本における生命保険需要の歴史

　イギリスでは社会の近代化過程の「後追い」で生命保険が発生・発達したが，日本では明治期に生命保険制度が紹介され導入された。明治期以前には「「頼母子講」や「無尽」など，庶民のあいだで保険に似た助け合い」（生命保険文化センター［2005］p. 41）は行われていたが，近代的生命保険制度として「保険に似た制度や慣習は江戸時代の日本には全く存在しなかった。それ故，明治初期に新奇の西欧文明として移植された」（田村祐一郎［2005］p. 31）ことが日本の生命保険需要の特殊性を生むこととなる。

　日本の場合，「生産力発展が一定段階に到達することが近代保険のための客観的条件を準備していったのではなくて，むしろ生産力の発展を図るための手段の1つとして保険制度が位置づけられたのである。…日本の保険制度は，その後の歴史的展開の中で「特殊日本型」とでも言うべき特徴を示すことになる。」（水島一也［2006］p. 62）つまり，生命保険需要が産業の発達に追随する形での形成が自然な形での需要形成とすると，日本の生命保険需要は特殊な形

での需要形成であった。

　明治期から戦前の販売保険種類の変遷をみると，生命保険販売を開始した明治初期のころは大半が終身保険であったが，徐々に養老保険が増加し，明治30年代には終身保険と養老保険が拮抗するようになった。終身保険は明治の末期には3分の1になり，大正末期には1割にも満たなくなった。つまり戦前は死亡保障機能を持つ終身保険の需要が弱く，貯蓄機能を持つ養老保険の需要が強かったことがわかる。

　このことは，明治期に移入した日本では，イギリスが遺族のため死亡保障の必要性から生命保険需要が発生してきたのとは異なり，貯蓄の一種として生命保険が受容されてきたことの現れであり，このことが日本の生命保険需要形成の特殊性の特徴ともいえよう。

　戦後の保険種類の変遷を販売データでみてみると，「養老保険」が8割を占める昭和30年代から，昭和40年代～50年代の「定期付養老保険」主流の時代，そして，昭和60年代～平成一ケタ年代の「定期付終身保険」主流の時代へと，販売商品種類の主流が変化している。

　日本でも，昭和50年代に入り，生命保険の原型である遺族保障としての生命保険需要の高まりをみせてきたということができる。

3．生命保険需要の現代的様相

　現代社会はリスクが多様化し，それに対応するように生活保障ニーズや生命保険の必要性意識も高まりをみせてきている。生命保険と関わりの強い死亡，老後，医療，介護の4つのリスクに対する保障ニーズ，保障手段の現状と生命保険需要の帰結の1つである生命保険加入行動について，各種調査・統計データにより生活者の意識と実態（行動）の様相を把握し，最近の生命保険需要について読み解くことにする。

（1）保障ニーズと保障手段

ここでは死亡保障，医療保障，老後保障，介護保障の4つの保障ニーズと，対応する保障手段としての生命保険の準備状況についてみていくことにする。

はじめに保障ニーズの推移について，男女別に平成元年から現在（平成19年）までの変化をみていくことにする（図表5-1）。

男性の場合，死亡保障ニーズは平成元年から平成3年までは35％前後で推移していたが，平成5年に41.2％と増加し，平成8年の42.1％をピークに大きく減少しており，現在では3分の1弱の割合となっている。

それに対し医療保障ニーズと老後保障ニーズは平成元年から平成3年までは20％台前半で推移していたが，平成5年，8年と10％台後半に減少した。しかし，平成10年からは再び20％台前半で推移している。

なお，介護保障ニーズは平成5年から調査しているが，5％前後で推移している。

一方の女性の場合，死亡保障ニーズは平成元年から平成8年までは10％台前

図表5-1　保障ニーズの推移

（単位：％）

		H1	H2	H3	H5	H8	H10	H13	H16	H19
男性	死亡保障	37.4	34.9	35.7	41.2	42.1	29.5	30.7	27.6	32.4
	医療保障	20.8	21.5	21.7	19.7	16.1	21.0	23.1	22.6	23.1
	老後保障	21.0	23.3	24.3	17.6	18.1	21.8	21.3	21.0	21.3
	介護保障	—	—	—	4.7	5.6	6.9	5.5	5.6	5.2
	特にない・わからない	20.9	20.3	18.3	16.7	18.2	20.8	19.5	23.2	18.0
女性	死亡保障	12.6	14.5	14.5	14.3	14.0	9.1	9.2	9.6	11.0
	医療保障	37.7	37.8	37.1	32.7	29.1	27.7	30.6	29.2	31.7
	老後保障	22.9	22.9	25.6	19.2	24.4	26.8	26.3	26.3	24.2
	介護保障	—	—	—	12.5	12.1	14.1	12.7	10.9	11.4
	特にない・わからない	26.8	24.8	22.8	21.3	20.5	22.3	21.2	24.0	21.7

出典：『生活保障に関する調査』（（財）生命保険文化センター）

半で推移していたが，平成10年からは10％前後で推移している。

それに対し，医療保障ニーズは平成元年から平成3年までは30％台後半で推移していたが，平成5年からは30％前後で推移している。

また，老後保障ニーズは平成元年から平成2年までは20％台前半で推移し，平成8年に10％台に減少するものの，平成10年からは25％前後を推移している。

なお，介護保障ニーズは一貫して10％台前半を推移している。

これらのことから，男性の場合は死亡保障，医療保障，老後保障の3つのニーズが拮抗するきざしがみえ始めているのに対し，女性の場合は医療保障と老後保障の2つのニーズを中心に推移していることがわかる。

次に死亡，医療，老後，介護の4つの保障手段をみていくことにする。

はじめに死亡保障手段の推移をみてみよう（図表5-2）。

死亡保障の準備手段としての生命保険は，平成元年から平成8年までは70％前後を推移していたが，平成10年から減少し始め，平成19年には60％台前半まで低下している。他に主な準備手段としては預貯金や損害保険があるが，預貯金が30％前後，損害保険が10％台と，死亡保障の準備手段としては圧倒的に生命保険が他の手段の追随を許さない状態となっている。しかし，死亡保障手段

図表5-2　死亡保障手段の推移

（複数回答，単位：％）

	H1	H2	H3	H5	H8	H10	H13	H16	H19
生命保険	69.3	70.2	73.6	69.8	70.2	67.9	66.3	62.7	64.8
損害保険	15.9	17.7	17.9	14.4	14.0	17.3	16.6	12.9	14.2
預貯金	28.8	30.3	31.9	30.9	29.3	35.5	34.4	30.9	33.9
有価証券				4.2	3.2	3.8	4.2	3.3	4.7
その他	1.2	1.2	1.1	0.7	1.2	0.5	0.7	0.6	0.4
準備している（計）	77.4	77.7	80.6	77.8	78.3	75.8	74.5	70.8	72.4
準備していない	19.1	19.7	16.5	19.6	20.0	21.2	22.4	25.6	25.5
わからない	3.5	2.7	2.9	2.6	1.8	2.9	3.1	3.6	2.1

出典：『生活保障に関する調査』（（財）生命保険文化センター）

3. 生命保険需要の現代的様相　105

図表 5-3　医療保障手段の推移

（複数回答，単位：％）

	H 1	H 2	H 3	H 5	H 8	H 10	H 13	H 16	H 19
生命保険	70.2	70.8	71.0	67.0	70.1	70.4	66.9	68.0	70.3
損害保険	17.8	20.4	20.8	23.2	22.9	25.9	25.9	21.8	24.8
預貯金	32.7	35.1	34.8	42.3	40.7	42.5	40.2	37.5	37.7
有価証券				5.5	4.3	4.4	4.6	4.1	5.5
その他	0.8	0.7	1.1	0.4	0.8	0.3	0.4	0.3	0.5
準備している（計）	80.7	81.9	82.8	82.5	82.4	81.8	80.2	79.3	82.0
準備していない	16.8	15.6	14.4	15.8	16.1	15.8	16.9	17.2	16.5
わからない	2.5	2.4	2.7	1.7	1.5	2.4	2.8	3.5	1.4

出典：『生活保障に関する調査』（（財）生命保険文化センター）

を準備している割合が平成3年の80.6％をピークに減少しており，平成19年は72.4％と70％台前半を保っている。

次に，医療保障手段の推移をみることにする（図表5-3）。

医療保障の準備手段としての生命保険は，70％前後をほぼ安定して推移しており，他の主な準備手段である預貯金や損害保険に対し，医療保障の準備手段としては圧倒的に生命保険が他の手段の追随を許さない状態となっている。なお，医療保障手段を準備している割合は平成元年以降80％前後を推移しており，他の保障に比べ準備割合が圧倒している。

続いて，老後保障手段の推移をみることにする（図表5-4）。

老後保障の準備手段としての個人年金保険や生命保険は，平成元年からほぼ40％台を安定して推移している。他の主な準備手段である預貯金は平成元年から平成8年までは30％台で推移していたが，平成10年以降は40％台で推移しており，生命保険に拮抗してきている状態である。なお，老後保障手段を準備している割合は，平成10年の68.9％を除き，平成元年から現在（平成19年）までは60％前後で推移している。

保障手段の最後に介護保障手段をみることにする（図表5-5）。

図表 5-4　老後保障手段の推移

(複数回答，単位：％)

	H1	H2	H3	H5	H8	H10	H13	H16	H19
個人年金保険や生命保険	44.8	45.8	48.9	44.1	45.0	54.9	48.1	43.5	41.0
損保の年金型商品	—	—	—	5.1	4.9	7.8	7.6	6.2	8.1
預貯金	30.7	31.7	33.0	34.4	35.2	45.9	43.2	41.8	40.1
有価証券				4.7	3.6	4.9	5.4	4.6	6.4
その他	1.0	0.8	1.3	0.5	1.0	0.4	0.5	0.5	0.5
準備している（計）	59.2	60.4	63.5	60.2	61.6	68.9	63.6	61.5	59.4
準備していない	36.7	36.4	33.0	37.4	36.7	28.7	34.0	35.6	38.3
わからない	4.1	3.2	3.5	2.3	1.8	2.4	2.4	2.9	2.3

出典：『生活保障に関する調査』（(財) 生命保険文化センター）

図表 5-5　介護保障手段の推移

(複数回答，単位：％)

	H5	H8	H10	H13	H16	H19
生命保険	24.8	21.6	26.5	24.2	22.6	23.7
損害保険	4.0	3.3	4.2	5.4	5.1	5.0
預貯金	26.7	27.4	31.3	29.9	28.1	29.5
有価証券	3.1	2.7	3.1	3.8	3.0	4.1
その他	0.2	0.4	0.5	0.4	0.9	0.2
準備している（計）	41.0	40.7	42.9	40.8	39.2	41.2
準備していない	55.1	56.7	53.6	54.9	56.3	55.9
わからない	3.9	2.7	3.5	4.3	4.5	2.9

出典：『生活保障に関する調査』（(財) 生命保険文化センター）

　介護保障手段としての生命保険は，平成5年から20％台で推移している。他の主な準備手段である預貯金は平成5年から30％前後で推移しており，生命保険と二分している。なお，介護保障手段を準備している割合は平成5年から40％前後で推移しており，他の保障に比べまだ低いことがわかる。

3. 生命保険需要の現代的様相　107

　以上で，死亡，医療，老後，介護の4つの保障手段についてみてきたが，この4つの手段に共通していることは，いずれも生活保障ニーズに対する保障手段としては生命保険が圧倒的に多く選択されており，生命保険が生活リスクへの対応手段の本来の役割であることが示されている。

(2) 生命保険の加入行動

　生命保険需要について，需要の量を測るために，生命保険の加入率と払込保険料の変化をみていく。さらに需要の質を測るために，生命保険の加入目的と加入保障内容の充足感の変化をみていくこととする。

　はじめに生命保険の加入率の推移について昭和40年から現在（平成18年）までの変化をみていくことにする（図表5-6）。

　世帯加入率は昭和43年から増加傾向を示していたが，平成6年の95％をピークに減少を始め，平成18年では87.5％と昭和43年水準を下回った。しかし，昭和43年以降90％前後の高い水準で推移しており，生命保険需要の強さがうかがえる。

　世帯の構成員であり生命保険の主要な需要者である世帯主と配偶者の加入率についてみると，世帯主加入率は世帯加入率とほぼ同様な傾向を示しているが，一方で配偶者加入率は昭和54年には5割に満たなかったが，その後急速に増加し，平成6年以降は75％前後を推移していることがわかる。

　これらのことから生命保険需要の性格が世帯主のみが加入する世帯財から世帯員各自が加入する個人財に変化していることが読み取れる。

　次に，生命保険の年間払込保険料の推移について昭和40年から現在（平成18

図表5-6　生命保険の加入率の推移

(単位：％)

	S 40	S 43	S 45	S 48	S 51	S 54	S 57	S 60	S 63	H 3	H 6	H 9	H 12	H 15	H 18
世帯加入率	71.0	88.4	89.4	88.5	89.6	90.5	92.3	91.3	91.6	93.7	95.0	93.0	91.8	89.6	87.5
世帯主加入率	—	—	82.6	82.0	84.6	84.9	86.6	86.8	87.2	89.6	91.7	89.4	87.9	85.3	82.7
配偶者加入率	—	—	—	—	—	43.7	51.7	55.8	64.2	72.3	75.9	75.7	76.6	74.8	73.9

出典：『生命保険に関する全国実態調査』（(財)生命保険文化センター）

108　第5章　生命保険需要の変化

年)までの変化をみていくことにする(図表5-7)。

　生命保険の世帯年間払込保険料(平均)は昭和40年から増加していたが,平成9年の67.6万円をピークに減少を始め,平成18年では52.6万円と平成3年の水準を下回っている。

　生命保険の世帯年間払込保険料対年収比率も昭和40年から54年までは7％前後で推移し,昭和57年からは増加に転じたが,平成9年の10.1％をピークに減少を始め,平成18年では9.2％と平成3年の水準を下回っている。

　生命保険に対して世帯年収の9％もの保険料を支払っているという事実は,生命保険が衣食住に次ぐ必需品的位置づけにあるものといえる。

　生命保険に求める機能を生命保険の加入目的からみてみよう(図表5-8)。

図表5-7　生命保険の年間払込保険料(平均)の推移

(単位:万円)

	S40	S43	S45	S48	S51	S54	S57	S60	S63	H3	H6	H9	H12	H15	H18
世帯年間払込保険料(平均)	4.0	6.0	7.9	10.9	18.8	25.2	33.1	40.0	47.8	57.4	63.8	67.6	64.0	53.1	52.6
世帯年間払込保険料対年収比率(％)			6.7	6.9	7.3	6.9	7.4	8.4	8.9	9.4	9.6	10.1	10.0	9.2	9.2

出典:『生命保険に関する全国実態調査』((財)生命保険文化センター)

図表5-8　生命保険の主な加入目的の推移

(単位:％)

	S63	H3	H6	H9	H12	H15	H18
医療費や入院費	31.3	35.3	38.4	42.0	54.6	56.3	59.5
万一の時の家族の生活保障	59.3	58.8	57.3	56.0	60.3	60.5	54.4
災害・交通事故等に備えて	27.9	31.5	29.7	28.2	24.4	19.4	14.1
万一の時の葬式代	7.7	8.0	7.8	7.7	11.1	12.5	12.8
老後の生活資金	17.7	18.5	19.8	15.5	12.2	8.9	7.9
子供の教育・結婚資金	13.6	14.6	14.9	15.8	11.3	10.9	7.2
貯蓄	12.3	12.1	12.1	9.9	7.9	7.1	4.9
介護費用	—	2.3	3.7	3.1	3.3	4.4	3.3

出典:『生命保険に関する全国実態調査』((財)生命保険文化センター)

「万一の時の家族の生活保障」を目的として生命保険に加入する割合は，昭和63年から平成15年までは50％台後半から60％で推移し，圧倒的に多く常に第1位であったが，平成18年には54.4％と減少し，かつ「医療費や入院費」の加入目的に抜かれ，第2位に後退した。

一方の「医療費や入院費」は昭和63年では31.3％と3割程度であったものが，少しずつ増加し，平成12年には一気に54.6％と50％台に乗り，平成18年では59.5％と「万一の時の家族の生活保障」を抜いて第1位となり60％に迫る勢いである。

次に加入している生命保険の保障内容で十分かといった充足感を，昭和63年から現在（平成18年）までの変化をみていくことにする（図表5-9）。

加入保障内容の充足感では，「充足感あり」が昭和63年から現在まで一貫して5割を下回っており，特に平成12年からは30％台に落ち込んでいる。一方，「充足感なし」は昭和63年から平成15年まで50％前後で推移していたが，平成18年に41.3％と10ポイント程度低下した。

生命保険の加入行動の変化を総合的にみてみると，生命保険の加入率が9割前後，また支払い保険料対年収比率は9％から10％でそれぞれ推移しており，生命保険需要の量と大きさでは保障を十分に満たしていることはデータからも読み取れるが，保障内容の充足感でみる限り生命保険需要の質としてはまだまだ十分に満たされていないということがうかがえる。

図表5-9 加入保障内容の充足感の推移

(単位：％)

	S63	H3	H6	H9	H12	H15	H18
充足感あり	44.6	43.8	42.8	45.1	36.4	35.7	37.4
充足感なし	51.9	53.0	53.8	48.7	51.1	51.7	41.3
不明	3.4	3.2	3.4	6.2	12.6	12.6	21.3

注）平成9年調査までは「加入保険金額の充足感」を尋ねている
出典：『生命保険に関する全国実態調査』（(財)生命保険文化センター）

(3) 生命保険需要における将来の方向性

　第1節でみたように生命保険需要の出発点はリスク認知に求められ，そこから生活保障ニーズが生まれてくることから，生活保障ニーズを捉えることで生命保険需要の方向性を探っていくことができる。そこで，生活保障ニーズとそれを取り巻く社会・経済環境を整理することで，生命保険需要における将来の方向性を検討したい。

　生活保障ニーズに関わる社会・経済環境変化には，地球温暖化・地震・自然災害といった生活リスクの多様化，非婚化・晩婚化，1家族当たりの子供数の減少，熟年離婚，定年離婚，単身生活者，単身老人といった家族の変化，さらに核家族化の進展，居住地域の流動化による集団（地縁・血縁）と個人との関係の変化，女性の社会進出，雇用環境の変化，資産や所得配分の二極化，情報化による生活基盤の向上など，枚挙に暇がないほどあげられる。

　例えば，女性の社会進出というキーワードでみると，女性の年代別保障ニーズでは，医療保障ニーズは20―30歳代で高く，老後保障ニーズは40―50歳代で高く，介護保障ニーズは50―60歳代で高いという調査結果から類推できるように，生命保険需要について1つの方向性が示すことができる。

　そこで，ここでは生命保険需要にも影響を与えており，日本社会全体にも大きな影響を与えている変化として，人口構造の変化である少子・高齢化に注目してみることにする。つまり，生命保険需要を生み出す生活保障ニーズについて，少子・高齢化との関わりの中でどのような変化が起こりうるのかを探ってみよう。

　「少子高齢化の進展に伴う保障ニーズの変化では，「死亡保障ニーズ」が減少し，いわゆる「生きるための」保障ニーズである「医療保障ニーズ」と「老後保障ニーズ」，「介護保障ニーズ」が増加するといわれている。少子社会に限定したシミュレーションの結果では「医療保障ニーズ」と「老後保障ニーズ」の増加が認められなかったが，これらの保障ニーズは高齢化要因の保障ニーズであるため，少子社会には反応しなかったものと考えられる。」（林　晋［2005］

pp. 16-17）という分析結果からも導き出されているように，人生80年時代における老後人生に対応する生活資金の準備，医療保障の充実から，老後保障ニーズと医療保障ニーズは高齢者人口が増加する高齢社会で需要が高まる生活保障ニーズであると考えられる。また介護保障ニーズは介護保障の充実の必要性が切実になる若年人口が減少する少子社会で需要が高まる生活保障ニーズであると考えられる。

一方の死亡保障ニーズは社会生活における生活保障の基本であることから，少子・高齢化社会では，若者人口の減少と高齢者人口の増加により需要の絶対量としては低下するであろうが，1人当たりの保障の量や質としての生命保険需要は高まることが考えられる。

これらのことから，当面の高齢者人口の増加局面では生命保険需要としては医療保障や老後保障といった生きるための保障に対する需要が求められ，人口減少局面が促進されるようになると介護保障に対する需要が求められてくるという方向性が浮かび上がる。

参考文献

飯田倫子［1998］「生命保険需要の変遷からみる家計のリスクマネジメント」『JILI FORUM1998』生命保険文化センター
田村祐一郎［1987］「生活保障システムの変化と生命保険産業の役割」水島一也編著『生活保障システムと生命保険産業』千倉書房
田村祐一郎［1990］『生活と保険』千倉書房
田村祐一郎［2005］「生活保障システムと生命保険―回顧と展望―」『生命保険論集』第151号（別冊）生命保険文化センター
林　晋［2005］「生活保障システムと保険選択行動―シミュレーション分析による一試論―」『保険学雑誌』第591号　日本保険学会
水島一也［2006］『現代保険経済〔第8版〕』千倉書房
森宮　康［2003］『ビジュアル保険の基本〔第2版〕』日本経済新聞社

参考資料

生命保険文化センター［2005］『生命保険物語　助け合いの歴史』
生命保険文化センター［2007］『平成19年度　生活保障に関する調査』
生命保険文化センター［2006］『平成18年度　生命保険に関する全国実態調査』
生命保険文化センター［2007］『生命保険の基礎講座　生活とリスク管理』

第6章　損害保険業の新潮流

安　井　敏　晃

　現在，私たちが損害保険を購入しようとする場合には，選択に迷うほど多くの種類がある。例えば，書店には保険の選び方を解説するガイドブックが並べられ，インターネットを利用すれば，各社の自動車保険を比較できるサイトがすぐにみつかるほどである。多くの清涼飲料水やスナック菓子も，選択に困るほどコンビニやスーパーにあふれているのだから，若い人々には，この状況が当然のように思われているかもしれない。しかしながら，実はこのような状況になったのは，それほど昔のことではなく，比較的最近のことなのである。例えば，自動車保険を購入する場合には，どの損害保険会社であってもその中身に大きな差異はみられなかったため，現在ほど選択に迷うことはなかった。ここ10年ほどの間に，自動車保険等を販売する損害保険業をとりまく環境は，劇的といってよいほど大きな変化をとげたのである。本章では，そのような損害保険業の変化を概観したい。

1. 規 制 緩 和

　わが国では，戦後長い間，金融業は厳しく規制されていた。1970年代以降，金融自由化が進展することになったが，損害保険業を含む保険業の自由化が大きく進んだのは，1995年の保険業法の抜本的な改正以降である（施行は翌1996年）。この改正は1939年以来の大きな改正であり，損害保険を含め，保険業に対する規制が大幅に緩和された。具体的には，後述するように保険料率の一部自由化，子会社方式による生損保相互参入，生・損保双方ともに第三分野（傷害・疾病・介護保険）への参入，募集形態の多様化など，損害保険企業に多くの変化をもたらすこととなった。

(1) 保険料率の自由化

　最初に保険料率の自由化を取り上げよう。わが国においては，1948年に発足した損害保険料率算定会が，長年にわたり保険料率の算出に重要な役割を果たしてきた。1951年における損害保険料率算出団体に関する法律（料団法）の改正により，算定会が算出した保険料率に，遵守義務が課せられたからである。同会は，同会から1964年に分離した自動車保険料率算定会とともに，わが国の損害保険の主要な種目の保険料率を算出してきたのである。前者は火災保険，地震保険，傷害保険の保険料率を算定し，後者は自動車損害賠償責任保険（自賠責）および任意の自動車保険の保険料率を算定していた。一見，種目数としては少ないため，その影響の大きさが感じられないかもしれない。しかしながら，数こそ少ないものの，これらの種目が生み出す保険料収入は極めて大きかったのである。例えば，1995年度における損害保険事業の正味収入保険料をみると，任意の自動車保険，自賠責保険，火災保険，傷害保険だけで，損害保険事業全体のおよそ87％にまで達している（収入積立保険料を除く。損害保険ファクトブック1996年）。それゆえ，算定会料率制度が損害保険業に及ぼした影響は極めて大きいものであった。

　このように算定会の会員会社は，同一の保険料率を使用する義務があったため，各会社の保険料率は基本的に同一であった。それゆえ，損害保険事業においては，一般の事業会社においてみられるような価格競争は存在しなかったのである。このような状況に対しては，批判がなかったわけではない。特に，遵守義務が課された保険料率が，純保険料率ではなく付加保険料率も含めた営業保険料率であったことについて，批判が投げかけられてきた。純保険料率部分は保険金の支払いに充てられる部分であり，過去の統計資料を基に算出されるから，同じリスクを対象とする保険商品であるならば，料率が同じになることに不思議はない。しかしながら，付加保険料率は会社の経費や利潤等に充てるために徴収される部分であるから，全社が同じであるはずなく，各社の規模や経営効率などにより異なっていて当然のはずのものである。それにもかかわ

らず，営業保険料率に対して遵守義務があるために，各社の経営効率，企業努力は保険料率にほとんど反映されることがなかった。そのためこの算定会料率制度に対して批判がなされたのは当然といえよう（水島［2006］，第Ⅲ部，Ⅴ「日本における保険料率規制」を参照）。

このような損害保険会社を取り巻く状況は，1990年代後半に急速に変化していくことになった。まず1995年の保険業法改正により，保険料率の自由化が若干進展した。例えば，企業向けの一部の火災保険商品については営業保険料率ではなく，純保険料率のみに遵守義務を課し，付加保険料率については算定会が算出した料率の一定範囲内であれば各社が決定できるようになった（一定範囲を超えた場合には，届け出が必要となる）。もっとも，保険料率の自由化に関して1995年の保険業法の改正は状況を大きく変えるものではなく，小幅な変化をもたらすにとどまっていた。

保険料率の自由化が大きく進展するのは，1996年12月における日米保険協議の合意以降のことである。リスクを細分化した自動車保険（後述）の販売が翌97年9月から可能となったのは，この合意を受けたものである。しかし，何よりも重要な変化は，この合意を受けて金融システム改革法の一部として料団法が改正され，算定会料率の遵守義務が廃止されたことである。

料率遵守義務が廃止されたことにより，算定会は参考料率と規準料率を算出することになった。参考料率は火災保険，傷害保険，自動車保険，介護費用保険，医療費用保険が対象とされており，純保険料率だけで付加保険料率を含んではいない。しかも参考料率という名称からわかるように，あくまで参考に供するための料率（アドバイザリー・レート）として算出されるだけで，これを遵守する義務はなくなった。改正前までは，付加保険料率を含め営業保険料率について遵守義務があったことに比べ，驚くほどの自由化の進展である。一方，規準料率は自賠責保険と地震保険を対象としている。この二つの保険は極めて公益性が強いために，純保険料率だけでなく付加保険料率をも併せて算出する。

損害保険料率算定会と自動車保険料率算定会はその後合併しており，2002年からは新たに損害保険料率算出機構として活動している。同機構は現在前述の

参考料率および規準料率の算出の他，損害保険の統計を作成したり，保険に関わる各種の資料を収集・分析するデータバンクとしての役割を果たしている。

さて，このように保険料率が自由化されたことにより，従来，ほぼ同一の保険料率であった自動車保険，火災保険などの家計に身近な損害保険商品の競争は激しくなり，損害保険業に大きな変化をもたらした。

（2）業務範囲の拡大

損害保険業の業務範囲が拡大したことも，1995年の保険業法改正による変化である。まず，生損保の相互参入について述べよう。保険業法が改正されるまでは，損害保険と生命保険には大きな差異があることから，両者の兼営は認められてこなかった。例えば損害保険の場合には，巨大な災害の発生などにより，年によっては支払保険金の総額が膨大なものになる可能性がある。そのときに，損害保険の保険金支払いのために，生命保険の積立部分などを流用することがあれば，生命保険会社の加入者が非常に不利益を被ることになる。また，生命保険は終身保険に典型的にみられるように，保険期間が長期に及ぶことが多いのに対して，損害保険は比較的短期のものが中心であるという違いもある。このように，生保と損保は同じ保険といっても大きく性質が異なることから，両者の兼営は望ましくないと考えられてきた。

それがこの改正により，それぞれ子会社を設立することで，生保，損保相互に参入することが可能となった。本体による参入ではなく，生命保険会社が損害保険会社を，損害保険会社が生命保険会社をそれぞれ子会社として設立する。別会社にすることにより生損保間のリスクを遮断することで，前述の問題の解決がはかられ，相互参入が可能となった（業態別個会社方式による相互参入）。

さらに，いわゆる第三分野と呼ばれる疾病・傷害保険については，生損保ともに扱うことができるようになった。この分野については，かつて生命保険会社と損害保険会社の間で，どちらが扱うかで争いがあった。生命保険と損害保険は兼営ができないから，疾病保険や傷害保険が生損保いずれかに属するかが決まれば扱う会社も決まる。しかしながら，生命保険と損害保険の区分はそも

そも区分の規準が異なっており，理論的な区分法ではないため，疾病保険や傷害保険は生命保険とも損害保険ともいいきることができないのである。そのため，生保会社か損保会社のどちらが扱うかがはっきりしなかった。結局，1965年に大蔵省の裁定により，疾病保険は原則として生命保険会社が扱うが，すでに販売されている損保の特約は尊重されること，傷害保険については生保は単独では販売しないが，損害保険会社については制限をしないこと，などの調整がはかられた。

そのような経緯のあった第三分野の商品であるが，2001年からは生命保険会社も損害保険会社もともに販売することができるようになった。この相互参入は，新しく子会社を設立することなく，従来から扱ってきた保険商品と同様に本体で販売することが可能となったのである。

1995年の改正後，保険会社と他の金融機関との間においても，子会社方式による相互参入が進展していくこととなった。具体的には，1998年12月から保険会社と証券会社との間で相互参入が認められ，同時に保険会社と銀行との間で，それぞれ経営破綻した銀行・保険会社を子会社化することが認められた。さらに，1999年10月からは保険会社による健全な銀行の子会社化が認められ，翌2000年10月からは逆に銀行による健全な保険会社の子会社化が認められるようになったのである。

2．販売チャネルにおける変化

1995年の保険業法改正以降，損害保険の販売チャネルにも変化がみられた。この販売チャネルには，損害保険代理店扱，直扱，さらに保険仲立人扱があるが，代理店扱が最も大きなウェイトを占めており，直扱や保険仲立人扱は少ない。例えば，2006年度のチャネル毎の元受正味保険料割合をみてみると，代理店扱が93.1％を占め，直扱は6.7％，保険仲立人扱は0.3％である（日本損害保険協会ウェブサイト）。そこで，まず代理店からみてみたい。

(1) 損害保険代理店

損害保険代理店とは、損害保険会社の委託を受けて、その損害保険会社のために保険契約の締結の代理または媒介を行う者で、その損害保険会社の役員または使用人でない者をいう。損害保険会社から代理店手数料を得て業務を行っている。

この損害保険代理店の問題としては、従来から、いわゆる二重構造の問題が指摘されていた。損害保険代理店は専業ではなく副業として行う場合が多く、また代理店として果たさなければならない業務に精通していない場合が多かった。そのため、募集をはじめ損害保険代理店として行わねばならない業務を単独では行えないために、損保会社の従業員がその補佐をすることが多かったのである。この問題の解決のため、一連の自由化の前にも、代理店制度の改革が行われてきた。しかしながら、算定会料率制度の下で大きく変化することはなかった。

保険料率の自由化は、そのような代理店を巡る環境を大きく変えることになった。非効率的な運営が許されなくなったのである。代理店自身も合併するなど経営効率を高める必要に迫られ、図表6-1にみられるように、損害保険の代理店数は大きく減少することになった。特に、個人・法人別の代理店数をみるとわかるように、個人代理店の減少幅が大きい。それに対して、個人代理店より規模が大きく効率性でも上回る法人代理店の数はそれほど減少していない。かつては7割以上が個人代理店であったが、現在では法人代理店との差が相対的に小さくなっている。

(2) 保険仲立人

損害保険の販売形態の変化としては、1995年の保険業法の改正により、保険仲立人（ブローカー）による販売が認められるようになったことも重要である。ブローカーとは、損害保険代理店のように損害保険会社の代理として契約を締結するわけではなく、独立した立場で、顧客のために保険契約締結の媒介を行

図表6-1 代理店実在数推移
(国内会社,外国会社合計)

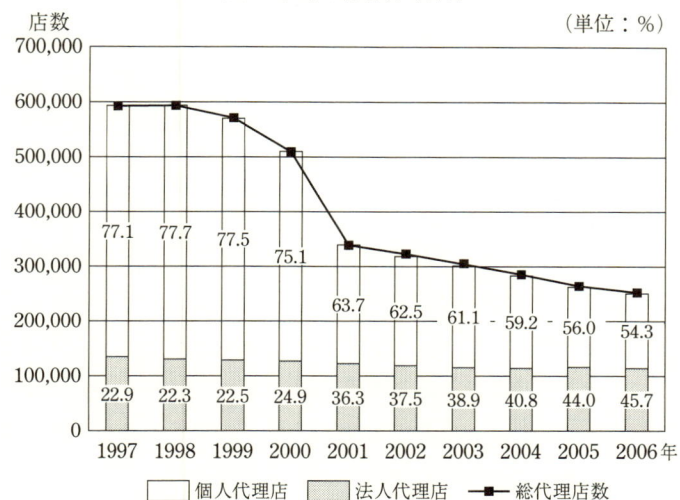

年	個人代理店(%)	法人代理店(%)
1997	77.1	22.9
1998	77.7	22.3
1999	77.5	22.5
2000	75.1	24.9
2001	63.7	36.3
2002	62.5	37.5
2003	61.1	38.9
2004	59.2	40.8
2005	56.0	44.0
2006	54.3	45.7

出典:日本損害保険協会のウェブサイト (http://www.sonpo.or.jp/) を基に作成

う者である。ブローカーによる販売は欧米諸国においては珍しくはなく,特に企業保険の販売チャネルとしては非常に重要な地位を占めている。例えば,1999年度の欧州の損害保険における販売チャネル別の取り扱い保険料をみてみると,ブローカーによる販売は,英国においては約47%を占め,ドイツにおいても16%を占めているほどである(損害保険事業総合研究所[2002])。ブローカーは単に保険をすすめるだけではなく,状況に応じてリスク保有策を提示するなど,リスク・マネジメントについての助言をする場合もある。これは,経営を取り巻くリスクが複雑化していく一方の企業にとって,極めて有益なサービスである。それゆえ,今後わが国においても,企業保険におけるブローカーの果たす役割は増大していくことは十分に考えられる。また,家計保険分野においても,多様でしかも複雑な保険商品が販売されるようになった現在では,そのサービスに対する需要が大きくなることはありうる。

　このブローカーは,顧客のために最適な保険商品を助言するのであるが,そ

の手数料（ブローカレッジ）は，保険会社から受け取る。そのため，ブローカーが顧客にとり最も適切である保険商品を選ぶのではなく，手数料が高いなど，自らにとって最も適切な保険商品を選択するようなことがあってはならない。これを防ぐために，ブローカーには顧客から開示を求められたら，保険会社から受け取る手数料その他の報酬を開示することなどが義務づけられている。

(3) 銀行窓販

　販売チャネルの問題としては，2001年から，段階的に保険商品が銀行でも販売されるようになったことも重要である（銀行窓販）。銀行窓販に対しては，銀行による圧力販売のおそれや，個人情報の流用などのおそれがあるとして，慎重な意見がだされてきた。圧力販売とは銀行がその地位を利用して販売を行うことである。例えば，ある銀行から融資を受けている小規模の企業を想定してみよう。銀行が融資を引き上げるならば，企業の経営が立ちゆかなくなるような場合に，その銀行がその企業に対して何らかの保険商品をすすめたとしよう。これを断ることは難しいことがわかるであろう。たとえ必要ではない保険であっても，すすめられるままに契約してしまうおそれがある。このように，銀行窓販は不当な保険販売が生じる懸念等から認められてこなかったのであるが，業務範囲の制限が緩和されていく金融改革の流れの中で，前述の懸念に対する防止措置を講じた上で，認められるようになった。例えば，個人情報の保護については，保険募集業務以外の業務で取り扱う顧客に関する非公開の情報を，顧客の同意を得ないで保険募集業務に利用しないこと，あるいは，当該銀行が事業資金を融資している小規模事業者が保険契約者または被保険者である場合には，手数料などを得た上で契約締結の代理や媒介ができないこと，などの措置が講じられた。

　この銀行の窓販は，2001年4月に住宅ローンに関連する長期の火災保険など限定された商品から始まり，その後も2002年10月および2005年12月に，それぞれ販売できる商品を段階的に増やしてきた。そしてついに2007年12月には全面解禁されることになっている。

（4）直　扱

　直扱とは，その名の通り代理店やブローカーを介さず，損害保険会社が直接募集する場合を指す。新聞などで保険募集の広告はよくみかけられる。損害保険商品の販売チャネルの近年の変化としては，損害保険会社のウェブ・サイトや，複数の保険会社の商品を比較できるサイトに代表されるように，IT化の急速な進展により新たに登場したインターネットを通じた販売が無視できない存在となっていることがあげられる。もっとも，生保の種目であるが，特に死亡保険にみられるように自分からはなかなか積極的に購買しない保険もあるから，すべての保険商品がインターネットによる販売に向いているわけではない。しかしながら，例えば海外旅行傷害保険のように，購買にあたっての心理的な抵抗が少なく，インターネットでの販売に向いている種目も少なからずあり，今後も注目される。

　インターネットによる保険販売には，単に広告や契約の申し込みだけのものもあるが，中には，クレジットカードを利用することにより，保険料の払い込みさえもネット上で行うことのできるものもある。

3．保険商品の多様化

　競争が促進されたことの影響として，商品の多様化についてみてみよう。他社との差別化をはかるために各社が打ち出した工夫は，損害保険商品の多様化につながることになった。この商品の多様化として，まず，前述した算定会料率の使用義務廃止に先立ち認められたリスク細分型自動車保険についてみてみる。リスク細分型とは，被保険者に関わるハザードに基づくリスク区分を従来以上に細かく分け，それを保険料率に反映させるものである。例えば，従来よりも年齢区分が細かくなされ，これまで保険料率に反映されてこなかった地域差も反映されることになった（これまで反映されてこなかったからといって，地域により事故率に差がないということでは決してない。地域差などを考慮して保険

料率を算出すると，保険料率に著しい差が生まれてしまうため，それを避けたかったのである)。このリスク細分型自動車保険はリスクが低いにもかかわらず，それが十分に保険料率に反映されていなかった人々にとっては，好ましいものである。さらに，このリスク細分型自動車保険が従来の自動車保険と異なる特徴は，リスクが細分化されることにより純保険料部分が低く抑えられただけではない。販売チャネルを通信販売にすることで付加保険料率部分を圧縮し，他の自動車保険商品よりも低い保険料で販売したことがある。

もっともリスク区分が細分化され，従来よりも低い保険料率を享受する加入者がいるということは，反対に高い保険料率を課せられる加入者もいるということである。従来の区分では，その区分内では比較的リスクが高いにもかかわらず，低い保険料率を享受できていた加入者である。それゆえ，この保険はすべての加入者の保険料を安くするわけではない。逆に高くなる加入者は，保険料率のみを考えるなら，従来型の保険を購入することになろう。それゆえ，逆選択の傾向に注意する必要がある。

リスク細分型自動車保険はアメリカンホーム社が始め，これに追随した企業も少なくない。もっとも，このように低い保険料率を特徴とする保険商品だけでなく，従来は，填補されなかった損害をも対象とする商品も登場した。その代表例としては，東京海上社による TAP（Tokio Automobile Policy）がある。これは，人身傷害補償保険が組み込まれたという点が注目された。なぜなら従来の自動車保険においては，被保険者の傷害に関する損害について補償が不十分だったからである。例えば，自動車同士の衝突を考えてみると，どちらかが一方的に過失があるときは少なく，双方に過失があるときがほとんどである。それゆえ，損害賠償を受ける際には，相手方の過失と自分の過失が相殺されてしまい，自らの損害について相手方から100％の賠償を受けることができなくなる。自らの過失分が差し引かれるからである。そのため，自分自身の傷害については十分に補償を受けられないことになる。ところが人身傷害補償保険においては，自らの過失にかかわらず必要な補償を受けることが可能となる。そのため，注目を集めたのである。

このように，自動車保険の商品は保険料率が低いもの，補償内容が充実したものなど多様化が進んだ。また，細かい特約がつくなど，商品内容が複雑化していくことになった。

4．損害保険会社の変化

損害保険事業は，長らく20社体制とよばれ，その顔ぶれに大きな変化はなかった。しかしながら，その後外資系の損保会社が認可されたこと，1995年の保険業法改正によって，生命保険会社の子会社として損害保険会社が多く設立されたことにより，損害保険事業を営む会社も増加した。さらに，経営破綻や合併の進展などにより，保険会社数は図表6-2のように変化してきている。また，図表6-3のように1995年と2006年の会社名を比較してみよう。同名の会社が少ないことがわかるであろう。ここからはさらに保険会社に特有の会社形態である相互会社が，損害保険事業からは姿を消したこともわかる。

合併が進展した背景の一つには，損害保険業における競争が激しくなってきていることがある。ここでは，さらに競争のもたらした影響として，事業費率

図表6-2　損害保険会社数の変化
（日本国内で損害保険業を営む国内損害保険会社，再保険専業会社を除く）

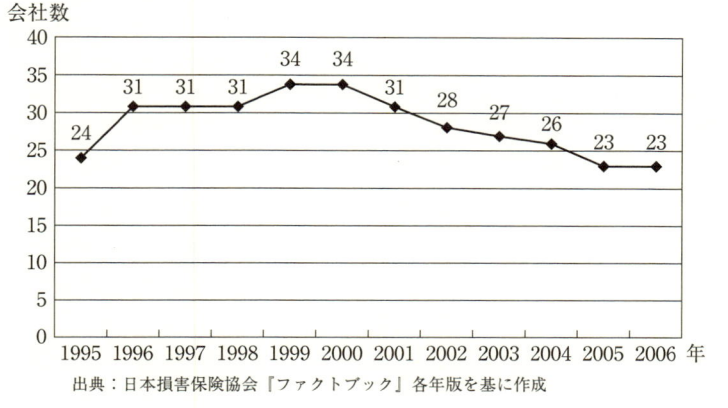

会社数

年	1995	1996	1997	1998	1999	2000	2001	2002	2003	2004	2005	2006
会社数	24	31	31	31	34	34	31	28	27	26	23	23

出典：日本損害保険協会『ファクトブック』各年版を基に作成

図表 6-3　国内損害保険会社の比較

(日本国内で損害保険業を営む国内損害保険会社の1995年と2006年の比較)

日本国内で営業する国内損害保険会社 (1995年)	日本国内で営業する国内損害保険会社 (2006年)
元受および再保険業	元受および再保険業
朝日火災海上保険株式会社	あいおい損害保険株式会社
アリアンツ火災海上保険株式会社	アクサ損害保険株式会社
オールステート自動車・火災保険株式会社	朝日火災海上保険株式会社
共栄火災海上保険相互会社	アリアンツ火災海上保険株式会社
興亜火災海上保険株式会社	エース損害保険株式会社
ジェイアイ傷害火災保険株式会社	共栄火災海上保険株式会社
住友海上火災保険株式会社	ジェイアイ傷害火災保険株式会社
大成火災海上保険株式会社	スミセイ損害保険株式会社
太陽火災海上保険株式会社	セコム損害保険株式会社
第一火災海上保険相互会社	セゾン自動車火災保険株式会社
大東京火災海上保険株式会社	ソニー損害保険株式会社
大同火災海上保険株式会社	株式会社損害保険ジャパン
千代田火災海上保険株式会社	そんぽ24損害保険株式会社
東京海上火災保険株式会社	大同火災海上保険株式会社
東洋火災海上保険株式会社	東京海上日動火災保険株式会社
同和火災海上保険株式会社	日新火災海上保険株式会社
日動火災海上保険株式会社	ニッセイ同和損害保険株式会社
日産火災海上保険株式会社	日本興亜損害保険株式会社
日新火災海上保険株式会社	日立キャピタル損害保険株式会社
日本火災海上保険株式会社	富士火災海上保険株式会社
富士火災海上保険株式会社	三井住友海上火災保険株式会社
三井海上火災保険株式会社	三井ダイレクト損害保険株式会社
安田火災海上保険株式会社	明治安田損害保険株式会社
ユナム・ジャパン傷害保険株式会社	
再保険専業	再保険専業
東亜火災海上再保険株式会社	大成再保険株式会社
日本地震再保険株式会社	トーア再保険株式会社
	日本地震再保険株式会社

出典：日本損害保険協会『ファクトブック』1995年版，および2006年版を基に作成

の推移をみてみたい。代理店の問題については前述したが，長らく，わが国の損害保険料については，諸外国に比べて事業費率が高いことが指摘されてきた。算定会料率制度により，付加保険料率が直接競争にさらされてこなかったからである。しかしながら保険料率自由化の結果，競争が促進されたことにより，事業費率の平均は図表6-4に示されるように，低下傾向を示している。

　経営破綻に関していえば，生命保険会社とは異なり，損害保険会社の経営破綻は少なかった。それは，生命保険会社の経営破綻の主因が，もっぱら保険期間が長期にわたる生命保険特有の事情によるものであったからである。つまり，既契約の予定利率が高すぎたため，必要な金額に達するまで十分に保険料積立金を積めなかったことに問題があったのである。そのため，運用環境の悪化は生命保険会社ほど損害保険会社に深刻な影響を及ぼさなかった。もっとも，積立型保険を多く販売していた第一火災は運用環境の悪化の中，経営破綻に陥ってしまうことになった。いま一つの経営破綻である大成火災の場合は，再保険取引に問題があったためであり，これも損害保険会社一般にみられることでは

図表6-4　国内損害保険会社の事業費率の推移

（保険引受事業費率（損害調査費を含む）の推移，再保険専業会社を含まない）

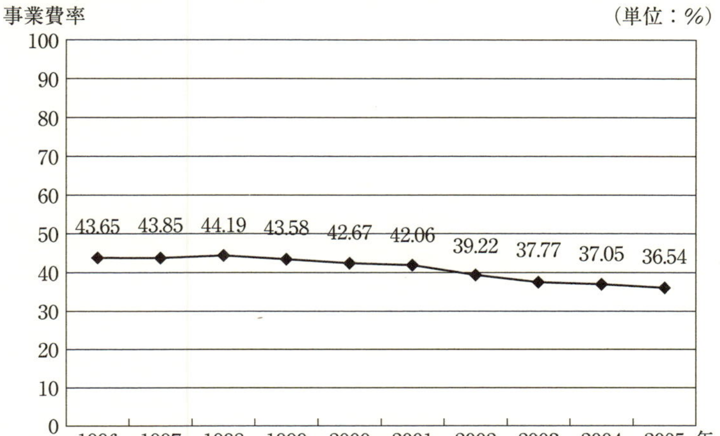

事業費率 (単位：%)

年	1996	1997	1998	1999	2000	2001	2002	2003	2004	2005
事業費率	43.65	43.85	44.19	43.58	42.67	42.06	39.22	37.77	37.05	36.54

出典：保険研究所『インシュアランス損害保険統計号』各年版を基に作成

なかった。

　もっとも，損害保険事業において，今後経営破綻の可能性がないわけではない。前述したように，保険料率の自由化以降，損害保険事業における競争は激しくなってきている。このことは，今後，競争に敗れ経営破綻に陥る企業が生じる可能性があるということである。

5．保険契約者の保護の仕組み

（1）ソルベンシー・マージン比率

　かつてのように規制が厳しく，競争が制限されていた場合，非効率的な経営が温存されるというデメリットがあった。規制が緩和され競争が促進されることは，従来よりも保険料率が低下するなどのメリットを消費者にもたらす。しかしながら，競争が促進されることにもまたデメリットはある。かつてのように，競争が制限されていたため損害損保会社に経営破綻が少なかったということは，ほとんどの被保険者たちが，損害発生時に肝心の補償手段を失う状況に陥らずにすんできたということをも意味していた。しかしながら，自由化に伴い競争が促進されることになり，損保会社を取り巻く経営環境が一変すると，保険加入者は新たなリスクに直面することになった。すなわち，保険料を支払っていたにもかかわらず，損害保険会社が経営破綻に陥るため，保険金が支払われなくなるというリスクである。

　これを防ぐためには，各社の努力だけではもちろん不十分であり，そもそも経営破綻に陥らせないために，保険会社の健全性を監視するなど，行政による適切な措置が必要となる。この保険会社の健全性を知るためのシグナルがソルベンシー・マージン比率である。この比率は，保険会社が抱える通常の予測を超えた危険に対して，どの程度の財務余力があるのかを示したものであり，通常の予測を超えた危険に対応する金額と，資本金，基金，準備金等の合計額の比率として表される。政府はこの比率を基に，保険会社が十分な支払能力を持

つのかを監督する。具体的には，この比率が200％を下回ると，経営の健全性を確保するための合理的と認められる改善計画の提出が求められ，その実行が命令される。さらに，100％を下回ると，支払能力を充実させるための種々の方策が命令される。例えば，配当，役員賞与の禁止やその額の抑制，一部の営業所または事務所の廃止，子会社などの業務の縮小などである。0％を下回ると期限を付した業務の全部または一部の停止が命令されるなどの措置がとられる。

この比率で注意しなければならない点は，分母に用いられる数字はこの通常の予測を超える危険そのものの金額ではなく，それに 1/2 を乗じているということである。それゆえ，200％という数字は，資本金などの合計額が危険に対応する金額の 2 倍あるということを意味してはいない。

(2) 損害保険契約者保護機構

保険が社会・経済に果たす機能を考えた場合には，保険会社の経営破綻に対する備えは，これだけでは決して十分ではない。例えば，自動車事故により損害賠償責任が発生したケースを考えてみよう。場合によっては，加害者となる保険加入者だけでなく，被害者も困難な状況に陥ることになる。保険会社が経営破綻した場合の影響は極めて大きいのである。そのため，経営破綻した後の仕組みも必要となる。特に家計保険においては，契約締結の相手方である保険契約者は，保険・会計などについて知識が不十分な場合が多いから，経営破綻した保険会社と契約していた保険契約者などの消費者を保護する必要性は大きい。

この仕組みとして，まず1996年4月に損害保険契約者保護基金制度が創設された。もっともこの基金は，経営破綻した保険会社の保険契約を引き継ぐ保険会社が現れることを前提としたものであった。その点が改められ，新たに生損保ともに保険契約者保護機構が1998年12月に設立されて現在に至っている。この損害保険契約者保護機構は，次の活動を行う。

まず，損害保険会社が経営破綻した場合に，その契約を受け入れる保険会社

（救済保険会社）が現れたときは，その会社に資金援助を行う。救済保険会社が現れないときには，この契約者保護機構が自ら保険契約を引き受けたり，破綻会社の契約を引き継ぐ子会社を新たに設立することで，保険契約者を保護する。

このように，保険会社が経営破綻したといえども一定の保護を得ることができるが，あくまでも保険契約者が個人や規模の小さい企業などの場合であって，大規模な企業は保護の対象とならない。これは前述したように，家計保険と企業保険ではその保護の必要性が異なるからである。必要性の違いは補償割合にも現れている。必要性が極めて強いと考えられる公共性の高い自賠責保険および地震保険については，保護機構により保険金も解約返戻金なども100％保護されるが，その他の保険については，100％保護される場合のほうが少ない。

6．その他の損害保険業を取り巻く環境変化

（1）少額短期保険業

損害保険商品と同じ機能を果たす商品が，共済により販売されている。ところが，JA共済や全労済のように，それらを規制する根拠法がある共済だけでなく（JA共済は農業協同組合法，全労済は消費生活協同組合法），根拠法を持たず，行政の規制を受けない無認可共済と呼ばれる共済があった。これらの共済が扱っていた分野は，保険でいえば，生命保険，損害保険，第三分野に及んでいた。これらの共済の中には，評価できるものもあった。例えば，ペットの医療費を塡補するペット共済などのように，既存の保険会社が手がけなかったニッチをついた保険商品が販売されていた。しかしながら，これらの無認可共済には詐欺まがいのものがあったこと，また，法的に好ましくない商品を販売しているものがあったことから問題となった。

例えば，国民生活センターの調べによると，1998-2003年度において共済に関する相談は年々増加しており，その中でマルチおよびマルチまがいの取引の相談件数をみると，2003年度には，121件にも達している（全国消費生活相談情

報ネットワーク・システムにおける相談件数）。

　法的に好ましくない例としては，駐車違反の場合にその罰金を支払う共済をあげる。罰金が塡補されることになると罰金の効力は失われてしまい，駐車違反を気にとめなくなってしまう。そのため，罰金を塡補する保険商品は，公序良俗の観点から認められないものであり，損害保険会社はこのような保険を販売していない。それにもかかわらず，無認可共済の中には，堂々と販売しているケースがあったのである。

　このように種々の問題があったことから，2005年の保険業法改正（施行は2006年）により，これら無認可共済も保険業法で規制されることとなった。既存の無認可共済は特定保険業者とされ，2年以内に保険業の免許を取得するのか，新たに設けられた少額短期保険業者として存続するのかという選択を迫られた。少額短期保険業の場合，損害保険については，保険期間が原則2年以内とされ，保険金額の上限も1,000万円と少なくなっている。

(2) いわゆる保険金不払い問題

　2005年に，いわゆる保険金の不払いに関する問題が大きく報道され，関心を集めることとなった。最初は生命保険会社について関心が集中していたが，損害保険会社においてもみられることがわかった。以下，この損害保険における不払い問題について，金融庁の調査報告（金融庁［2005］『損害保険会社の付随的な保険金の支払漏れに係る調査結果について』，同［2006］『付随的な保険金の支払漏れに係る調査完了時期等について』，同［2007］『損害保険会社の第三分野商品に係る保険金の不払い事案の調査結果について』）を中心にみておきたい。

　損害保険における不払い問題は，当初，自動車保険を中心として生じた付随的な保険金の支払漏れの問題であると考えられていた。「付随的な」というのは，自動車保険の中心的な機能である対人賠償損害，対物賠償損害に対する保険金ではなく，それらに「付随する」という意味である。例えば，対物賠償保険に付随していた対物賠償臨時費用（対物損害が生じた場合に，相手方への謝罪する際に購入される手土産の費用等）などに支払い漏れがあった。これらの付随

的な保険金のそれぞれはいずれも金額としては大きいものではなかった。

　支払漏れの原因について金融庁は，商品開発部門と関連部門の連携不足，支払部門における保険約款の理解不足，顧客に対する周知の不徹底，保険金の不払いをチェックする体制が不十分であったことなどを指摘している。もちろん，損害保険は損害が生じたときのリスクを転嫁するためのものであるから，損害が発生したのにもかかわらず，受け取れるべき保険金が受けとれなかったということはあってはならないことである。保険料を受け取っておきながら，本来支払うべき保険金を支払わない損害保険会社が非難されるのは当然であろう。しかしながら，そもそもこのような問題が発生した背景には，保険料率の自由化に伴い自動車保険商品の多様化が進み，各社が販売する保険商品の内容は保険会社の従業員にとってさえ完全には理解しきれないほどの複雑なものになってしまったということがある。もちろん販売している以上，自社の商品内容に不案内であることは問題であるが，保険会社側だけでなく，被保険者自身もその支出が保障対象であることに気づかなかったという点に注意したい。損害保険は自らのリスクを把握した上で，そのリスクの転嫁をはかるためのものである。不払いとなった保険金は，いずれも金額的に大きなものではない。このことから，損害が発生したにもかかわらず，それを損害とは意識していないからこそ，請求をしなかったということが考えられよう。その程度の損害まで，なぜ損害填補の対象に含めていたのだろうか。この付随的な保険金の不払い問題については，本来保険が必要とされてはいない損害をも対象に含めたことから生じた問題であるとの意見を述べる識者もいる。

　ところが，その後，医療保険などの第三分野の保険において問題となった不払いの事例は状況が異なっていた。この場合は，それぞれの保険において中心となる保障で，不適切な不払いがあったのである。金融庁の調査によると，被保険者等の故意または重過失の認定が不十分であるのにもかかわらず，告知義務違反を適用して保険金を支払わないなどの事例があった。さらにこれらの原因として，不払いの認定基準などが確立されておらず，支払うか否かの判断が担当者の裁量にまかされていたこと，支払査定の担当者が商品について十分理

解していなかったこと，商品開発部門と支払管理部門などの連携が不十分であったなどの問題が指摘されている。

　2002年4月から2005年6月までの期間に付随的保険金の不払い件数は26社，約18万614件に及び，その金額は約84億円であった（2005年の調査報告による。なお，その後もさらに支払漏れが判明し，合計で約32万件，金額は約188億円に達していることが2006年に明らかとなった）。また，2001年7月から2006年6月までの期間の第三分野についての不適切な不払い件数は，損害保険会社21社から計5,760件があり，総額約16億円の不払いがあったことが判明した。これら不払い問題を起こした損害保険会社に対しては，金融庁により業務改善命令が出され，中には一部業務停止命令までも出されるに至った会社さえある。

　このような保険金の不払問題は,損害保険そのものに対する消費者の不信感を招きかねないものである。日本損害保険協会は，この不払い問題の再発を防ぐために，「『消費者の声』諮問会議」を設置したり，コンプライアンス委員会を改組するなど，消費者の信頼回復に向けた取り組みを行っている。また，会社ごとの取り組みとしては，保険金支払に関する再審査の請求制度や，外部の専門家による審査会の設置などの対策がとられており，今後が期待される。

参考文献
石田　満［2005］『損害保険料率算出団体に関する法律〔新版第2版〕』損害保険事業総合研究所
石田　満［2007］『保険業法2007』文眞堂
上山道生［1993］『ゼミナール日本の損害保険会社』東洋経済新報社
上山道生［2002］『保険入門〔第2版〕』中央経済社
大谷孝一編著［2007］『保険論』成文堂
木村栄一・野村修也・平澤　敦編著［2006］『損害保険論』有斐閣
鹿野嘉昭［2006］『日本の金融制度〔第2版〕』東洋経済新報社
嶋倉征雄［1993］『損害保険料率算定の基礎知識〔改訂新版〕』損害保険企画
鈴木辰紀監訳［1993］『ドーフマン保険入門』成文堂
鈴木辰紀編著［2006］『新保険論〔第2版〕』成文堂
鈴木辰紀［2006］『自動車保険読本』成文堂
近見正彦・吉澤卓哉・髙尾　厚・甘利公人・久保英也［2006］『新・保険学』有斐閣
東京海上火災保険株式会社編［1986，1997］『損害保険実務講座』有斐閣

下和田功編著［2007］『はじめて学ぶリスクと保険〔改訂版〕』有斐閣
松浦　茂・佐野　誠［2003］『損害保険市場論〔改訂版〕』損害保険事業総合研究所
水島一也［2006］『現代保険経済〔第8版〕』千倉書房
安居孝啓編著［2006］『最新保険業法の解説』大成出版社
安井信夫［1997］『人保論』文眞堂
損害保険事業総合研究所研究部［2002］『海外損害保険マーケットの動向』損害保険事業総合研究所
「金融庁の撲滅作戦で窮地の"交通違反保険"」『週刊東洋経済』2006年7月8日号　東洋経済新報社
『週刊東洋経済臨時増刊損害保険特集号，保険特集号』各年版　東洋経済新報社
『日本の損害保険ファクトブック』各年版　日本損害保険協会
『インシュアランス損害保険統計号』各年版　保険研究所

参考ウェブサイト
金融庁　http://www.fsa.go.jp/index.html
国民生活センター　http://www.kokusen.go.jp/
損害保険料率算出機構　http://www.nliro.or.jp/
損害保険契約者保護機構　http://www.sonpohogo.or.jp/
日本損害保険協会　http://www.sonpo.or.jp/

第7章　損害保険業と企業価値

山﨑　尚志

1．損保業と企業価値

　1996年の保険業法の改正以降，自由化・規制緩和による影響から，保険業界を取り巻く環境は目まぐるしく変化した。特に，その全てが株式会社形態をとるわが国の損保会社（2007年現在日本損害保険協会加盟22社）にとって，これまでの護送船団方式による業界の保護が弱くなり，株式市場による圧力を強く受けるようになったといえよう。

　近年のM&Aブームから考えても，今後日本の損保会社が買収の対象にさらされることは，決してありえない話ではない。わが国の生保業界のほとんどが相互会社であることから，生保事業の買収目的で生保系子会社を抱える損保会社が狙われるケースもあるだろう。

　これまでの損保会社の経営は，こうした脅威には無関心だったといえる。井上・加藤・山﨑［2007］は，1990年代から2000年代前半まで，日本の損保会社の株価がその財務水準から見て割安な水準にあったことを報告している。

　株価の長期低迷に対する反省から，現在多くの損保会社が自社株買いなどを大量に行い，余剰資本を減らすことで経営効率を高める政策を取っている。このことは，一般事業会社と同様に，損保会社の経営も企業価値を念頭に置いた戦略が志向されるようになったことを示唆している（もっとも，日本の一般事業会社にとっても，企業価値重視の経営が認識されるようになったのは最近のことである）。

　株式会社の企業価値評価に関しては，コーポレートファイナンスの分野において，ある程度の手法が確立されている。前述のとおり，日本の損保会社の形

態は株式会社であるため，こうしたファイナンスの理論を応用することが可能であろう。もっとも，保険会社は一般事業会社と異なる部分も多く存在するため，単純にファイナンス理論の移転を行うには注意を要する。この章では，企業価値評価の際に最も重要な概念である資本コストを損保会社に対して推計するにはどうすればよいかに関して議論を行う。

この本はファイナンス理論の解説書ではないため，理論に関する詳細な説明は行わない。この分野に関心のある方は，コーポレートファイナンスのテキストを参照して読み進めて頂きたい。

2．企業価値評価の算出法

そもそも企業価値とは，一体何であろうか？ それは，会社が保有している資産の総額と答える人もいるだろうし，その会社が持っている固有の強みと答える人もいるだろう。

ここでは企業価値を，「その企業が保有している資産から将来生み出されるキャッシュフローの現在割引価値の総計」と定義する。この定義に基づいた企業価値評価法が，割引キャッシュフロー（DCF）法と呼ばれる手法である。

DCF法によると，企業価値 V は以下のとおりとなる。

$$V = \frac{CF}{(1+R)} + \frac{CF}{(1+R)^2} + \frac{CF}{(1+R)^3} + \cdots = \frac{CF}{R} \tag{1}$$

ここで，CF は毎期に得られるキャッシュフロー額，R は当該企業の割引率を表している。上の式では，将来にわたって一定額の CF が得られるものと仮定した，最も単純な無成長モデルでの結果である。この仮定を現実に近づけていくことで，より現実的な企業価値評価を行うことが可能となる。

いずれにしても上の式を見れば，企業価値は，キャッシュフロー額と割引率さえ求められれば測定可能であることがわかる。キャッシュフローは，その企業が公開している有価証券報告書を見れば，計算することが可能である。では，割引率はどのようにして求めればよいのであろうか？

2. 企業価値評価の算出法

そのことを述べる前に，まず企業価値で用いられる割引率とは，どういったものかについて考えてみよう。割引率は，企業への出資者（債権者，株主）がその企業に投資を行うことによって得られる最低限の期待収益率となることが要求される。最低限の収益率さえ稼ぐことができなければ，機会費用の存在によって，出資者がその企業への資本提供を行わなくなるからである。

例えば，株主が年率10％の収益率を稼ぐことを期待して，A損保の株を1株100円で購入したとしよう。A損保は配当を行っていないとする。すると，株主は1年後のA損保の株価が110円以上になっていることを期待するはずである。もし1年後のA損保の株価が105円であれば，年率5％の収益率しか稼げなかったことになるため，株主はA損保への投資を切り上げ，別の投資機会を探すことになるかもしれない。

このことから，企業は出資者が期待している最低限の収益率を稼がなければならないことがわかるだろう。企業への出資者は債権者と株主の2者に大別される。両者は出資形態が異なるため（債権者は貸付，株主は投資），彼らが企業に要求する収益率はそれぞれ異なるはずである。債権者が企業に要求する収益率は負債資本コストと呼ばれ，株主が要求する収益率は株主資本コストと呼ばれる。

さらに，企業全体の割引率は，その企業の資本構成に依存する。多くの負債を抱えている企業はそうでない企業に比べて負債資本コストをより反映させた割引率になるだろうし，無借金企業は株主資本コストのみで割引率が決定されるだろう。

したがって，企業の最適な割引率は，負債資本コストと株主資本コストを，企業の資本構成（負債資本と自己資本の割合）で加重平均した値となる。これを加重平均資本コスト（Weighted Average Cost of Capital, WACC）と呼ぶ。WACCを数式で表すと，以下のとおりとなる。

$$R_{WACC} = \frac{D}{(D+E)} \times (1-\tau) \times R_D + \frac{E}{(D+E)} \times R_E \qquad (2)$$

ここで，D および E はそれぞれ負債資本額，自己資本額を，R_D および R_E は

それぞれ負債資本コスト，株主資本コストを表している。τ は法人税率である。$(1-\tau)$ を掛けているのは，節税効果の影響によって，負債資本コストが実際の推計値よりも低くなることを意味している。

(2) 式を見ればわかるように，企業の資本コストは，(1) 株主資本コスト，(2) 負債資本コスト，(3) 資本構成，(4) 法人税率を割り出せば推計することが可能である。

以下では，損保会社の WACC の推計を念頭に置いて，この4点に関して議論を行っていくことにしよう。

3. 損保会社の加重平均資本コスト

この節では，損保会社の加重平均資本コストを推計するにはどうすればよいかに関して議論を行う。議論だけでは理解しづらいかもしれないため，実際に 2007 年 3 月末時点の日本の損保会社のデータを使って，加重平均資本コストを推計することにする。

(1) 式を見てもわかるように，WACC は長期の将来 CF に対しても同じ数値が適用される。このことは，長期的な視点から WACC を推計する必要があることを意味している。したがって，株主資本コスト，負債資本コスト，資本構成，法人税率は長期的に維持可能な数値であることが重要である。ここでは，テキストとして推計のためのガイドラインを示すことを目的とするため，推計の際に詳細なコスト見積もりは行わず，簡単なシナリオに沿って推計を行っているが，実際の企業評価の際には，以上の点に留意して推計しなければならない。

(1) 損保会社の株主資本コスト

株主資本コストの推計は，資本コストをめぐる問題の中で最大の関心事であり，現在でも様々な研究が行われている。日本の損保会社も株式会社の1つであるため，これらの成果を用いることが可能であろう。

3. 損保会社の加重平均資本コスト 137

　株主資本コストは，言いかえれば株主が企業に要求する期待投資収益率であるため，推計には株価評価モデルを適用する手法が一般的である。ここでは，代表的な株価評価モデルであるCAPMとFama-French 3ファクターモデルについて説明する。

　Sharpe [1964] およびLintner [1965] によってCAPM (Capital Asset Pricing Model) が提唱されて以降今日に至るまで，実務レベルにおける株主資本コストの推計においては同モデルを用いた手法が主流となっている。

　CAPMによる資本コストの推計は次の式によって与えられる。

$$E(R_i) = R_f + \beta_i [E(R_m) - R_f] \tag{3}$$

ここで，$E(R_i)$は企業iの期待投資収益率（＝株主資本コスト），R_fは無リスク利子率，$E(R_m)$は市場全体の期待収益率，β_iは市場リスクに対する企業iの感応度を表している。

　ベータ係数β_iは，上場企業であれば過去の株式投資収益率を用いた回帰分析を行うことによって推計することが可能である。

$$R_{it} - R_{ft} = \alpha_i + \beta_i (R_{mt} - R_{ft}) + \varepsilon_{it} \tag{4}$$

　また，多くの機関が各企業のCAPMベータ値を提供しているため，これらのデータベースを購入し，活用してもよいだろう。

　ここで，2007年3月末時点に東京証券取引所第1部市場に上場されていた損保会社7社（三井住友海上，日本興亜損保，損保ジャパン，ニッセイ同和損保，あいおい損保，富士火災，ミレアホールディングス）を対象に，CAPMによる株主資本コストの推計を行ってみよう。

　ここでの推計方法は以下のとおりである。(4) 式による単回帰を，上に挙げた上場損保会社7社に対してそれぞれ行う。推計期間は2002年4月から2007年3月までの60ヶ月とする。回帰の際，R_{mt}はTOPIX収益率を，R_{ft}は有担保コール翌日物レートを用いた。

　次に，回帰によって推計された各損保会社のベータを (3) 式に代入するこ

図表7-1　上場損保7社の株主資本コストの推計値

(2007年3月末時点)

	CAPM β	株主資本コスト
三井住友海上	1.07	5.13%
日本興亜損保	0.71	3.94%
損保ジャパン	1.42	6.29%
ニッセイ同和損保	0.78	4.20%
あいおい損保	0.79	4.22%
富士火災	0.62	3.67%
ミレアホールディングス	1.23	5.66%
Mean	0.94	4.73%
Range	0.80	2.63%

とで，株主資本コストを推計する。ここで，無リスク利子率は2007年3月末時点における10年物国債利回り1.614%と置き，市場リスクプレミアムは3.3%と置いて測定した。

結果は図表7-1に記載されている。表を見ると，2007年3月時点での損保会社の株主資本コストは3%～6%であったと推測される。

CAPMは推計に関して煩雑なデータを必要としないため，資本コストの推計の際に広く使われるモデルであるが，場合によっては適切な期待投資収益率を測定できないことが指摘されている。

Fama and French [1992] は，こうしたCAPM（市場リスク）で説明できない要因は企業規模（時価総額）とBPR（自己資本／時価総額）の2つに収束することを報告した。さらに，この現象を株価の評価に反映させるため，Fama and French [1993] において，市場要因，規模要因，BPR要因の3つのファクターで株価を予測するモデルを開発した。

彼らの提唱した3ファクターモデルは以下の式で表される。

$$E(R_i) = R_f + b_i[E(R_m) - R_f] + s_i E(SMB) + h_i E(HML) \tag{5}$$

ここで，SMB は小型株ポートフォリオと大型株ポートフォリオの収益率の差，HML は高BPR株ポートフォリオと低BPR株ポートフォリオの収益率の差

として測定される。

Fama-French 3ファクターモデルも，CAPMと同じく過去のデータを用いた以下の回帰分析を行うことによって，各要因の反応度（b_i, s_i, h_i）を推計することが可能である。

$$R_{it} - R_{ft} = a_i + b_i(R_{mt} - R_{ft}) + s_i SMB_t + h_i HML_t + \varepsilon_{it} \tag{6}$$

Fama-French 3ファクターモデルは，CAPMよりも高い説明力を有することが知られている。しかし，問題点としてはSMBおよびHMLの値を求めるのが煩雑であることが挙げられよう。データベースを提供・販売しているところもあるが，CAPMベータに比べるとまだ一般に浸透していないのが実情である。

株主資本コストの推計にCAPMを用いるにしてもFama-French 3ファクターモデルを用いるにしても，回帰分析による推計期間は直近36ヶ月か60ヶ月で求めるのが一般的なやり方となっている。これは，あまりに長い期間で推計を行うと，その間に企業構造の変化（およびそれに伴う収益性の変化）が起こっているかもしれないため，現状の企業のリスクを反映した係数にならない可能性があるからである。

現在，学術の場や実務の場において，様々な株価評価モデルが提唱されている。これらの成果を，逐次株主資本コストの推計に反映させていくことも可能であるが，当面はこの2つのモデルを覚えておくだけで十分かと思われる。

(2) 損保会社の負債資本コスト

一般に資本コストの議論は，株主資本コストの推計が中心であり，負債資本コストに関してはさほど問題とされない。というのも，一般事業会社にとって，負債勘定で考慮しなければならないのは，社債や銀行借入といった有利子負債であり，このコストは市場利回りによって比較的容易に推計することが可能だからである。

しかし，損保会社の負債資本コスト推計にとって，有利子負債よりも大きな

関心事は保険負債の方であろう。損害保険協会が公表している2006年度の全損保会社を集計した貸借対照表の資料によると，負債合計280,439億円の内，保険契約準備金の勘定は231,490億円と全体の82.5%を占めている。このことから，ここでは保険負債のコストをどのように推計すればよいかに関して議論する。

　保険引受に関するコストを詳細に分析することはいくつかの研究でなされているが，それには専門的な知識を必要とする。そのため，ここでは一般の実務のレベルで使用可能な方法に関して考察する。そうした場合，最も単純な方法としては，保険引受のコストを何らかの指標で代替することであろう。

　まず，考えられるのは，保険負債額に対して社債利回りでコストを見積もる方法である。長期的な観点からすれば，保険引受は社債利回りよりも低コストであると考えられる。でなければ，保険証券ではなく社債を発行した方が資本調達コストを抑えることができてしまい，保険会社にとって保険引受を行うメリットがなくなってしまうだろう。したがって，保険負債のコストに社債利回りを用いる手法は，保守的なコスト見積もりとなる。

　次に，国債利回り等の無リスク利子率でコストを見積もる方法が考えられる。先に述べたように，保険引受のコストは社債利回り以下であるということを考えると，無リスク利子率で代替するという方法はそれほど的外れではないように思える。

　さらに，保険負債を営業負債と考えることもできる。すなわち準備金を一種の買掛金と見なし，負債資本コストとして考慮しない考え方である。損保会社の有利子負債額は負債勘定の中でもさほど大きなウェイトを占めていないため，この考え方に従ってWACCを推計すると，事実上，株主資本コストを会社全体の資本コストとすることになる。

　保険契約準備金勘定をもう少し詳細に検討してみよう。保険契約準備金は，支払備金，払戻積立金，異常危険準備金，それ以外の普通責任準備金に分類することができる。

　支払備金は，年度末にすでに報告を受けた事故に対して見積もられる普通備

3. 損保会社の加重平均資本コスト　141

金と，すでに発生しているが未だ報告を受けていない保険事故に対して見積もられるIBNR備金に分類される。これらは両者ともすでに発生した保険事故に対する保険金支払いの勘定であるため，営業負債と見なすのが妥当であろう。

次に，払戻積立金である。これは積立保険料を運用して満期に返戻するために積み立てられる準備金であるため，予定利率でコストを見積もるのが妥当かと思われる。ただし，損保会社の場合，生保会社と異なり，平均予定利率は公表されていない。したがって，損益計算書にある積立保険料等運用益を期中平均払戻積立金額で割ることで，運用利回りを求め，それを予定利率として代用するといった方法が考えられる。

さらに，異常危険準備金である。これは将来発生するかもしれない巨大災害の塡補のために積み立てておく準備金である。保険論のテキストでは，自己資本の役割として，保険金支払いが収入保険料超過したときのクッションの側面が強調されている。こうしたことから考えても，異常危険準備金は，負債勘定に含まれてはいるものの，自己資本的性質が強い項目である。むろん，株主は，自らの資本が保険金支払いの超過分に回される可能性を認識した上で投資を行っているため，その部分のプレミアムは株式の期待収益率に反映されるはずである。このことから考えて，異常危険準備金に関する項目は，負債勘定から外すことが妥当かと思われる。

最後に残った，それ以外の普通責任準備金を社債利回りかもしくは国債利回りでコストを見積もる方法が最も適当であろう。

ここで今までの考え方に従って，株主資本コストのときと同じく2007年3月末時点に東証1部に上場していた損保会社7社を対象に，負債資本コストを推計してみよう。

まず，保険負債のコストは，先に述べた方法に従って，保険契約準備金から支払備金を除いた責任準備金のみでコストを見積もっていくことにする。

次に，払戻積立金額の見積もりである。このデータは三井住友海上を除いて有価証券報告書に記載されていなかった。そのため，インシュアランス損害保

険統計号を頼りにデータを算出している。ただし，2007年9月現在，2007年度の統計号はまだ出版されていないため，2006年度のデータを用いた。

積立保険に関する平均予定利率は損保会社では公表されていないため，積立保険料等運用益を期中平均払戻積立金で割ることで，運用利回りを測定し，予定利率に充てる。ただし，上記のとおり，三井住友海上を除く6社に関しては，2007年度の払戻積立金が入手できなかったため，期首の数値で代替している。

責任準備金から払戻積立金を除き，さらに異常危険準備金を除いた，その他責任準備金に対して，ここでは10年物国債利回りでコストを見積もることにする。2007年3月末時点の10年物国債利回りは1.614％であった。

最後に，有利子負債のコストであるが，支払利息を期中平均有利子負債総額で割ることで測定した。有利子負債は社債および借入金（短期借入金，長期借入金，その他の有利子負債）の合計額である。広義の有利子負債には，退職給付引当金等も含まれるが，ここでは有利子負債から外している。いずれにしても，先に述べたとおり損保会社の負債項目は保険負債に関するウェイトが大きいため，有利子負債に関する議論はさほど重要ではない。

これらの方針に従って，上場損保7社の負債資本コストを加重平均で求めた結果が，図表7－2で示されている。全ての損保会社で2％強の負債資本コストが見積もられる結果となった。

ここでは，負債資本コスト推計のガイドラインを示すという意味で，保険引受にかかるリスクを簡略化して考察した。より詳細な負債資本コストを推計するには，自動車，火災，海上といった保険種目ごとのリスクに見合ったコストを見積もっていく必要があろう。

（3）損保会社の資本構成

WACC推計の際に使用される資本構成は，通常時価で測定される。したがって，貸借対照表上の負債合計と資本合計を使って測定することはできない。

自己資本に関しては株式の時価であるから，現在の株価が適切であると判断すれば，株式時価総額で評価すればよい。一方，負債資本に関しては，通常有

3. 損保会社の加重平均資本コスト　143

図表7-2　上場損保7社の負債資本コストの推計値

(2007年3月末時点)（単位：百万円）

三井住友海上

	金額	ウェイト	コスト	ウェイト×コスト
払戻積立金	2,201,904	59.58%	2.56%	1.53%
その他責任準備金	1,393,569	37.71%	1.61%	0.61%
有利子負債	100,023	2.71%	0.77%	0.02%
計	3,695,496	100%		2.16%

日本興亜損保

	金額	ウェイト	コスト	ウェイト×コスト
払戻積立金	1,188,955	62.91%	2.31%	1.45%
その他責任準備金	698,792	36.98%	1.61%	0.60%
有利子負債	2,098	0.11%	2.12%	0.00%
計	1,889,845	100%		2.05%

損保ジャパン

	金額	ウェイト	コスト	ウェイト×コスト
払戻積立金	1,565,343	53.66%	2.93%	1.57%
その他責任準備金	1,351,331	46.32%	1.61%	0.75%
有利子負債	648	0.02%	30.42%	0.01%
計	2,917,322	100%		2.33%

ニッセイ同和損保

	金額	ウェイト	コスト	ウェイト×コスト
払戻積立金	348,181	51.41%	2.63%	1.35%
その他責任準備金	329,060	48.59%	1.61%	0.78%
有利子負債	0	0.00%	0.00%	0.00%
計	677,241	100%		2.14%

あいおい損保

	金額	ウェイト	コスト	ウェイト×コスト
払戻積立金	630,986	43.69%	3.49%	1.52%
その他責任準備金	813,234	56.31%	1.61%	0.91%
有利子負債	62	0.00%	7.46%	0.00%
計	1,444,282	100%		2.43%

富士火災

	金額	ウェイト	コスト	ウェイト×コスト
払戻積立金	362,715	54.50%	2.98%	1.63%
その他責任準備金	302,828	45.50%	1.61%	0.73%
有利子負債	0	0.00%	0.00%	0.00%
計	665,543	100%		2.36%

ミレアホールディングス

	金額	ウェイト	コスト	ウェイト×コスト
払戻積立金	2,157,205	24.24%	3.34%	0.81%
その他責任準備金	6,301,022	70.79%	1.61%	1.14%
有利子負債	442,459	4.97%	2.51%	0.12%
計	8,900,686	100%		2.08%

利子負債のみを含め、買掛金といった流動負債は資本構成の計算には含めない。

損保会社の場合、先に議論したように保険負債を負債資本コストとして認めるならば、その部分は資本構成に含めるべきである。

むろん、負債資本に対しても時価で評価することが望ましい。しかし、損保会社の場合、有利子負債の占める割合は負債全体でわずかでしかない。また保険負債に関しても、損保の保険契約は短期中心であるため、その時価は簿価と比べて大きな差はないであろう。そのため、負債資本コストに簿価を用いてもさほど問題はないように思われる。

ここで、2007年3月末時点での上場損保会社7社の資本構成を測定してみよう。自己資本額は2007年3月末時点での時価総額を、負債資本額は図表7-2で示した負債合計額（簿価）を使用している。

図表7-3の結果を見ると、損保会社の資本構成は、およそ負債7：資本3程度の割合であることがわかる。

図表7-3　上場損保7社の資本構成

（2007年3月末時点）（単位：百万円）

	負債資本 （構成比：%）	自己資本 （構成比：%）
三井住友海上	3,695,496 (62.28)	2,238,000 (37.72)
日本興亜損保	1,889,845 (69.18)	842,081 (30.82)
損保ジャパン	2,917,322 (66.78)	1,450,980 (33.22)
ニッセイ同和損保	677,241 (69.27)	300,442 (30.73)
あいおい損保	1,444,282 (69.91)	621,598 (30.09)
富士火災	665,543 (73.64)	238,267 (26.36)
ミレアホールディングス	8,900,686 (71.23)	3,594,926 (28.77)

最初に示したように，WACC は長期的な視点で推計する必要があるため，実際には資本構成も長期にわたって維持される比率で測定すべきであろう。

2007年現在，損保会社は株の割安感から余剰資本を削減する目的で大量の自社株買いを行っている。この事実は，資本構成の測定に対する2つの問題を示唆している。

1つは自社株償却によって将来の資本構成が変化する可能性がある点である。損保会社は自社株償却を行うことによって，余剰資本を削減し，将来の資本構成を変更させようという狙いがうかがえよう。

もう1つは，現在の株価が割安であると損保会社が認識している点である。すなわち，現在の時価総額では損保会社の株式の時価を過小評価する可能性がある。このことから考えるに，実際に損保会社の資本構成を測定するには，現時点での構成で本当に維持可能かどうか将来の計画やインタビュー等によって，慎重に検討する必要があることを示唆している。

(4) 損保会社の法人税率

WACC の測定に用いられる法人税率は，限界税率の適用が原則となっている。限界税率とは，追加的に1円の課税所得が発生したときに生じる支払税金の現在価値のことを指す。このことから，ファイナンスのテキストでは法人税率として，表面税率ではなく実効税率（事業税，住民税を勘案した税率）を用いているものが多い。

実効税率は以下の式によって導き出される。

$$実効税率 = \frac{法人税率 \times (1+住民税率) + 事業税率}{1+事業税率} \qquad (7)$$

2007年現在の損保会社の場合を考えると，法人税30％，住民税17.5％，事業税1.365％が一般的である。したがって，損保会社の実効税率はおよそ36.1％となる（ただし，ミレアホールディングスは持株会社であるため，実効税率は40.7％となっている）。

現実には，この法定実効税率と税効果会計適用後の実際の負担率との間には乖離が見られる。実際の税負担率は，実効税率を下回ることが多いため，限界税率に実効税率を用いると，節税効果を過大評価（つまり，負債資本コストを過小推計）される可能性があることが指摘されている。

そのことから，限界税率として，過去5年間の平均税率を用いるケースもある。むろん，WACCは長期的視点で推計される必要があるために，その平均税率が長期にわたって継続されるという見込みがなければならない。

図表7-4は，2003年から2007年までの5年間の上場損保会社7社における税効果会計適用後の法人税等負担率を表している。この表を見る限り，過去5年間の平均税率は富士火災を除いて法定法人税率である36.1%から大きくは乖離していない（ちなみに，富士火災の負担率が大きく乖離している年は，評価性引当額の減少が大きな原因となっている）。

近年の富士火災の負担率が明らかな異常値であることを除くと，WACCに法定実効税率（36.1%）を適用しても，過去5年の平均税率を適用しても，それほど大きな差は生じておらず，損保会社の限界税率に関する議論はさほど重要でないと考えられる。

図表7-4 上場損保7社の法人税等負担率の推移

(2003年—2007)（単位：%）

	2003	2004	2005	2006	2007	Mean	実効税率からの乖離幅
三井住友海上	39.90	33.30	37.70	30.30	29.70	34.18	1.92
日本興亜損保	34.99	48.55	43.06	32.27	31.65	38.10	-2.00
損保ジャパン	23.65	29.95	43.05	42.65	34.31	34.72	1.38
ニッセイ同和損保	36.86	30.43	28.48	27.60	29.80	30.63	5.47
あいおい損保	42.40	38.39	27.63	31.29	36.36	35.21	0.89
富士火災	-59.79	51.05	47.59	-40.43	32.65	6.21	29.89
ミレアホールディングス	28.60	32.00	26.30	35.40	34.10	31.28	9.42

（注）ミレアホールディングスの実効税率は40.7%として乖離幅を測定している。

（5）損保会社の加重平均資本コスト

最後に，ここまでに求めた株主資本コスト，負債資本コスト，資本構成，法人税率を用いて，上場損保会社7社の2007年3月末時点でのWACCを推計する。法人税率に関しては法定実効税率36.1%（ミレアホールディングスに関しては40.7%）を使用する。

結果は図表7-5に示されている。この方針に従って推計を行ったとき，2007年3月末時点の上場損保会社7社のWACCは，およそ2%～3%の範囲内にあるという結果となった。

最初に述べたとおり，ここでは推計のためのガイドラインを示すことを目的としたため，厳密なコストの見積もりは行わず（すなわち，株主資本コストにFama-French 3 ファクターモデルではなくCAPMを用い，負債資本コストを保険種目ごとに分析せず，資本構成は現時点での数値をそのまま適用し，法人税率は法定実効税率を適用した），なるべく簡略化したやり方で推計を行った。実際の企業評価に用いるには，これを軸にして，項目ごとに挙げた議論を参考にして，より詳細に分析していけばよい。

図表7-5　上場損保7社の加重平均資本コストの推計値

(2007年3月末時点)（単位：%）

	負債比率	1-法人税率	負債資本コスト	資本比率	株主資本コスト	WACC
三井住友海上	62.28	63.90	2.16	37.72	5.13	2.79
日本興亜損保	69.18	63.90	2.05	30.82	3.94	2.12
損保ジャパン	66.78	63.90	2.33	33.22	6.29	3.08
ニッセイ同和損保	69.27	63.90	2.14	30.73	4.20	2.24
あいおい損保	69.91	63.90	2.43	30.09	4.22	2.36
富士火災	73.64	63.90	2.36	26.36	3.67	2.08
ミレアホールディングス	71.23	59.30	2.08	28.77	5.66	2.51
Mean	68.90	63.24	2.22	31.10	4.73	2.45
Range	11.36	4.60	0.38	11.36	2.63	1.01

4. おわりに

この章では，従来のコーポレートファイナンスの理論に基づいて，一般に用いられるWACCを損保会社に適用するにはどうすればよいかについての考察を行った。

保険会社に特化した資本コストの推計に関しては，スイス再保険会社が市場整合的価格決定モデル（MCPM）と呼ばれる手法を開発して推計を行ったり，森平・神谷［2005］で保険CAPMを使った研究がされたりするなど，独自の研究が進められている。この章で提示した手法に満足できない読者は，こちらの手法を参考にするとよいだろう。

参考文献

スイス再保険会社［2005］「保険会社の資本コストと経済価値の創造：理論と実務問題」『Sigma』2005年第3号

井上光太郎・加藤英明・山﨑尚志［2007］「損保の株価パズル」『証券アナリストジャーナル』第45巻第12号 114-123ページ

久保田敬一・竹原均［2006］「加重平均資本コスト推定上の諸問題」，2006年度経営財務研究学会全国大会報告論文

鈴木一功編著［2004］『企業価値評価—実践編—』ダイヤモンド社

森平爽一郎・神谷信一［2005］「損害保険ベータと保険CAPM 日本の損保は儲けすぎか？」日本保険・年金リスク学会第3回大会報告論文

Fama, E. F. and K. R. French [1992], "Cross-section of expected stock returns," *Journal of Finance*, 47, 427-65.

Fama, E. F. and K. R. French [1993], "Common risk factors in the returns on stock and bonds," *Journal of Financial Economics*, 33, 3-56.

Lintner, J. [1965], "The Valuation of Risk Assets and the Selection of Risky Investments in Stock Portfolios and Capital Budgets," *Review of Economics and Statistics*, 47, 13-37.

Sharpe, W. F. [1964], "Capital Asset Prices: A Theory of Market Equilibrium under Condition of Risk," *Journal of Finance* 19, 425-442.

第8章　共済問題と保険政策

田　村　祐一郎

1．はじめに

　本章では，以下の三点を考えてみたい。
①最近の話題である「無認可共済」を，戦後の「組合保険」問題から戦前の「類似保険」問題へとさかのぼり，同じ問題が形を変えて続いてきたことを知る。
②戦前から戦後，さらに最近の「保険監督」の歴史を簡単に振り返り，日本では政策当局から保険がいかに扱われたかを知る。
③「保険監督」や「保険規制」は十分に語られる半面，「保険政策」はほとんど語られておらず，いくつかの領域で制度面の非整合が発生していることを知る。
　以下の叙述は水島一也編著［1987］が展開した「生活保障システム」の概念を下敷きにしている。紙幅の都合で明示的に言及することはできないこと，および企業活動に関連する保険は考察外に置いていることを断っておきたい。

2．類似保険と無認可共済

（1）無認可共済問題

① 無認可共済問題と保険業法

　2003年春に「無認可共済」問題が注目され始めた。2004年には一段と関心が高まり，経済誌で特集記事が組まれ，また同じ年に，国民生活センターや総務

省行政評価局，金融審議会金融分科会の「報告書」がそれぞれ公表された。日本保険学会［2006］も共通論題のテーマに選んだ。

　2006年4月に「保険業法等の一部を改正する法律」が成立し，2007年4月1日から施行された。改正前の保険業法には，保険業の定義に「不特定の者を相手方とする」との要件が含まれたが，改正法はこれを削除し，特定の者を相手として保険の引受を行う事業を保険業に含め，その適用下に置いた。つまり，少額短期保険事業という範疇を新設して簡便型の保険事業類型を認めた。一方，他の法律に特別の規定のある認可共済や企業内共済・労働組合の共済・学校の共済・地縁団体の共済など，政令で定める人数以下のものを相手方とする保険は業法の適用除外とされた。

　業法史から見れば改正は画期的であった。元来「保険事業」は業法に基づく「保険会社」のみが営むことができた。業法に依拠せずその規制に服さない保険事業は包括的に「共済」と呼ばれた。言い換えれば，共済は業法管轄外の保険機関が営む保険事業である。共済を営む機関は，根拠法の有無によって「認可共済」と「無認可共済」に分かれた。前者には，根拠法があり所轄官庁の認可と規制を受けて共済事業を行うもの——農業協同組合法によるJA共済，消費生活協同組合法による全労災，県民共済など——から，根拠法はあっても監督規制の緩やかなものまで含まれる。日本共済協会の2002年度『事業概況』には，60共済団体の数字が挙げられた。

　改正業法によって，実際には同じ保険事業を営むにもかかわらず保険と共済が改めて区別された点で，理論的な区分はかえって難しくなった。この点では何らかの上位概念で括るか，あるいは国民の生活保障の視点から公・私保険システムを含めて「生活保障システム」という呼称の下に整理する方が分かりやすい。

　要するに，わが国の保険事業はいわゆる「保険会社」とそれ以外の「共済団体」が構成する二重構造制をとっていた。保険を名乗り得たのは，業法に依拠する株式会社と相互会社，および「簡易生命保険」に限定され，それ以外の団体は，たとえ実体は保険事業でも保険を名乗り得ず共済と称する外なかった。

改正業法は保険事業の概念は拡張したが，二重構造は残している。

② 無認可共済

　この外に根拠法のない共済事業団体として「無認可共済」がある。その実態はあまり知られていないが，総務省行政評価局『根拠法のない共済に関する調査（中間取りまとめ結果）』（2004.6）によれば，団体146, 加入件数306万件，共済掛金総額約473億円。生命・身体に関する共済が41.1％を占め，家財（18.5％）とペット（6.2％）がそれに続いた。共済団体の構成員資格は，特定の任意団体の構成員等が約4分の3を占めたが，「特定の機器・サービスなどの購入者や，特定の賃貸業者と契約した入居者」が35.1％を占めるなど，実質的に団体に属さない事例も少なくないと見られた。地域別には東京都内に所在するもの，および事業開始時期別に見て2000年以降が各半数近くを占めた。

　無認可共済については，掛金が安く手軽に加入し得る半面，監督規制に服さないために経営が不安定で保障サービスの確実性に欠けると指摘されてきた。実際，2006年秋には四国4県で無認可共済を展開していた団体が営業停止した。また，マルチまがいの営業を行うものがあるなど，国民生活センターへの相談件数が増えているという。

　確かに共済に不安定さや各種の問題点があるにしても，厳格な監督に服したはずの保険会社でも経済条件の変化によって簡単に破綻を来した。また，販売募集の面でもしばしば不正行為やそれに近いことが起り，それゆえ，正業であるにもかかわらず保険募集について「取締法」が用意されていた。それぞれメリット，デメリットの指摘は慎重に行うべきかも知れない。

　改正業法により無認可共済は営業を続ける場合には2008年3月末までに保険会社か少額短期保険業者（ミニ保険会社）への移行を求められ，会社組織へ変更しなければ廃業を迫られる。2007年6月段階で金融庁に届け出た389業者のうち42％が廃業の意向と報じられた。一方，ミニ保険会社への移行を申請しているのは2社に留まる [『日本経済新聞』2007.6.12]。

152　第 8 章　共済問題と保険政策

(2) 組合保険問題

　歴史をさかのぼると，1960年代に共済問題が保険審議会によって取り上げられ，保険業法の改正を含む抜本的な監督行政の確立が志向された。というのも，農業協同組合による共済事業および消費生活協同組合法に基づく共済事業が大いに発展し，これらに関する規定の整備が行われる半面，小規模共済や根拠法のない共済が叢生してさまざまな問題を起す事態が見られ，さらに民間保険事業との間にも複雑な関係が生じたからである［『昭和生命保険史料 7 』］。1968年 3 月に保険審議会が「共済保険問題に関する意見」と題する答申を行った。その骨子は以下の通りである。
(1)加入者保護の観点から，保険事業も共済事業も同一の原理によって貫かれることが求められる。
(2)しかし，同一原理といっても，共済団体の内容は千差万別であるので，画一的基準は適用すべきでない。
(3)公的監督のまったく及ばない共済事業については，何らかの立法措置を講ずる必要がある。
(4)問題の終局的解決のためには，保険事業および共済事業を通じての法制の総合的整備を要するが，このためには関係省庁間の連絡を図り，具体策の検討を始める必要がある。

　もっともな内容であったが，しかし，抜本改正にはつながらなかった。問題をさらに遡ると，昭和20年代末から「組合保険問題」が生じていた。戦後の共済事業は，1958年北海道共済農業協同組合連合会の設立に始まる。その後は各種団体等による共済事業への進出が続いた。行政管理庁［1979］『生命，火災等の共済事業に関する調査結果報告書』によると，昭和20年代には，農業協同組合，農業共済組合，火災共済協同組合および消費生活協同組合，昭和30年代には消費生活協同組合，環境衛生同業組合および個人タクシー協同組合，そして昭和40年代にはトラック交通共済協同組合，自家用自動車共済協同組合，中小企業共済協同組合，法人タクシー協同組合などが創設されている。

2. 類似保険と無認可共済

こうして第二次大戦後早々に共済が発生し，その後も各年代を通じて「共済」の名の下に保険的行為が既成事実化していった。問題になる都度，大蔵省は共済の規制を要望する民間保険会社に応えて「組合保険法」の制定を考慮した［『昭和生命保険史料6』］。1956年7月13日付け『朝日新聞』「"類似保険"の対策望む」という記事がこの間の事情を示唆する［傍点引用者］。

「田中日本損害保険協会会長（東京海上火災社長）は12日，井上日銀副総裁，平田大蔵次官，東条同銀行局長らも出席した金融団体協議会の席上で，保険会社以外の消費生活共同組合，中小企業共同組合，農業共同組合などが行っているいわゆる類似保険について『最近これらの組合で，災害が起きても共済保険金の支払いができず，営業の不振や，さらに営業の停止という不始末を起すものが相当目立っており，保険思想に悪影響を及ぼす』として，関係当局の対策を要望した。大蔵省でもこの問題を重視し，現在取締法規としての保険組合法（仮称）を検討しているが，まだ関係官庁や保険会社との意見の調整ができていない。類似保険には①農業協同組合，中小企業協同組合などが，それぞれの法律に基づいて，組合員の共済という名目で行っているものと②全然法律によらない任意団体が"助合い"という名目で実質的に保険事業を行っているものとがある。これらの組合は，地盤が地域的に限られている上に掛金といっている保険料も，保険会社のものより二割方安い（大蔵省調べ）ので，ちょっと大きな火事でもあると，一ぺんに共済保険金の支払いができなくなることが多い」。

根拠法があり経営的にも実績のある組合保険（認可共済）を保険業界も保険行政も「類似保険」として扱ってきた。笠原長寿［1982］がその意味を指摘している。「戦後，類似保険という言葉は，共済事業阻止のために営利保険側が好んで使用したものであるが，これは，単に保険業法に基づかない保険という分類上の意義の外に，保険史上における歴史的できごとの再現，即ち明治初頭の類似保険事件の意識を再現させ，現代の共済事業の歴史的・社会的条件を無視して，これをかつての類似保険と同一視することによって組合保険の発展を阻止しようとする意図の下に使用されている面を無視できないであろう」。

(3) 類似保険問題

そこで，歴史をさらにさかのぼり戦前の類似保険問題を考えてみると，無認可共済ブームに込められた問題点が既にわが国の保険創生時に発生しており，この問題が一世紀以上にもわたって解決されなかったことが明らかになる。

類似保険の第一波は，保険会社の出現前，1879年に始まり1882年にピークを迎え翌年に消えた。この時には東京を中心におよそ100社が存在した。第二波は1893年，中国筋から四国，九州へ波及し西日本を中心に流行した。ピークは1895～96年の島根県で，社名のみ判明した分を含めれば累計300社を数えた。1895年10月の取締りで一旦は消えたが，広島高裁が島根地裁の解散命令を覆したこともあって再び流行し，1896年10月には122社が残っていた。ブームはその後東日本に移り，1899年に宮城県では「子育会社」と呼ばれる一種の出産保険会社が生まれ，一時は200社以上が存立した。

ここでいう第二次大戦前の類似保険は，根拠法のない保険会社を指したから，「原始共済」と称することが適切であろう。以下，その特徴である。
(1)原始共済の大部分は合資会社であったが，正規の手続を経たとは限らず，合資会社と称して裁判所へ登記しただけで，地方長官を経て農商務省の認可を得ないまま営業するものが少なくなかった。いわばヤミの存在であった。
(2)保険の方法は賦課方式であった。募集人数を決めて団体を作り，加入者の一人に保険事故（死亡，出産等）が起きると，所定の掛金を徴収し手数料を差し引いて一定の金額を遺族等へ渡す。受取人は本人やその親族とは限らず，赤の他人を保険契約者とすることが多かった。
(3)担保リスクは死亡・出産・結婚・学資・養老・殖牛資金など多彩であった。
(4)往々にして投機的賭博的な事業を行った。出産保険では，妊娠から出産までの期間当てのような取引をやっていた。死亡共済では，瀕死の病人や高齢の老人を加入させ，できる限り掛金を払わず給付金を得ることが有利であったから，老人や病人の名義の売買が行われた。新潟県の「死ね死ね講」や島根県の「婆々講」と呼ばれたものが典型例であった。『山陰新報』[1895.8.28]より一

2. 類似保険と無認可共済　155

部を引いてみる。「人情はなし金の世の中の事　類似保険会社の勃興は雨後の菌(キノコ)の如く梅雨の黴に似たり…一種の仲買商ありて老爺嫗を買占め保険料とやらんを払込み契約の期限を過くれは早く死んて呉れかし50銭か1円の掛金にて15円の保険金は只儲けとなるへしと死去を神仏に祈り居るとそ人情紙より薄く老先短かき爺嫗に仇もなきに死ねかしと祈るこそウタてき限りなれ」。

　政府は明治中期以降一貫して原始共済の駆逐に努めた。1900年の「保険業法」が保険の企業形態を株式会社と相互会社に限定したのは，合資合名による保険事業を認めないとの意思の表明であった。各地方裁判所は当時の商法第67条に基づき「公安又ハ風俗ヲ害スル」類似保険会社に解散を命じた。しかし，保険業法成立の数日後に大審院は仙台地裁の解散命令を最終的に覆した。大審院は，賦課方式が保険であるか否かとの重要な論点には口を噤む一方，子育事業は生保でも損保でもなくそれ故「保険事業にあらず」というピント外れの判決を下した。こうして，類似保険のうち保険事業に該当しないとされたものに保険業法の管轄権は及ばないことになった。

　業法後も類似保険は途絶えず，1904年，09年，14年というように数年ごとに類似保険取締りの通達や解散命令が出された。しかし，効果はなく，1933年には警視庁管下だけで200から300，全国では数千といわれた。なお，明治末以降，公有物件共済会の前身や工場共済会，公営共済などがいくつも現れている。なぜ，類似保険を一掃できなかったのであろうか。多くの要因を指摘することはできるが，本章では三点のみを指摘する。

　第一に，「人民知識の低度」や「人情浮薄で貪欲」と評された需要者側の要因がある。当時の国民は，一方では保険の知識を欠き，他方では投機や賭博を好む性癖があり，それらが原始共済に走らせる要因であったというのである。確かに否定し得ない面はあるが，半面，低所得層の間に保障ニーズがなかったのではない。悲しいかな，本当の保険がいかなるものかを知らなかったことで結果的にいかがわしい会社に加入した。戦前を通じて現れては消えた類似保険がすべて投機的・賭博的な意図をもって設立されたとは信じ難い。何よりもそのことは証明されていない。戦前に僅かではあるが，「類似保険擁護論」があ

った。1913年『保険銀行時報』は，農商務省の厳しい取締りにもかかわらず類似保険を根絶し得ない所以を指摘した。「畢竟中層以下の社会に於ては斯種制度を必要とし盛んに之れを歓迎するが故に自然幾多の計画者も現はるることとなるにて此の点より見るも中層以下の痛ましき渇望を医し彼れ等を保護救済せんが為めに完全なる制度の下に小口保険を営むことは社会政策上焦眉の急務」であると。

第二に，保険企業側の要因がある。民間保険は低所得層や地方の住民の保険ニーズを充足していたのか，という疑問がある。簡易保険の生成過程に見るように，民間保険は自らはニーズを満たしていない領域でもそこに新しい保険事業形態が現れると，反対を唱える習性を持っていた。

民間保険会社への不信感も大きかった。一例を引けば，「保険会社は兎角保険金を出し渋る傾向があって種々なる難癖をつけて責任を回避している事実があるので実際に保険金を必要とする者は…斯く相互救済組織の保険類似事業の許に走る傾向を生じた」[『読売新聞』1925.4.26]。皮肉な言い方をすれば，払い渋りは保険企業の本能に近く，関東大震災の時には，見舞金名目で支払う一方，保険証券と引換を条件にして訴訟の芽を摘もうとさえした。戦前，保険業の社会的評価は決して高いものではなかった。

第三に，取締り体制の問題があった。まず，業法は類似保険対策の点から見れば紛れもなく欠陥法であった。業法を契機に「類似保険は一掃された」との見方は明白な誤解である。業法は保険業を規制する法であり，保険業でないものに管轄権は及ばない。根拠法がない以上，公安風俗を害するとの理由付け以外には類似保険に手は出せなかった。上述のように，戦後，組合保険法等の名称で共済事業の監督が志向されたが，悉く失敗に終った。戦前であれば実現できたかも知れないが，あいにく保険監督当局に抜本的な体制の構築は考慮外であった。

司法ことに大審院は，類似保険を保険でないと判定することで行政の努力を無に帰した。類似保険の弊害を目の当たりにする地方当局は取締りに精励したが，抜本策がない上に取締り体制も強力でなかった。戦前を通じて当局が取締

る傍ら原始共済が叢生し，目に余れば潰すというもぐら叩きの状況が続いた。

さて，保険監督体制について瞥見しておきたい。無認可共済にせよ類似保険にせよ，それらをいかなるものと見てどのように処遇するかという視点があったのかどうか，もっと広い視野から保険や共済を見ることができなかったのか，というのが筆者の問題意識である。

3．保険監督行政小史

（1）保険監督法と保険監督機構

明治11年に東京海上㈱が創設されたが，関係法令の施行は遅れ，1899年に「商法」，1900年に「保険業法」が公布された。保険事業を営む企業形態は株式会社と相互会社に限定されたが，保険および保険事業について定義規定はなかった。生損保の兼営禁止についても定義がなく，商法の損保契約と生保契約の定義による外なかった。商法の分類基準が曖昧であるために第三分野問題が生じた。一つの事業を規制する法体系としてはズサンであった。商法はその後しばしば改正されたが，青谷和夫［1974］によれば，「保険契約法に関する部分については，なんら改正されることがなく」継続されてきた。

保険監督の機構としては，1890年の勅令によって農商務省官制の改正が実施され，それに基づいて設置された商工局が「保険営業ニ関スル事項」を担当した。1900年には商工局に保険課が設置され，初代保険課長に矢野恒太が任命され，1890年代半ば以降の約10年間に保険行政の枠組みが確立された。

（2）戦前の保険行政

戦前の保険行政を系統的に論ずる用意はない。類書に譲ると書きたいところであるが，青谷和夫［1974］の大著を除けば，この問題を系統的に論じた文献を思いつかない。ここでは戦前の業界誌による論評をいくつか紹介し実態の一端に迫りたい。

158　第8章　共済問題と保険政策

　『保険銀行時報』[1924.1.20]はある生命保険会社役員の談話を載せている。銀行，運輸などどの産業でも監督官庁は「何れも皆手を引いて，宛然母親が愛児に対するが如き態度を採っている」が，保険には何もしない。保険業法以来「保険会社は全く独立，独行で漸次発達し」たにもかかわらず，「未だ会社に悪い事はないか，と四六時中刑事の眼を持って観ている」。監督官庁が保険業の保護育成を図らない一方，取締りにのみ精励すると嘆いたものである。
　もっとも，損保と生保では態度が違ったようで，火保助成金問題を論じた『保険日日通信』[1932.11.22]は，「元来，吾人の観を以てすれば商工省保険部は火災保険業を道楽息子の如くに扱かって居るのでは無いかと思われる節が少く無い。一方生命保険業に対する監督―世話焼―干渉―は至れり尽せりで有るが，火保業に対してはドウも親切味が足りない」と，火災保険が疎まれていたことを示唆している［傍点は引用者］。
　関東大震災の半年前に保険課長に就任した中松眞卿は「談叢・国民生活と保険」[『保険銀行時報』1923.4.20]において「栄転か左遷か判らないが，この椅子に行けと命令されたから来たに過ぎない」と述べ，それまで特許畑にいたから保険は皆目分からず，「謂はば監獄を未だ嘗て一回も見たことのない人間が投獄せられたと同様」と奇妙な比喩を使っている。彼は関東大震災後の保険金騒動では表に立つことはほとんどなかった。何代か後の損害保険課長石井銀弥「火災保険に対する一契約者としての感想」[『保険評論』1930.8.25]も「保険のことは全く素人だから感想も抱負も見当がつきません」と述べている。商工省保険部は必ずしも保険の専門家を起用することなく，時にはズブの素人を保険行政の中枢に当てていた。
　農商務省の役人には保険はその程度のものであったらしく，次の指摘がある[『保険日日通信』1935.2.28]。「監督官署としての保険部は，商工省に於て，余り重視されていない。夫れだけに，保険部に勤務される当局官にしても，其の当路に就いての熱意は自から他部局の人々より薄いのは，已むを得ない人情であろう，されば保険業界の安寧発達を図るが為めに自己の栄進を賭して迄，上司又は他関係官庁に強硬なる態度を執り得ないのは当然である」。

風水害保険の二度目の認可申請を行った会社に音沙汰なしと報じた記事[『保険銀行時報』1935. 8. 15]は二点を指摘した。第一点は「調査，研究に名を藉って民間の要望事項に容易に諾否を与えないのは官辺の常套手段だが商工当局も，その悪弊が特に甚だしい」。第二点は役所の人事制度である。「いま一つ新保険の認可を阻むものは，頻々たる官吏の更迭を挙げねばならない。即ち今日の官界は，或る特殊の官吏を除き普通の行政官吏は，一箇所に長期間停っているようでは地位の向上は望めない。依って本人も地位向上の為に適時異動することを希望すると共に，政府に於ても政府の都合又は人事行政の関係で異動転任を頻繁に行うのである。商工当局も御多分に洩れず，保険局官吏の転出転入常なき為，保険に関する理論を研究し，保険行政の真髄を把握して，真に業界の為に指導善処する余裕を与えられない。折角保険のことが分りかけた頃には他局転任となるから，保険制度の根本理論など判る筈なく，また調査研究しようとしても，旨く行く道理がないのである」。

松本烝治の商工大臣就任を歓迎した『保険銀行時報』[1934. 7. 5]によると，「既に保険行政布かれて37年，内閣の更迭30回に及び，主務大臣の変ること32人，保険課，部長の交代すること16人となる。銀行業が銀行局に，船舶業が管船局に，鉱山業が鉱山局に依って夫々監督せられているのに，保険業が一部（保険部…引用者注）によって監督せられているのはその実情に照し不可である」。

要するに，①監督官庁は保険業に対して概ね保護育成の視点を欠き，監督ないし取締りの態度に終始したこと。②役人は保険業に官吏として魅力を感じていなかったこと。③官庁内の人事異動が頻繁であったこと。④保険に無知の役人が管理職に就いたこと。政策立案などできる体制ではなかったと思われる。

(3) 戦後の保険行政

第二次大戦後も商法と業法のセットはそのまま踏襲された。監督権は，生保資金に目をつけた政府によって1941年に商工省から大蔵省に移管された。この時には保険行政の厚生省移管が論議されたが，もしそれが実現していればその

後はどうなっていたのであろうか。

　戦後は「大蔵省―生保・損保協会」による行政主導・業界協調の体制がとられた。保険政策は金融政策の一環に位置付けられ、「護送船団行政」と呼ばれる保護行政——潰さないとの単一目標の政策——が続けられた。さらに、保険業と他の金融業の業態との間に高い垣根が設けられた。また、協調価格制が金融の業態ごとに堅持された。保険市場は基本的には市場経済に属すが、価格競争と商品競争を欠くという異常な事態が続いた。この間の行政と事業の実態については水島一也「日本の産業組織・生命保険」[1974]に詳しい。

　行政と業界の関係は「牽引行政」「許認可行政」といった言葉に示されるように、業界はむろん個別会社に自主性を発揮する余地は限られた。それを行政担当者がじかに証言している［拙稿，1982］。業界は「教育ママの過保護下にある小学生」にたとえられた上に「自己努力なしに何でもかんでも大蔵省に持ち込もうとする姿勢」を批判され（1973）、また「保険事業を担う主体は、保険会社であって当局ではない…私はしばしば自分に言い聞かせています」とまでいわれた（1976）。戦後の多くの時期を通じて大蔵省が保険行政の主導権を発揮したことは確かであった。それを保険監督と呼ぶことはできても、保険政策と呼び得るかどうかは疑問である。少なくとも一国全体の保険政策を決定し得る立場にはなかったと見なければならない。

（4）金融制度改革

　保険監督に大きな転換が訪れたのは、金融制度改革の一環としての保険制度改革であった。これについては保険審議会会長であった水島一也［第8版、pp. 126-150］に詳しい。ここでは要点のみを摘記しておく。

　欧米における金融自由化とそれに関わる保険市場改革に日本も遅れて追随した。欧米の改革は、金利自由化、業務範囲の自由化そして国際化を中心とした。保険改革は遅れて進展したが、日本では1992年保険審議会答申「新しい保険事業の在り方」がリスク対応、生損保の相互参入、販売組織の活動の緩和、そして業務範囲の拡大による総合金融機関化への道を開く方針を明らかにした。

1996年には保険業法が改正された。さらに2000年6月保険監督行政が転換された。従来の「箸の上げ下ろしにまで口出しする」という「監督行政方針の根本的な転換」が表明された。そして市場規律に即した保険会社の自己責任原則に立つ経営管理を尊重し，事後的な検査を通じて，内部管理ならびに外部監査の妥当性を検証する」。つまりは保護方針から保険会社のリスク管理へ，さらに利用者保護の徹底へと転換された。これは，旧大蔵省の守備範囲に属した領域内での改革であった。しかし，金融制度というより広い領域内の改革に合わせた保険業の改革であったことは大きな意義を持った。

　以上，無認可共済と類似保険の事例研究を行い，保険監督について史的素描を試みた。ここでは，もう少し視野を広げて「保険政策」という観点を導入してみたい。わが国において保険がいかに受け止められてきたかを考える契機になれば幸いである。

4．保険政策の不在

（1）保険政策と保険監督・保険規制

　わが国の保険研究史を振り返ると，保険政策に関する研究が欠けていたように思う。「保険政策」を表題に含む単行本は3件を数えるにすぎない。テキスト類にも「保険政策」を論ずる章はほとんど置かれていない。一方，経済政策はむろんのこと，金融政策や証券政策など近縁の分野では少なからぬ政策研究が蓄積されており，保険とは好対照をなしている。

　「保険政策」という章を末尾においた白杉三郎［1954］は，「保険政策は，経済政策の一部であって，国家が国民経済の立場から，保険制度の形成に対して採る方策」と定義した。さらに「現代においては，国家は，保険の私経済ならびに国民経済上の重要性に鑑み，保険制度の健全な発達を図るため種々の方策を講ずるに至り，保険政策は，ますます保険の全範囲に及び，普遍的かつ助長的となった」と述べている。

第8章　共済問題と保険政策

　保険政策は，保険制度の「健全な発達」を図るために，一国の経済全般に関する政策目標の中に整合的に位置付けられた種々の方策を指す。敷衍していえば，保険はリスクがあればどこにでも存在するから，公私ともに多彩な保険が見られるが，それらを経済政策のグランドデザインに基づいて，例えば国民福祉の増大に寄与するように，整合的に配置し，各々の長所を発揮せしめる一方で短所を矯めるように調整する国家の目標と活動を指している。それには，保険制度それ自体についての基本理念（グランドデザイン），それに基づく保護育成策と利害調整，そして監督取締りが含まれる。

　保険政策がテーマとして選ばれることが少ないことは，研究者の問題意識の偏りもさることながら，保険政策の不在という現実を反映するのであろう。一方，多くの文献は保険監督や保険規制の項目を置いている。つまり，保険政策そのものは不在であり，論じられることは少ないが，保険監督や保険規制は実在し，かつ大いに論じられているという図式になる。

　保険監督は，白杉三郎［1954］によれば，「私営保険事業の経営に対する国家の取締りをいう」。取締りは交通違反取締りや麻薬取締法のように不正行為や犯罪に対する措置を指すが，保険でも「保険募集取締法」が保険募集に関する不正や非行を取り締っていた。保険監督という時には指導や統制を含むもう少し広い概念であろう。規制という言葉は行動の制限や束縛を意味するから，保険監督と同系列に属する。しかし，監督や規制という言葉には，少なくとも語感として「健全な発達を図るため種々の方策を講ずる」という意味は希薄である。監督や規制は保険政策の一部を占めるが，保険政策それ自体ではないと理解しておきたい。

（2）保険政策不在の領域

　経済分野では一般的に論じられる「政策」が保険では論じられず，専ら保険監督か保険規制が取り上げられる。保険研究ではこうしたスタンスが一般的であった。保険政策を保険業法によって設立された生損保業を対象にすると限定的に理解したとしても，なお先の「政策」概念に照らせば不十分な面があった。

4. 保険政策の不在　163

ましてやこれ等の境界外にある同種の活動——公的保険，簡易保険，各種共済など何らかの生活保障サービスを提供する諸制度——との間に整合性を求める動きは少なかったと思われる。以下，類似保険・無認可共済の分野以外における保険政策の不在を示唆する領域を挙げておきたい。

① 地震リスク

　地震はわが国土の宿痾であり，数年おきに大地震がどこかの地域を襲う。地震によって甚大な被害が出るから，保障が切望され，大地震のたびに国営地震保険制度の創設が求められてきた。現行の地震保険の原案というべきものはすでに戦前に作成済みであったが，新潟地震を契機に手直しされて導入された。しかし，現行の地震保険は地震リスクへの保障という観点から見ればさほど有効とは見られない。阪神淡路大震災の後には兵庫県による共済案が提案されたが，しかし，一般の反応ははかばかしくなかった。今後とも自然災害の多発傾向が予測されるから，保険システムの効果的な構築が考えられるべきであろう。

② 生損保間の非整合性

　同じ省庁の監督下にあっても問題が解決されるとは限らない。第三分野問題が典型例で，これは生損保間の境界争いとして出現し，行政による妥協的措置が講じられた後，長い間，保険の基本原理に基づいて解決されることなく存続してきた。問題の一つは，基本法である商法の規定が曖昧で矛盾を含むにもかかわらず，その点の解決が1995年の業法改正まで放置されてきたことであろう。改正の機会を見逃して常に先送りされたという点で，日本社会の問題解決パターンの典型例でもあった。

③ 自動車保険と簡易保険

　保険システムが省庁間にまたがって存在する場合がある。典型は自動車保険と簡易保険である。前者では二つの保険システムが補完的に配置される。後者ではその点はやや曖昧で，競争的なニュアンスが入ってくる。

まず，自動車事故の被害者救済については基本的保障を自賠責が担当し，それ以上の責任リスクは任意保険が保障を提供するといわれた。両者の関係については様々な問題点が指摘され，傷害保険案など解決策が提示されてきた。しかし，被害者救済の観点から，さらに自動車だけでなく広く事故一般へ保障という観点から，保険政策が展開されたことはない。

戦前に逓信省によって簡易保険が導入された。イギリスの「労働者保険」(industrial insurance) に倣った低所得者向け保険であり，小口・無診査・月払い・集金制という特徴を持っていた。簡易保険について設定された限度額の引上げのたびに民間生保との間で軋轢を生じた。しかし，民間生保が同じ階層に同種の保険を提供し得なかった以上，簡易保険には存在意義があった。第二次大戦後，経済成長に伴う所得水準の上昇に伴い，低所得者向けという簡易保険の存在意義は薄れてきた。そこで「普く生命保険を国民に提供する」保険へ路線転換が図られた。この時点で廃止，民営化，特権放棄などいくつかの選択肢があった。しかし，生活保障サービスの提供という点から所轄官庁の異なる機関を調整するところはなかったから，なし崩し的に民間保険と簡易保険の共存が続いた。民営化の状況を迎えても基本的な関係に変化はないと思われる。

ちなみに簡易保険は「アウトサイダー」と呼ばれた。部外者，局外者の意味であろうが，日本社会の秩序意識から見ると，ソトとウチは，内野と外野のように格別のニュアンスをこめて使われる。しかし，簡易保険を主要な保障手段とする階層から見れば，民保の方がアウトサイダーであろう。

④ 公・私保険システムの非整合性

同一リスクに対して公的保険と私的保険が併存する場合がある。年金や医療の分野では社会保険が基本的保障を与えつつ，私的保険が補完的役割を果すものとされ，これまでは比較的うまく機能してきた。しかし，近年のいわゆる「社保庁問題」や「年金不払い問題」を別にしても，公的年金へ非加入のまま個人年金へ加入するものが出るなど制度に綻びが見える。医療保険についても財政面の問題や医療全般にわたる問題点の輩出の外，私的保険の公的保険領域

への密かな侵食が企てられ、やがてアメリカ化に至るのではと警戒されている。

公・私保険システムは確かに原理や方法は基本的に異なるが、重要な生活リスクに対する生活保障という目的では共通しており、その立場から効果的に保険システムを構築するという考え方は成立つであろう。そのためには政策的整合性や領域調整が検討されるべきである。公・私保険システムのあり方が保険の基本理念という観点から論じられたとしても、それが政策に反映されたことはなかったのではないか。

5. 結 び

日本の保険業や保険監督を考える時、筆者は、日本の文化あるいは社会の型として「ササラ型とタコツボ型」を析出した丸山真男［1961］『日本の思想』を想起する。「手のひらでいえばこういうふうに元のところが共通していて、そこから指が分かれて出ている、そういう型の文化をササラ型」と呼び、タコツボ型は「文字通りそれぞれ孤立したタコツボが並列している型」を指すとした上で、丸山真男は「近代日本の学問とか文化とか、あるいはいろいろな社会の組織形態はササラ型でなくてタコツボ型」であると指摘する。

銀行、証券、生保、損保といったタコツボが並ぶさまを想像してみよう。タコツボは業法と団体を持ち利害を共有する「業界」を指している。タコツボの内部には規制を加えることができるが、タコツボの外に蠢くものには誰も手を出さず、出すこともできない。外の世界は異境で、そこにはアウトサイダー（類似銀行業や闇金融など）がいる。

国民の生活保障システムという視点で見れば、それぞれのタコツボは独自に生活リスクの一部を切り取って保障サービスを提供している。それから洩れるものが出る一方、規制が及ばない野放しの団体が出る。さらに、多くのタコツボが有機的な関連を持つことなく自己主張を行うことが保障における非効率と過剰を生み出す。それゆえ、われわれは「ササラ型」へ移ることができる。タコツボを壊し、それぞれが有機的に連携しつつ国民生活に必要な保障サービス

を与えることができる。保険制度改革が部分的にそれを実現した。

　以上は筆者の勝手な想像に過ぎないが，保険という手のひらから，それぞれの特色を生かした指を伸ばすことができるのではないか。共済問題は，保険だけでなく日本社会全体がタコツボ型であったことを象徴する問題であろう。

　各々の保険機関が独自の存在理由を強調することは自由であるが，しかし，どれが本筋でどれがアウトサイダーか，という色分けはあり得ない。保険と共済は保障の観点からは対等である。さらに少子高齢化や自然災害・地域紛争の多発といった生活リスクの構造変化を見通して，公的保障と私的保障の整合性が考えられるべきであろう。保険という大きなグランドデザインに基づく考察と政策が望まれる。例えば保険基本法のごときものが考えられるであろう。

参考文献
青谷和夫［1974］『保険業法 上・下』千倉書房
笠原長寿［1982］『協同組合保険論集』共済保険研究会
金融審議会金融分科会［2004.12］「無認可共済への対応に係る論点整理」
国民生活センター［2004.6］「根拠法のない共済（いわゆる"無認可共済"をめぐる現状等について）」
『週刊エコノミスト』［2004.3.30］「共済の損得」
『週刊東洋経済』［2004.2.7］「徹底解剖知られざる『共済』」
白杉三郎［1954］『保険学総論〔再訂版〕』千倉書房
総務省行政評価局［2004.10］『根拠法のない共済に関する調査（中間取りまとめ結果）』
田村祐一郎［1982］「戦後35年保険業の回顧と展望・生命保険について」『保険学雑誌』495
保険学会［2006］「いわゆる『無認可共済』問題の総合的検証について」『保険学雑誌』第592号
水島一也［1974］「日本の産業組織・生命保険」『季刊中央公論春季号経営問題』
水島一也編著［1987］『生活保障システムと生命保険産業』千倉書房

第9章　金融ビッグバンと保険経営

佐藤　保久

1. はじめに

　本章では，以下3点を取り上げる。
　まず最初に，1996年11月11日橋本首相が三塚大蔵・松浦法務両大臣（いずれも当時）に指示した「金融システム改革への取り組み」――いわゆる"日本版金融ビッグバン"（以下，金融ビッグバン）について，その背景，内容について確認する。
　次に，金融ビッグバン指示に遡ること7カ月余の同年4月1日改正保険業法の施行によって開始された保険制度改革の内容について確認するとともに，金融ビッグバン指示以降実施された一連の金融制度改革と保険制度改革との関連について考察する。
　最後に，こうした改革の進展が保険経営に与えた影響について，業績面を中心に検証する。

2. 金融ビッグバンの背景と内容

(1) 金融ビッグバンとは

　ビッグバンは，1988年10月イギリスのサッチャー首相によって実施されたイギリス証券市場の大改革を総称する言葉として各方面に知られることとなった。すなわち，ビッグバンの本来的意味である"大爆発"になぞらえて，証券市場改革を短期間に徹底する決意を内外の市場関係者に示すべく使用された表現で

あり，いわばサッチャー改革のキャッチフレーズと位置付けられよう。

イギリス証券市場改革が期待どおりの成果をあげたことから，ビッグバン＝大改革と捉えられるようになり，わが国でも，橋本首相が指示した金融制度改革への取り組み方を総称する表現として，金融ビッグバンが使用されるようになったのである。

（2）金融ビッグバンの背景

1996年11月7日，直前の総選挙で勝利し第2次橋本内閣をスタートさせた橋本首相が，その発足にあたり掲げたのが6大改革，具体的には行政・財政構造・金融システム・社会保障制度・経済構造・教育に関する改革の実施であった。

わが国では戦後から90年代まで，中央省庁が歴代内閣をその行政遂行能力によって支えてきことから，各種の改革を実行するにあたっても，彼らに繋がる各種審議会の審議を経て漸進的に実行されるのが常であった。したがって，時の首相が改革宣言をしたからといって，改革項目・スケジュールが策定され，即開始されることなど考えられないことであった。

特に金融制度改革については，大蔵省（当時）の強力なリーダーシップのもと官民合作の制度改革が実施されてきたことが衆知の事実となっていたわけであり，大蔵省・金融業界の視線は，どちらかといえば時々の内閣より欧米との金融協議に向けられていたといってよい状況が続いていた。

それだけに，関連事項を所管する大蔵・法務両大臣に対し首相が直接指示をした金融ビッグバンは，その手法がわが国政策遂行上極めて異例の手法だったことから，逆に内外の関係各方面に首相の強い政治的決断と受け止められ，その後に続く一連の金融制度改革の出発点となったのである。

特に，対日要求に対するわが国の回答に強い不満を表明していた欧米諸国からは，わが国の金融市場を欧米流の市場メカニズムと自己責任原則に基づく国際金融市場へと変化させる決意表明と受け止められ，金融ビッグバンは今日まで続く対日投資拡大の契機となったのであった。

戦後一貫して護送船団行政のもと業界協調体制を維持してきた金融業界にとっては，まさにビッグバン（大爆発）であったのである。

(3) 金融ビッグバンの内容

それでは，橋本首相は金融制度改革に関し何を指示したのか。指示内容を以下に紹介するが（西村[2003]），橋本首相の強い政治的決断を読み取れる内容となっていることに注目したい。

　　　　わが国金融システムの改革―2001年東京市場の再生に向けて

1　目標：2001年にはニューヨーク，ロンドン並みの国際市場に
　（1）優れた金融システムは経済の基礎をなすものである。21世紀の高齢化社会において，わが国経済が活力を保っていくためには，
　　①　国民の資産がより有利に運用される場が必要であるとともに，
　　②　次代を担う成長産業への資金供給が重要，
　　③　また，わが国として世界に相応の貢献を果たしていくためには，わが国から世界に，円滑な資金供給をしていくことが必要，
　このためには，1200兆円ものわが国個人貯蓄を十二分に活用していくことが不可欠であり，経済の血液の流れを司る金融市場が，資源の最適配分というその本来果たすべき役割をフルに果たしていくことが必要。
　（2）欧米の金融市場はこの10年間に大きく変貌し，これからもダイナミックに動こうとしている。わが国においても，21世紀を迎える5年後の2001年までに，不良債権処理を進めるとともに，わが国の金融市場がニューヨーク・ロンドン並みの国際金融市場をとなって再生することを目指す。
　これには，金融行政を市場原理を機軸とした透明なものに転換するだけでなく，市場自体の構造改革を成し遂げ，東京市場の活性化を図ることが必要。
　（3）上記の目標を実現するため，政府・与党を挙げて，次の課題について直ちに検討を開始し，結論の得られたものから速やかに実施し，今後5年

間の内に完了することとする。
2 構造改革への取り組み：2つの課題（「改革」と「不良債権処理」）
　目標達成に向けて，市場の活力を蘇らせるためには，市場の改革と金融機関の不良債権処理とを車の両輪として進めていく必要がある。
（1）改革：3原則（Free, Fair, Global）
　① Free（市場原理が働く自由な市場に）―参入・商品・価格等の自由化
　② Fair（透明で信頼できる市場に）―ルールの明確化・透明化，投資家保護
　③ Global（国際的で時代を先取りする市場に）―グローバル化に対応した法制度，会計制度，監督体制の整備
（2）このような徹底した構造改革は，21世紀の日本経済に不可欠なものとは言え，反面さまざまな苦痛を伴うもの。金融機関の不良債権を速やかに処理するとともにこうした改革を遂行していかなければならないので，金融システムの安定には細心の注意を払いつつ進めていく必要がある。

　橋本首相による金融ビッグバン指示を受け，関連する審議会に対し，2001年までに金融システム改革を完了するプログラムを取りまとめるよう要請がなされ，各審議会の検討が開始されることとなった。
　既に官民合作の段階的金融自由化を受け入れてきたわが国金融業界であったが，首相指示を受け，金融構造の改革を含む本格的金融自由化時代を迎えることとなったのである。

3．保険制度改革との関連

（1）保険制度改革の背景と内容

① 背　　景
　1900年制定の旧保険業法は，その後数次にわたる改正を経た後，1939年戦時

統制色を強める改正がなされ，戦後から今回の抜本的改正まで根拠法として位置付けられていた。戦後半世紀を経過する間に隣接業界の根拠法が戦後経済・社会の変遷に合わせ逐次改正されたのと比較し，"カタカナ業法"と揶揄される所以であった。

とはいうものの，保険業界を取り巻く環境が全く変化しなかったわけではなく，生・損保両業界ならびに保険制度利用者が，時代遅れの業法のもと，不便をかこっていたことは否定し難く，業法改正は業界の悲願でもあったのである。

80年代に入り，保険業界を取り巻く著しい環境変化——たとえば，少子・高齢化の進展，保険制度利用者の意識・価値観・ニーズの多様化，ライフスタイルの変化，金融機関としての地位向上・役割期待の変化，外資系会社の進出等々から，関係各方面で業法改正を求める意見が高まり，戦後初の大改正が実現したのである。

改正保険業法の施行日は，金融ビッグバン指示を遡ること7カ月余の96年4月1日であり，今日まで続く保険制度改革の始まりであった。

② 内　　容

保険制度改革は，
(1) 規制緩和・自由化の推進
(2) 保険業の健全性の維持
(3) 公正な事業運営の確保

を三本柱として実施され，それぞれに以下の主要項目が盛り込まれた。
(1) 規制緩和・自由化の進展
　・生・損保の相互参入
　・商品・保険料率の一部届出制の導入
　・生命保険募集人の一社専属制の一部緩和
　・保険ブローカー制度の導入
　・損害保険料率算定会制度の改正
(2) 保険業の健全性の維持

・保険経理規定の整備
・ソルベンシーマージン基準の導入
・経営危機対応制度の整備
(3) 公正な事業運営の確保
・相互会社の企業統治に関する改正
・情報開示規制の強化
(4) その他
・相互会社の株式会社化容認

　上記のごとき保険制度改革の狙いが，金融ビッグバンと同一方向にあったことは疑いなく，7カ月後に指示された金融ビッグバンの狙いを先取りする形で，保険制度改革が開始されたとみてよい。

(2) 金融ビッグバン指示後の保険制度改革

　先述したとおり，橋本首相指示を受け，各審議会の本格的議論が開始されたわけだが，この結果96年12月20日開催の保険審議会総会において，保険業および保険監督行政における基本的な問題を検討するための「基本問題部会」の設置ならびに検討期間を97年6月までとすることが決定され，同時に今後の検討項目も決定された。以下に主要検討項目を紹介しておく。

・算定会の改革等自由化措置
・業態間の参入促進
・持ち株会社制度の導入
・銀行等による保険販売等
・トレーディング勘定への時価評価の適用

　こうした保険審議会の決定に大きな影響を与えたものとして，同年12月15日の日米保険協議の決着を指摘したい。すなわち日米保険協議の決着によって，算定会料率使用義務の廃止に象徴される損害保険料率・商品開発面にかかわる規制緩和が一挙に進展したことは否定できず，極論すれば96年の保険審議会は，ビッグバン指示を受けての開催ではあったものの，実態的には日米保険協議の

3．保険制度改革との関連

決着を日本流にオーソライズしたとの見方もできるからである。

こうした結果わが国保険業界は，1996年4月1日の改正保険業法の施行以降，11月11日の橋本首相による金融ビッグバン指示，12月15日の日米保険協議の決着と大きな曲がり角を迎えることとなったのである。

わが国保険制度改革を巡る一連の動きのなかで，大きな影響を与えたのが，「金融システム改革のための関係法律の整備に関する法律」（以下，1997金融システム改革法）の制定である。従来わが国では，銀行・証券・保険各業態がそれぞれ別個の根拠法・審議会に基づき制度改革を実施してきた。その結果，業態毎に制度改革が実施され，金融制度としてまとめてみると，整合性を欠く場面がなきにしもあらずであった。

1997金融システム改革法はこうした従来の考え方を一変し，各業態に関連する23本の法律改正を一挙に処理することを目的としたものであり，今日まで続く金融制度改革を方向付ける法律であった。見方を変えれば法整備に関する当局の考え方が大きく舵を切った瞬間といってもよく，各業態の垣根が一段と低くなることを容易に予想させる法律の誕生と位置付けることができよう。

同法は，①資産運用手段の充実，②活力ある仲介活動を通じた魅力あるサービスの提供，③多様な市場と資金調達チャネルの整備，④利用者が安心して取引を行うための枠組みの構築，を柱とする法律であり，主な保険制度改革関連事項を列挙すれば，以下のとおりである。

・投信の窓口販売の導入
・有価証券投資範囲の拡大
・損害保険分野における算定会料率使用義務の廃止
・他業態からの保険子会社による参入
・情報公開の充実と公正な取引ルールの整備
・情報開示制度の整備
・早期是正措置の導入
・保険契約者保護機構の創設

まさに最近10年間の保険制度改革に繋がる主要項目が網羅された法律といっ

ても過言ではなく、保険業法の改正によって認められた生損保相互参入と相俟って、わが国保険業界に大きな影響を与えることとなったのである。

(3) 保険制度改革におけるビッグバンの役割

前述のとおり96年度は、保険制度改革の進展にとって特筆すべき1年であった。改正保険業法の施行によって保険制度改革が開始されたとはいえ、監督官庁ならびにわが国保険業界にあった従来からの行動基準によれば、一気呵成に制度改革が進展するとは考えにくく、経験則に立つならば、護送船団行政の枠内での改革にとどまることは容易に予想できることであった。しかし橋本首相によるビッグバン指示は、こうした経験則に冷や水を浴びせたわけであり、さらに日米保険協議の決着が保険制度改革に後戻りのできない改革レベルを設定したのである。

たとえば、①欧米の保険会社が強く求めたリスク細分型自動車保険の通信販売が短期間に認可されたこと、②限りなく国内問題に近いテーマと位置づけられていたこともあり、銀行による保険窓販を07年12月22日全面解禁すべきか否か、本稿執筆段階で結論がだされていないこと、両者を比較してみれば、自ずと日米保険協議の決着が関係者に与えた影響の大きさを理解できるのである。

すなわち、改正保険業法の施行、ビッグバン指示、日米保険協議決着とつづいた一連の動きは、護送船団行政の恩恵を十二分に享受してきた保険村から、銀行・証券をも巻き込んだ競争社会へと脱皮するホップ・ステップ・ジャンプの機会を保険業界にもたらしたのであり、多方面から名実共に金融機関として認知される契機ともなったのである。

4. 保険経営への影響

(1) 生保業界

それでは、改正保険業法の施行、金融ビッグバン、日米保険協議と続いた一

4. 保険経営への影響

連の保険制度改革は，保険会社の経営面に如何なる影響を与えたのであろうか。

まず，生保業界から検証してみよう。

生保業界では，残念ながら，以下に指摘する諸要因が複雑に絡み合い，保険制度改革の恩恵を経営面に反映できてない，とする見方が大勢である。

すなわち，

(1) 既に61年から契約者配当の自由化に踏み切っており，新契約保険料への幅料率の適用も76年から実施していた

(2) バブル崩壊後の株価低迷，超低金利政策の導入により，運用利回りが予定利率を下回る逆ザヤ現象が経営を圧迫，91年12月には予定利率の引き下げ（戦後初めての保険料引き上げ）に追い込まれていた

(3) 日米保険協議の決着により，生保による第三分野商品の取り扱いが01年まで延期された

(4) 97年4月には，日産生命が逆ザヤ解消に行き詰まり業務停止に追い込まれ（戦後初めての生保会社倒産），その後も6社が相次いで経営破綻するなど，利用者に深刻な影響を与えることとなった

(5) さらに保険金不払い問題を出来させ，生保会社の存在意義を根底から揺さぶることとなった

等々の諸要因が複合的に作用し合い，保険制度改革開始以前から利用者の間に芽生えていた"生保離れ"を決定的な社会現象としてしまったといえよう。

結果として，生保業界では，自由化の恩恵を新ビジネス・モデルとして構築することができないまま，今日を迎えていると指摘せざるを得ないのである。

図表9-1は，最近の生保業績（個人保険）の推移についてまとめたものである。一見すると，①終身保険のシェア低下と医療保険の上昇，②収入保険料の減少傾向，を指摘できるわけだが，こうした業績動向が保険制度改革の結果出現したと結論付けできないところに，苦悩する生保経営の現状が表れているのである。

図表 9-1　個人保険業績の推移

	95	96	97	98	99	00	01	02	03	04	05
新契約保険件数（万件）	1,463	1,220	1,086	1,121	989	1,019	1,108	1,104	1,036	1,003	990
うち終身保険	― (27.1)	― (31.4)	― (32.3)	365 (32.6)	― (33.0)	― (33.5)	337 (30.6)	331 (30.0)	285 (27.6)	260 (25.6)	255 (26.0)
うち医療保険	― (14.4)	― (18.0)	― (21.0)	252 (22.5)	― (24.9)	― (24.3)	319 (28.9)	348 (31.6)	390 (37.8)	376 (37.5)	405 (40.9)
保有契約件数（万件）	13,072	13,003	12,432	12,012	11,587	11,272	11,084	11,017	10,934	10,961	10,998
うち終身保険	― (29.6)	― (30.7)	― (32.1)	4,002 (33.4)	― (34.2)	― (34.6)	3,841 (34.4)	3,831 (34.8)	3,811 (34.8)	3,751 (34.3)	3,747 (34.1)
うち医療保険	― (16.0)	― (16.7)	― (17.8)	2,292 (19.1)	― (20.4)	― (21.5)	2,634 (23.8)	2,738 (25.2)	2,966 (27.2)	3,136 (28.7)	3,359 (30.5)
収入保険料（億円）	183,877	176,227	177,397	179,456	166,757	161,649	156,716	157,224	148,673	148,853	150,720

出典：95-02 は、『生命保険ファクトブック』（生命保険文化センター）各年版、03-05 は、『生命保険の動向』（生命保険協会）各年版より作成
（注1）終身保険には、定期付終身保険・利率変動型積立終身保険を含む。医療保険には、ガン保険を含む（なお、95・96・97 は疾病保険を、99・00 はその他死亡保険を記載）
（注2）（ ）内は構成比、―は内訳数値未公表

（2）損保業界

　一方損保業界に目を転ずると，保険制度改革の影響が，戦後長年にわたって料率算定会制度によって価格競争・商品開発競争を封印してきた損害保険業界に大きく現れたと指摘できる（詳細は後述）。

　こうした生・損保両業界の現状に鑑み，本章では，損保業界なかでも収入保険料の50％超を占めていた自動車保険料率の自由化に焦点を絞り，その経緯と影響について検証する。

① 自動車保険料率自由化の経緯

　96年10月自動車保険通信販売の認可，生損保相互参入の開始，同12月日米保険協議決着，97年9月リスク細分型自動車保険の認可，98年7月算定会料率使用義務の廃止（経過措置2年間），00年7月料率完全自由化と続く一連の流れは，戦後半世紀にわたりわが国自動車保険市場を支えてきた算定会料率・SAPに代表される業界共通商品の体系を，瞬く間に消滅させることとなった。

　自動車保険分野では戦後長期間にわたり，自動車保険料率算定会制度に基づき各社同一の料率・商品体系が維持されてきたわけだが，今回，実態的には対日要求を受入れる形で，まさに「上からの料率自由化」が実施されたのである。

　一般的に，金融自由化，なかでも金利・手数料・保険料等の自由化（以下，料率自由化）が進展すると，金融機関経営に質的変化が起こるとされている。具体的には，店舗配置・販売チャネルの見直し，要員・経費の削減等コストダウンに注力する動きが表面化し，さらに利用者に受入れられやすい新商品の開発に踏み切るのが通例であり，また，業務範囲の自由化とも相俟って異業種からの新規参入も活発化する。さらに，経営内容の特化，金融機関の提携・合併を引起こすことも，よく知られている。たとえば，80年代から90年代にかけての欧米金融機関の対応がこうしたケースに該当するとみてよく，料率自由化を契機とする損保業界の動向も，後述のとおり同様の動きと指摘できるのである。

② 自由化の影響：１各社の対応と企業合併の実現

そこで，料率自由化への各社の対応について，自動車保険に焦点を絞り概観してみると，以下の諸点を経営サイドが意思決定した具体的動きとして取り上げることができる。

（a）新商品の開発

①補償範囲の拡充・細分化，②特約の新設，③他の損保商品とのセット販売の実施，④販売対象を特定した商品の開発，⑤保険料割引範囲の拡大，⑥払戻金・返戻金の新設，等々

（b）契約者サービスの拡充

①事故受付日・時間の拡大・延長，②コールセンター，サービスセンターの新・増設，③損害サービス業務の均質化・スピードアップ，④保険料支払方法の多様化，⑤事故処理内容の拡充，等々

（c）新販売チャネルの採用

①インターネットの活用，②ダイレクト販売の導入，等々

しかしながら，各社の最たる動きは，後述する大手各社を中心とする企業合併の実現にあったとみてよい。

自動車保険市場は，自動車損害賠償責任保険を含め収入保険料の60％前後を占めていたわけだが，同時に，各社各様の販売・サービス体制が構築されるなど，経営資源が重点投入されていた経営上の最重要市場であった。こうしたなか，保険業法の改正に伴う生損保相互参入の実現により，96年10月から生保系損保６社が新規参入することとなっていただけに，各社ともそれなりの体制固めを攻守ともに行っていたことは，事実であった。一方，96年12月の日米保険協議の決着を契機とした料率自由化が，各社の予想をはるかに上回るスピードとスケールでもって実施されたことは，当時のマスコミ報道等からみて容易に想像できる。

こうした結果，各社が意思決定した自由化対応の最たるものが，企業合併であったのである。すなわち，00年３月大東京火災と千代田火災による合併発表を嚆矢とする一連の動きである。以下，05年12月までの企業合併を確認してお

4．保険経営への影響　179

く（（　）内は，旧社名）。

01年4月　あいおい損保（大東京火災・千代田火災）
　　　　　日本興亜損保（日本火災・興亜火災・02年4月太陽火災）
　　　　　ニッセイ同和損保（同和火災・ニッセイ損保）
　　10月　三井住友海上（三井海上・住友海上・03年11月三井ライフ損保）
02年7月　損保ジャパン（安田火災・日産火災・02年4月第一ライフ損保・02年12月大成火災）
04年10月　東京海上日動火災（東京海上火災・日動火災海上）
05年4月　明治安田損保（明治損保・安田ライフ損保）

　こうした企業合併の実現に加えて，98年9月には警備保障業界最大手のセコムが東洋火災に資本参加（現セコム損保），さらにリスク細分型自動車保険の通信販売を主力とする新しいタイプの損保会社が相次いで営業を開始（99年7月アクサ，9月ソニー，00年6月三井ダイレクト，01年3月安田ダイレクト・現そんぽ24）するなど，異業種，外資等からの新規参入も相次いだのである。なお，リスク細分型自動車保険の通信販売を主力とする会社は，上記4社に加え，自由化以前よりわが国に上陸していたアメリカン・ホーム，チューリッヒを加え計6社となっている。

③　自由化の影響：2自動車保険業績の動向

　図表9-2は，95年度から05年度までの自動車保険の動向をまとめたものであるが，始めに95年度における営業収支残率の高さを指摘したい。戦後の損保経営の特質として各方面から指摘されている算定会料率の使用義務が，いかに潤沢な利益を業界各社にもたらしたかを，図らずも証明する結果となっている。

　次に，営業収支残率の低下傾向が指摘できる。損保経営の宿命として，営業収支残率が自然災害の発生に大きな影響を受けることは，よく知られたことであるが，こうした不確定要素を加味したとしても，営業収支残率が低下傾向にあることは，否定できない。さらに収入保険料に占める自動車保険料の割合が低下傾向を続けていることも合わせて指摘でき，料率自由化が損保経営に大き

図表 9-2 自動車保険の動向

	95年度	96	97	98	99	00	01	02	03	04	05
営業収支残率 (%)	9.80	7.94	7.02	5.16	3.78	1.97	4.67	5.11	5.31	3.53	3.99
収入保険料シェア (%)	51.48	51.17	51.71	52.29	52.98	53.74	54.26	50.37	48.57	48.09	47.78
件数（千件）	46,726	48,362	49,597	49,653	50,317	50,765	50,580	51,889	51,522	51,082	51,060
1件当り保険料（円）	75,671	75,454	74,375	71,941	71,473	72,004	71,621	69,232	68,769	68,425	68,437

(注1) 営業収支残率，収入保険料シェアは，正味ベース，件数，一件当り保険料は元受ベース
(注2) 損害保険協会加盟会社を対象とし，『インシュアランス統計号』（各年版）より作成

な影響を与えていることがみてとれる。

　総じて，料率自由化が教科書どおりの結果をもたらしていることが確認できるわけだが，自動車保険が依然として収入保険料シェアで45―50％前後を占める主力商品であるだけに，今後の各社対応が注目されるところである。

　一方，利用者への影響であるが，05年度販売件数が95年度対比9.3％増となっているなかで，自動車保険1件当り保険料が，通販3社の影響を受ける形で低下傾向を続けており（同9.6％減），件数増を単価減少が打ち消す構造が見て取れる。

　こうした料率自由化の進展を決定付けたのが，リスク細分型自動車保険の登場であり，通信販売の定着であったことは，否定できない。それは，外資系を含めた通販6社の市場シェアの着実な上昇（自動車共済も含めた全自動車保険料シェアにおいて，98年度末0.27％が05同3.23％）が如実に物語っていよう。

　算定会料率とSAPに代表される自由化以前の自動車保険――どの会社と契約しても同一料率・商品内容であったため，営業網・損害サービス体制のあり方が唯一の差別化要因であった――と比較し，9項目のリスク要因を組み合わせたリスク細分型自動車保険の登場は，その保険料の低廉さとも相俟って，利用者の目に新鮮な印象を与えたことは，容易に想像できる。こうした新商品を，代理店を介することなく電話・インターネット等によって購入できる新しいビ

ジネスモデルが，利用者に一定の評価を得ていることは，データ的にも明らかである。

わが国自動車市場の飽和状態化が各方面から指摘されるなかで，自動車保険件数が増加したことは，注目すべきポイントであり，料率自由化を契機とする業界各社各様の営業努力が自動車保険市場の拡大に繋がったとみてよい。事実，『ファクトブック2006 日本の損害保険』(06年9月，日本損害保険協会)から自動車保険加入率（年度末現在）の推移を確認してみると，対人賠償保険が95年68.8%から04年71.0%へ，対物賠償保険が同68.1%から70.8%へ，車両保険が同29.8%から36.3%へと，搭乗者傷害保険を除きいずれも加入率を増加させていることがわかる。

こうした結果からみて，料率自由化により登場した新ビジネスモデルの定着が，利用者の選択肢拡大——自動車保険市場の拡大をもたらしたと指摘できるのである。

5．おわりに

本章の最後に，金融自由化——ここでは，保険制度改革——と，金融機関利用者——具体的には，既にいずれかの保険会社と保険契約を締結している既契約者および今後保険契約を締結しようと考えている人，両者を指す（以下，利用者）——の自己責任原則との関連について言及しておく。

金融機関の説明義務と自己責任原則との関連ルールが未整備・未定着なこの時期に実施された自由化は，一方において利用者の選択肢を拡大させるメリットをもたらしたものの，他方において，契約条件を巡るトラブルを惹起する可能性が危惧されていた。特に保険制度の利用にあたっては，契約時点すなわち利用者が保険料を支出する時点と，保険事故発生すなわち保険サービスを享受する時点とにタイムラグが生じることが常識であり，思わぬタイミングで利用者が痛みを認識させられることが皆無とはいえないことに，監督当局・マスコミ・業界各社が尚一層留意すべきであったと指摘したい。

すでに1996年6月，保険審議会報告がその総論において「利用者の自己責任原則の確立が求められる中で，利用者が自らの利益を守るためには，保険会社による情報開示の充実等による十分な情報提供及び適切な監督が必要であるとともに，消費者自らが学べる場・機会の充実を図っていく必要がある」と指摘しているのも，こうした保険契約の特殊性を念頭に置いた指摘と理解すべきであろう。

保険制度改革の実施と，改革が実施された結果数々の恩恵を受ける利用者の自己責任原則とが，表裏一体の関係にあることは論を待たない。しかしながら，わが国における金融自由化の過程を確認してみると，利用者サイドにおける自己責任原則のあり方が全く考慮されることなく"上からの自由化"が実施されてきたことを指摘できる。結果として，金融自由化のスケジュールと利用者の自己責任原則のレベルに大きなズレを生じさせたことも否定できない事実といってよい。保険制度改革と利用者の関係もまた然りである。

保険金不払問題の発生が，監督官庁，マスコミ，保険業界が保険審議会報告の指摘を真摯に受け止めなかったことと無関係ではないと考えるのは，筆者一人ではないであろう。

自由化の定着には比較情報の提供が不可欠であることは当然だが，その前提として利用者サイドに自己責任原則が定着していることを忘れてはならない。なぜなら，比較情報を判断し，どの金融商品を購入するかを意思決定するのは利用者自身であり，その結果不利益を蒙るのも利用者自身であるからである。

第三者機関による比較情報の提供，金融機関の説明義務，利用者サイドの自己責任原則，三者が相俟って，初めて金融自由化の国民経済的メリットが確定するのである。保険制度改革においても，関連法規制の整備をもって改革終了とするのではなく，関連法規制の整備が制度改革の一里塚に過ぎないことを関係者一同銘記すべきであろう。

参考文献
相沢幸悦［2006］『平成金融恐慌史』ミネルヴァ書房

佐藤保久［2001］「生命保険業の自由化に関する一考察」『現代保険論集』成文堂
佐藤保久［2005］「金融自由化と自己責任・官僚制」『生命保険論集』第150号　生命保険文化センター
西村吉正［2003］『日本の金融制度改革』東洋経済新報社
保険研究会編［1995］『逐条解説 新保険業法』財経詳報社
水島一也他［1998］「金融ビッグバンと保険業」（平成10年度大会共通論題）『保険学雑誌』第563号　日本保険学会

第10章　保険会社とコーポレートガバナンス

岡田　太志

1. はじめに

　保険は，経済のある発展段階において人類の英知が生み出した制度のひとつである。そして，保険のみならず，およそ制度や仕組みは，その時代と地域において何らかの問題や課題が意識され，そうした問題や課題に対処すべく創造されている。多くの制度や仕組みは，それ自体を構築することが目的ではなく，それは何らかの目的を達成するための手段である。しかしながら，幾多の社会的制度は真空管の中に独立的に存在するものではなく，その作動特性は，背景となる社会経済的構造や文化的構造から不可避的に影響を受け，やがて規定され進化していくこととなる。ほぼ同様な制度が導入されたにもかかわらず，それによる成果が，国や地域という空間軸と時代という時間軸の違いによって少なからず異なってくるのは，そのためである。その際，経済のグローバル化を背景に，そうした制度や仕組みが，やがては国際的に収斂していくのか，それとも多様性を見せていくのか。換言すると，制度や仕組みは，単線進化論的展開を見せていくのか，それとも複線進化論的展開を見せていくのか。それは，最終的には国民の選択の問題であり，やがて現代的課題となってくる。本章では，保険会社とコーポレートガバナンスをテーマとし，小考を試みるわけであるが，こんにち盛んに議論されているコーポレートガバナンスに係わる問題も，おそらくはこうした事情の例外ではない。

　以上のような基本的問題意識をもちながら，本章では，以下，2．において，コーポレートガバナンス論の概略を整理し，続く3．において，保険会社のうち特に相互会社とコーポレートガバナンスについて考察する。最後に，むすび

にかえてにおいて，相互会社のコーポレートガバナンスの変革の可能性について述べる。

2．コーポレートガバナンス

(1) コーポレートガバナンス論の生成と背景

　コーポレートガバナンス（Corporate Governance）は一般的に企業統治と訳されている。これに係わる問題は，欧米では1970年代に取り上げられているが，この用語が世界的に注目され，各国においてそのあり方が盛んに議論されるようになった時期は，さほど古くはない。それは，イギリスにおいて，キャドベリー委員会報告（「コーポレートガバナンスの財務的側面」）が出された1992年以降であろう。当時多発した企業の不祥事や破綻，業績の低迷を背景に，同委員会は設けられた。そして，全9章からなる報告書では，コーポレートガバナンス改革また行動規範として，取締役会および会計監査人のアカウンタビリティーの強化，社外取締役の任用による取締役会の実効性の確保，等々が勧告された。その後，イギリスでは，1995年にグリーンブリー委員会報告書が，1998年にはハンペル委員会報告書が公表され，ロンドン証券取引所は，この3報告書の趣旨を統一すべく，1998年に『統合規範（The Combined Code）』を公表し，その後2003年の『コーポレートガバナンス統合規範（The Combined Code on Corporate Governance）』へと続いていった。

　イギリスのガバナンス論は，伝統的に法律による規制ではなく，規範を示し倫理に期待する点に特徴があるとされている。

　アメリカでは，会社法の制定権限は州にあり，50の州に独自の会社法が存在する。さらには判例法のほか，連邦証券関連法に基づくSEC規則で規制は行なわれている。アメリカでは，1970年代からアメリカ法律協会（The American Law Institute, ALI）とアメリカ証券取引委員会（Securities and Exchange Commission, SEC）を中心にコーポレートガバナンスのあり方について議論が

進められていた。そして，1992年に，アメリカ法律協会が『コーポレートガバナンスの原理：分析と勧告』(Principles of Corporate Governance : Analysis and Recommendations) を公表し，ひとつの方向性が示され，その後，各州の会社法は，取締役責任や株主代表訴訟，株主総会の合理化・電子化，等々について改正されていった（証券取引法研究会国際部会訳編［1994］『コーポレートガバナンス―アメリカ法律協会「コーポレートガバナンスの原理：分析と勧告」の研究―』日本証券経済研究所）。

当時の社会的・経済的背景としては，イギリスのケースとは一部異なり，機関投資家による株式所有の集中とステイクホルダー (stakeholder, 利害関係者) としての企業経営への積極的なコミットメント，いわゆる「株主反革命」がしばしば指摘される。その後，エンロン（2001年）やワールドコム（2002年）等の粉飾決算・不正経理問題が発生し，これを契機に，ガバナンスのあり方が国際的にも改めて強く問われたことは，われわれの記憶に新しいところである。

ドイツにおいても，90年代において，長引く景気の低迷と高い失業率を背景に，企業の不祥事や大型倒産が発生し，監査役会の機能に疑問が投げかけられ，ガバナンスのあり方が注目されるようになった（海道［2005］を参照）。具体的には，フォルクスワーゲン社の外国為替取引による巨額損失の発生，メタルゲゼルシャフト社の子会社による石油先物取引による巨額損失の発生，大手建設会社ホルツマン社の事実上の倒産，等々である。

こうした欧米で始まったガバナンスに係わる議論とガバナンス改革の具体的な取り組みは，その後，世界的に急速な広がりをみせ，こんにちに至っている。いわゆるバブルの崩壊以降，企業による数々の不祥事と経営破綻を経験したわが国も，その例外ではなく，具体的には，2006年5月には内部統制システムの構築が盛り込まれた新会社法が施行され，「内部統制報告書」提出の義務が定められた金融商品取引法が成立している。また，会社法の施行に先だち，同年2月に公布された会社法施行規則では，株式会社の業務の適正を確保するための体制として，以下の内容が規定された。①取締役の職務の執行に係わる情報の保存および管理に関する体制，②損失の危険の管理に関する規程その他の体

制，③取締役の職務の執行が効率的に行われることを確保するための体制，④使用人の職務の執行が法令及び定款に適合することを確保するための体制，⑤当該株式会社並びにその親会社及び子会社から成る企業集団における業務の適正を確保するための体制等（98条，100条，112条）。

（2）コーポレートガバナンス論の状況

　本章のテーマは，保険会社とコーポレートガバナンスである。それは，より具体的には，近年議論が盛んに行われているコーポレートガバナンスとの係わりで，保険会社の運営に問題があるのか，仮にあるとすれば，それを明らかにし，分析を加え，改革の可能性を考える，ということである。そのためには，様々なアプローチが考えられる。標準的には，コーポレートガバナンスの一般理論ないしはフレームワークを，考察の対象である保険会社や保険事業に適応し検証を試み，そして，考察の過程で，事実として特殊性が明らかになった場合には，逆に，基礎理論に修正を加えるという方法である。

　しかしながら，こうした方法の採用は現状ではなかなかに困難である。なぜならば，コーポレートガバナンス論それ自体が，後に簡単に確認するように，こんにちにおいてなお，一般論として収斂し確立された状況には未だ至っていないからである。その理由は，(1)考察する主体による企業観の違い，(2)法学，経済学，経営学，会計学，ファイナンスといったアプローチの違い，そして背景にある(3)アングロサクソン型資本主義 vs. ライン型資本主義といった思想や制度，そして各国の社会的・経済的・文化的背景や歴史的経緯の違い，と考えられる。さらに，この問題は，同時に倫理学的問題であり価値の問題ともなっている（中村［2003］を参照）。また，より具体的には，諸機関，諸団体，学会等において，さらにこんにちでは個別企業において，アカウンタビリティーやチェック体制の強化に向けた独自のコーポレートガバナンス原則等が公表され，少なからずガバナンスに係わる考え方が示されている。例えば，経済協力開発機構（OECD）による『OECD コーポレートガバナンス原則』（1999年）に代表されるように，種々の国際機関においても多くのコーポレートガバナンス原則

が策定されている。これらのコーポレートガバナンス原則等に強制力はないが，株主意識の高揚とともに，企業経営への無形の規律付けとなっていることは確かである。

こうした事情から，コーポレートガバナンスに関しては，既にグローバル・スタンダードがあり，各国ならびに各企業のガバナンスはそれに収斂していく，あるいはさせていくと考えるよりも，ガバナンスについては，多様なガバナンスの可能性を認めつつ考察していくべきであろうことを指摘しておきたい。

では，改めて，コーポレートガバナンスとは何なのか。以下では，コーポレートガバナンスとは，いかにすれば「よい経営」が実現されるか，よい経営とは何か，この規範的目標を実現するためのいわば手段であると考え，それをガバナンス問題を考察する際の導きの糸としたい。より具体的には，ガバナンスの目的，ガバナンスの主体と対象に注目し，いくつかの定義を参考にコーポレートガバナンスについて考え，後に相互会社のコーポレートガバナンス問題を考える導入としたい。

(3) コーポレートガバナンスの目的と対象と主体

コーポレートガバナンスについて，例えば，加護野［1995］では次のように説明されている。

「企業のガバナンスとは，企業の経営（マネジメント）のより上位にある概念である。経営（マネジメント）は，企業の目的を達成するためのさまざまな手段の選択にかかわっている。それにたいして，ガバナンスとは，企業の目的そのものの決定にかかわる制度であり，経営が適切に行われているかどうかをチェックする制度である。」

ここで述べられた「コーポレートガバナンスはマネジメントの上位概念である」とする基本認識は，両者を混同して語られる場面が多いだけに，コーポレートガバナンス問題を整理し理解する際にまずは重要な認識である。この定義では，ガバナンスの目的は経営が適切に行われているかどうかのチェックであり，ガバナンスの対象は経営であり，その主体は明示されていないことが特徴

的である。そこでは，誰がどのようにして企業経営の適切性を計るのか，適切な経営とは何か，という基本問題が続く。

伊丹［2000］では，コーポレートガバナンスは次のように定義されている。

「企業が望ましいパフォーマンスを発揮し続けるための，企業の『市民権者』による経営に対する影響力の行使」

ここでは，ガバナンスの目的は望ましいパフォーマンスの発揮であり，対象は経営であり，その主体は市民権者である。その際，市民権者とは，具体的には株主と従業員であると主張されるのが特徴的である。そこでは，よいパフォーマンスとは何か，という基本問題が続く。

深尾・森田［1997］では，コーポレートガバナンスとその問題が次のように説明されている。

「①企業における経営上の意思決定の仕組み，②企業のパフォーマンスに密接な利害を持つ主体間の関係を調整する仕組み，③株主が経営陣をモニタリングしまたコントロールする方法，の三者からなる概念」，つまり「企業が効率よく運営されるためには，株主，経営陣，従業員，債権者，取引先等の企業の様々な利害関係者（ステイクホルダー）の間で，どのように権限や責任を分担し，また企業が生み出す付加価値を配分していけばよいかという問題」

ここでは，(1)マネジメントたる経営上の意思決定の仕組みがガバナンスに取り込まれていること，(2)ステイクホルダーが，経営陣も含めて，極めて広範に捉えられ，それら主体間で関係調整されること，一方で，(3)経営陣のモニタリングの主体は株主のみ，という点が特徴的である。ガバナンスの目的としては，企業運営の効率性が打ち出されている。例えば，ステイクホルダーについて，ドイツのコーポレートガバナンスは出資者のみならず，その他の利害集団，例えば従業員や労働組合を取り込んだ多元的モデルが特徴であるとされている（海道［2005］を参照のこと）。

次に，若杉［2005］では，コーポレートガバナンスの役割が，次のように説明されている。

「企業を実際に動かすのは経営者である。コーポレート・ガバナンスとは，

換言すれば，経営者から，ルールを守りつつ効率性を追求するという良質の経営行動を引き出すことである。」ここで，ルールを守りつつとは，広義のコンプライアンス（第11章を参照）のことであり，ガバナンスを考える際に，それが意識されていることがわかる。

以上，わずかではあるが，コーポレートガバナンスの定義と説明をみてきた。これらからだけでも，コーポレートガバナンス論の多様性が読み取れる。ガバナンスの対象は経営であるが，ガバナンスの主権に係わる主体は一義的には決まらず，議論が分かれている。そうした事情の背景には，論者による企業観の違いがあると思われる。ガバナンスの主体は誰か，その目的は何か。では，どのように制度設計すれば，その目的が達成されるのか。これが，コーポレートガバナンスの基本問題であり，深い議論が求められ，多様な議論が生まれるところである。上述された，適切な経営とは，望ましいパフォーマンスとは，何か。本章の導きの糸とした「よい経営」とは何か。こうした規範的目標の達成を市場のみに委ねることはできない。法令を遵守した経営は，そのままに良好なパフォーマンスを保証するものではない。ならば，主体間の利害対立を少なからず内包したこの問題を，誰かが判断し，よい経営の達成に向けた制度設計をしなければならない。ここに，コーポレートガバナンスが盛んに議論される理由がある。

また，こんにちのガバナンス研究の特徴のひとつは，ガバナンスのあり方が個別企業の競争力や価値と企業への選好に影響を及ぼすことが認識され検証されつつある，ということである。それは，経営者に対して，消極的ガバナンスから積極的ガバナンスへの転換を促す内容であり，ガバナンスの構築が経営戦略的意味を持ち始めた，という認識である（財務省財務総合研究所［2003］を参照のこと）。

3．コーポレートガバナンスと相互会社

(1) 相互会社問題

　伝統的に保険学の研究分野には，いわゆる「相互会社問題」がある。わが国の保険業法には，保険企業の形態は株式会社または相互会社（mutual company）と規定されている。ガバナンスを巡る議論の多くは，株式会社を対象ないしは前提としたものである。そのため，保険会社との係わりでコーポレートガバナンスに特殊性が認められるとするならば，それは少なからず，株式会社においてではなく相互会社においてであろう。

　世界的にも保険業固有の企業形態である相互会社については，その運営実態や経営のあり方を巡る問題点が指摘され，わが国では，水島一也先生，田村祐一郎先生達を中心に盛んに研究されてきたところである。そこでは，近代市民社会の成立以前にまで遡って相互会社の祖型が探られ，その後の歴史的展開の中で，相互会社の性格の解明がなされ，数々の政策提言がなされてきた。例えばひとつに，相互会社はその本質において優れて経営者支配の機構であることが明らかにされ，考察にあたっては，相互主義という制度理念と機能と実態とを区別する必要性が説かれてきた。相互会社では，保険契約者（社員）はしばしば所有者とされ，株式会社の株主と対比して語られる。かつて，バーリ＝ミーンズは，アメリカの株式会社を対象に，企業規模の拡大とともに，株式の分散が進み，それにより企業の支配者は，所有者たる株主から経営者に代わっていくこと，いわゆる経営者支配の進展を実証した（A.A. Barle and G.C. Means, [1932]）。この意味では，制度的に累積投票権が認められない保険相互会社は，所有の分散が極致に達するという特徴を不可避的にもっている。そして企業規模の拡大とともに，資本制社会の下で，企業理念と運営実態とが少なからず乖離していくことを，これまでの歴史的展開は示している。これらは，まさに企業のガバナンスに係わる問題であり，保険業については，こんにち言うところ

のコーポレートガバナンスの問題が古くから認識されていたと言える（相互会社問題については，例えば主な論考として，以下を参照されたい。井口［2000］，宇野［2002］，岡村［2006］，高尾［1999］，田村［1985］［1991］［1992］，古瀬［1999］，水島［1958］［1963］［1989］［1992］［1997］，米山［2002］［2002］）。

（2）保険審議会答申等にみるガバナンス改革の動き

　相互会社には意思決定機関としての総代会（社員総会代行機関），業務執行機関としての取締役会，および取締役の職務遂行の監査機関としての監査役が置かれており，基本的形態としては三権分立の思想を反映したものとなっている。その他，わが国の場合には，諮問機関としての評議員会，および一般社員（契約者）の意見を吸収する機関として契約者懇談会が設けられている。以下では，保険審議会答申を中心に，こんにち言うところのコーポレートガバナンスに係わる動きと底流に流れる意識とをみていきたい。

　1965（昭和40）年の保険審議会答申「相互会社組織運営の改善に関する答申」では，相互会社の最大の特色は契約者（社員）全員が経営に参画できる建前になっている点にある，と確認された後，社員数の増大とともに，社員総会を開催することは困難とし，総代会による運営をやむを得ないことと指摘している。同答申では，相互会社の運営に社員の意思を反映し，公正を図るためとして，諮問機関の設置が提言され，その後，評議員会が広く採用されることとなった。また，同答申では，総代が適切かつ民主的に選出されるべく，選考委員会制度の設置が初めて提言された。

　1969（昭和44）年の保険審議会答申は，わが国の保険事業につき，競争原理の導入と経営効率の促進を強く主張する内容であった。相互会社の運営についても，その本来の趣旨に反することのないよう，効率運営に配慮することが必要である，と指摘されている。

　消費者保護を前面に打ち出したという意味において画期的であった1975（昭和50）年の保険審議会答申では，総代選出のあり方の問題を含め，社員たる契約者の意向をくみ上げ，それを経営に反映するための改善措置の必要性が指摘

された。総代については，年齢や地域といった社員の構成を反映した選考を行うべきであるとされ，立候補制については，その検討が望ましいとされた。総代会の運営については，傍聴制度の採用と公開が提言された。評議員会については，開催頻度を含め，その機能の強化が提言され，また，一部に既に採用されていた契約者懇談会については，広く各層の契約者の自由な意見を吸収するためとして，その設置の必要性が指摘された。

1996（平成元）年の保険問題研究会報告「相互会社制度運営の改善について」では，(1)開かれた経営確保の観点にたって見直しを行う，(2)各機関の位置付けを明確化する，(3)各機関がその機能を十分発揮できるよう環境を整備する，という3点に配慮しながら，総代会，取締役会，評議員会，契約者懇談会，少数社員権，ディスクロージャー，そして，相互会社の株式会社化について，広く検討されている。総代会については，最高意思決定機関としての機能の明確化と実質的審議の必要性が指摘され，その選考については，社員の直接投票による信任投票制度が適当であり，立候補制度については，その導入の検討を進めるべきである，と提言された。取締役会については，そのチェック機能など社外取締役の機能が活用される仕組みの工夫が必要との観点から，社外取締役の選任の必要性が指摘された。

2002（平成14）年の事務ガイドライン「金融監督等にあたっての留意事項について（第二分冊：保険会社関係）」（金融庁）では，相互会社の公共性および保険契約者等の保護の観点から，事業の透明性を高めるとともに経営チェック機能の充実が求められていると指摘され，総代会の議事等については，インターネット等も活用してディスクロージャーの充実を図るなど，ガバナンスに係わる情報提供等を拡充することが適当であると指摘されている。社員の意思を総代会に反映すべく，契約者懇談会の活性化と総代会との連携を進めていくことが適当である，と指摘されている。また，総代の選出については，社員の意思が反映されていると社員から信認が得られていることが重要であるとし，そのプロセスは会社からの独立性が確保されている必要がある，と指摘されている。

2007（平成19）年の「保険会社向けの総合的な監督指針」（金融庁）は，2002

3．コーポレートガバナンスと相互会社　195

年の事務ガイドラインに代わるものであるが，経営管理の意義について，以下のように確認されている。「保険業をとりまく経営環境に大きな変化が見られる中で，保険会社自らが様々なリスクを的確に把握・管理し，自己責任原則に基づく業務の健全かつ適切な運営を確保していく為には，経営に対する規律付けが有効に機能し，適切な経営管理（ガバナンス）が行われることが重要である。」

　以上，昭和40年以降の審議会答申等を簡単にみてきた。この間，保険会社のガバナンスのあり方に強い影響力を発揮した護送船団行政の時代から，ソフトランディングとされる金融制度改革の時代へ，そしてハードランディングな金融システム改革（金融ビッグバン）の時代へと環境は変遷したわけであるが，そこでは，社員総会に代わる総代会を与件としつつ，社員たる契約者の意思を経営にいかに反映させるか，健全で適切な経営をいかにして確保するか，という2つの問題意識が終始共通して流れているように読み取れる。

　そしてこれまで，この潮流の方向で，一方では，社員の直接投票による信任投票制度等々，そのための費用と便益の点で少なからぬ問題を残しながらも，他方では，総代会，取締役会，評議員会，契約者懇談会，等々について，少なからぬ改善が具体的に図られ，ディスクロージャーの制度も徐々にではあるが，しかし明らかに整備されつつあるところである。そして，その方向性は，おそらくは間違ったものではない。ただしそれにより，果たして，相互会社にとって健全で適切な経営は本当に達成されていくのであろうか。ここにこそ，ガバナンス問題の難しさがあり，深く慎重な議論が求められるところである。

　例えばひとつに，技術的問題が克服され，一人一票の議決権を保障した社員総会が開催された場合，それにより，よい経営は実現されるのであろうか。社員たる契約者のガバナンスの主体としての意思と能力は，実態としてどういう状況であろうか。また，ガバナンスにはコストがかかる。理念的ではあるが，仮に極めて優秀な経営者がいるとすれば，企業経営はその人に任せられることにより，コストは最小化されるであろう（高尾［1999］を参照）。

(3) ガバナンスの課題

　以下では，相互会社のガバナンスに係わる問題のいくつかを提起したい。
　相互会社のメルクマールは，実費の相互分担制と社員（成員）自治である（水島［2005］を参照）。前者については，それを完全に実施することは，現在のエンティティ・キャピタル・モデルの原理からして，もはや不可能である（古瀬［1999］）。後者については，その具体的内容を，社員たる契約者の社員総会における議決権の行使であると仮にするならば，それは，ITの進展による電子会議として可能になりつつある。しかし，その全面的実施は，必ずしもよい経営を保証するものではないであろう。例えば，ガバナンスとは，象徴的には，組織のトップの任命と罷免そして牽制に係わる仕組みの構築である。その際，ガバナンスの主体には，(1)ガバナンスの意志と(2)適切なガバナンスを行うことができるだけの情報と知識と能力と(3)誤ったガバナンスによる損失を自ら負担する責任と(4)他のステイクホルダーの利害への考慮，が求められる（加護野［1995］を参照）。今後，個別相互会社によっては，経営差別的戦略の一環として，契約者に対して，まずは社員としての意識の向上から図られていく可能性が考えられるとしても，現状では，少なからぬ社員が，ガバナンスの主体として，こうした要件を満たしているとは考えにくい。また，社員は，自身の持分を超える負債に対しては義務を負わない。この点からも，社員の所有権を果たしてどこまでの所有権とみてよいかについて議論の余地が残され，主権論の観点からも，ガバナンスの議論が複雑になってくる。
　ところで，特に長期契約である生命保険契約の場合には，契約者は一旦それを解約すると，新規契約が困難となり，そのため解約に慎重にならざるをえない場合がある。それは，ハーシュマンが組織運営上のポイントとして指摘するVoiceとExitのうち，オプションとしてのExitの制約である（Voiceとは発言権（の保障）であり，Exitとは退出（保険の場合には解約）である。ハーシュマン［1972］，高尾［1999］，米山［2003］を参照）。相互会社の経営においては，社員の発言権は，他業の経営における以上に，実効性をもった形で保障されるべ

きではないか。

　次に，総代会については，諸改革により，今後これまで以上の実効性を総代会が明確にもってきた場合，その権限の強さが問題となることが想定される。わが国の株式会社については，株主総会のもつ権限の強さが，アメリカとの比較においてしばしば指摘される。総会が形骸化している場合には，それがもつ権限の強さが実感されることはないが，実効性を伴ってくるとともに，それによる問題が明らかとなってくる。例えば，わが国では，利益処分や取締役の報酬は株主総会で決定されるが，アメリカではその必要はない，とされている。総代会の内容については，2007（平成19）年の「保険会社向けの総合的な監督指針」（金融庁）において監督指針が示されているところであるが，こうした観点からの緻密な研究が求められている。

　次に，改めて，相互会社にとってのよい経営とは具体的には何であろうか。例えば，相互会社問題について，それは，「保険市場の問題ではなく，（契約者の処遇の問題として）既契約者の利益を最大化する方法の発見の問題」であるとの指摘がある（田村[[1991]]）。この論理によれば，既契約者と新規契約者の利益が少なからず相反する相互会社にあって，そのガバナンスの目的のひとつは，「既契約者の利益を最大化する方法を不断に発見しようとするようにステイクホルダーの行動に規律付けや牽制を与えること」と理解される。既契約者の利益の最大化は，市場を通じて達成されるものではなく，相互会社という組織を通じて達成される問題であり，そのためのガバナンス制度の構築が求められてくる。

4．むすびにかえて

　これまで，よい経営とは何か，を導きの糸に若干の考察を進めてきた。そこでは，相互会社のガバナンスの改革に向けたこれまでの提言や対応とその潮流を評価しながらも，社員全員が実質的に主権をもつことが適切であるか否かという基本的な問題について，検討が必要であることを指摘した。また，コーポ

レートガバナンスを巡る議論は未だに多種多様であることを指摘した。しかしながら，次の内容は少なからず共通しているように思える。

　コーポレートガバナンス論は，バーリ＝ミーンズ以来の主権論とそこで示された経営者支配との関連では，それは，例えば，経営者支配という現実を社員や従業員といったステイクホルダーの支配へ変えようとする議論ではなく，ガバナンスをマネジメントの上位に置くことにより，経営者支配という現実に正統性を与えようとする議論でもある。コーポレートガバナンス論は経営者支配を否定するものではない。この点からも，コーポレートガバナンス問題は，優れて経営者問題であるとともに，企業のあり方の問題としてもこんにち問われている。そしてこんにち，企業は独自のコーポレートガバナンス原則を策定し，着実かつ積極的に実施していく時代に入っており，また，そうした機構改革が企業の競争力の強化に繋がるとの比較研究・実証研究もなされている。こうした事情については，保険経営もその例外ではない。保険相互会社として自社はいかにあるべきか。金融システム改革の進展により，経営の裁量権が拡大した時代にあって，コーポレートガバナンス論から突きつけられている課題は保険相互会社にとって極めて本質的内容であると言える。

参考文献

井口富夫［2000］「相互会社とコーポレート・ガバナンス」『文研論集』第133号
伊丹敬之［2000］『日本型コーポレート・ガバナンス』日本経済新聞社
宇野典明［2002］「生命保険企業をめぐる環境の変化と生命保険企業の対応」田村祐一郎編［2002］千倉書房
岡村国和［2006］「生命保険相互会社における進化的コーポレート・ガバナンスについて」堀田一吉・岡村国和・石田成則編著［2006］『保険進化と保険事業』慶応義塾大学出版会
海道ノブチカ［2005］『ドイツの企業体制―ドイツのコーポレート・ガバナンス―』森山書店
加護野忠男［1995］「企業のガバナンス」『組織科学』第28巻第4号
財務省財務総合政策研究所［2003］『進展するコーポレート・ガバナンス改革と日本企業の再生』
高尾　厚［1999］「わが国相互会社における現代的課題―望ましいコーポレート・ガバナンスとアカウンタビリティを求めて―」『Business Insight』第7巻第2号

参考文献 199

田村祐一郎［1985］『経営者支配と契約者主権―アメリカ生保経営史研究 2 ―』千倉書房
田村祐一郎［1989］「相互会社における経営者と契約者―株式会社と相互会社の日米比較―」『保険学雑誌』第527号
田村祐一郎［1991］「相互会社の理念と現実」『経済情報学論集』創刊号
田村祐一郎［1992］「日本の相互会社問題―戦後史概観―」倉沢康一郎・今泉敬忠・大谷孝一編集代表［1992］『保険の現代的課題 鈴木辰紀教授還暦記念』成文堂
田村祐一郎編［2002］『保険の産業分水嶺』千倉書房
中村瑞穂編［2003］『企業倫理と企業統治』文眞堂
ハーシュマン A.O.［1972］（三浦隆之訳『組織社会の論理構造』ミネルヴァ書房）
深尾光洋・森田泰子［1997］『企業ガイダンス構造の国際比較』日本経済新聞社
古瀬政敏［1999］「相互会社における社員の持分と株式会社化時の取扱い」『Business Insight［特集 コーポレート・ガバナンスとアカウンタビリティ―規制産業の典型としての保険業におけるケース・スタディ―』現代経営学研究学会 第 7 巻第 2 号
水島一也［1958］「相互会社における相互主義」『国民経済雑誌』第98巻第 2 号
水島一也［1963］「生命保険相互会社の性格」近藤文二博士還暦記念論文集『生活保障の経済理論』日本評論新社
水島一也［1989］「相互会社の現代的性格」『保険学雑誌』第527号
水島一也［1992］「生保経営と社会公共性」『文研論集』40周年記念論集
水島一也［1997］「相互会社再論」黒田泰行先生古希記念論文集刊行委員会編『経済社会と保険（黒田泰行先生古希記念論文集）』保険研究所
水島一也［2001］「相互主義の終焉？」『文研論集』第134号（第 1 分冊）
水島一也［2006］『現代保険経済〔第 8 版〕』千倉書房
米山高生［2002］「日本の相互会社問題―戦後史概観―」田村祐一郎編［2002］千倉書房
米山高生［2003］「わが国生命保険会社の企業統治」『生命保険経営』第71巻第 1 号
若杉敬明［2005］「現代経営とコーポレート・ガバナンス」神田秀樹編『コーポレート・ガバナンスにおける商法の役割』中央経済社
Adolphe A. Barle, Jr. and Gardiner C. Means,［1932］"The Modern Corporation and Private Property", New York : Macmillan（北島忠男訳［1957］『近代株式会社と私有財産』分雅堂銀行研究社）
Van den Berghe, L.［2002］"Corporate Governance in A Globalising World : Convergence or Divergence? A European Perspective", Kluwer Academic Publishers.

第11章　保険会社とコンプライアンス

中林　真理子

1. はじめに

　コンプライアンス（compliance：法令遵守）を文字通りに捉えれば，企業に求められているのは現行の関係法令に抵触しない活動と言える。しかし「コンプライアンス」として企業に遵守が求められているルールはこれだけに限定されず，現行法の遵守を最低レベルと捉えたより積極的な対応が必要となってきているようである。

　金融サービス業には厳格な規制が課されてきたため，関係者に法律を遵守しさえすれば問題がない，という認識が浸透しやすい（Boatright [1999] p. 7)。中でも厳格な規制が課されてきた日本の保険会社では，この傾向が特に強くなりやすい。かつては日本の保険会社は関係法令と監督当局による規制に従っていれば問題が生じる余地はほとんどなかった。このため，コンプライアンスとして何をどこまで守ればいいのか，そのためにはどのような取り組みが必要なのか，といったことに関して改めて議論する必要がなかった。しかし，金融制度改革が進み，「保険会社に対する監督行政の根本的な転換（水島 [2006] pp. 143-144)」が図られ，市場規律に即した保険会社の自己責任原則に立つ経営管理が尊重されることにより，厳格な規制に従ってさえいれば問題がないという姿勢では済まされない状況になってきている。

　さらに，2006年に新会社法，2007年に金融商品取引法が相次いで施行され，内部統制システムの整備が求められたことで，その前提条件となるコンプライアンスへの取り組みの重要性が決定的に高まっている。このため，保険会社はそれぞれ COSO Enterprise Risk Management Framework（COSO ERM）を

はじめとしたマネジメント規格を取り入れるなどしてコンプライアンス態勢確立のための制度設計に取り組んでいる。しかし，取り入れた制度を組織に十分に浸透させるという段階までは至っていないのが現状である。

このような中で，2005年2月以降拡大し続ける「保険金の不適切な不払い等の問題」に象徴されるように，保険会社のコンプライアンスへの取り組みが疑問視される事態が現実化している。

以上のような環境変化を踏まえると，日本の保険会社にとってコンプライアンスへの取り組みは特に緊急の課題と言えるだろう。そこで本章では，まずは日本の保険会社においてコンプライアンスへの関心が特に強まることになった背景を整理し，コンプライアンスに関して何が問題なのか確認する。次に，コンプライアンスに関する概念整理を行う。その上で，関係法令をはじめとした守るべきルールを確認した上で，日本の保険会社がコンプライアンスをどのように捉え，対応していくべきか考察していく。

2．保険会社においてコンプライアンスに関心が集まる背景

（1）内部統制システムの構築とコンプライアンス

保険会社に対しては，従来から保険会社向けの総合的な監督指針および保険検査マニュアルにおいて内部管理態勢の確保が求められてきた。そして2006年5月に新会社法が施行され，取締役の内部統制構築義務および大会社の取締役会での内部統制体制の決定義務が課された。これを受け，多くの会社で「内部統制システム整備に関する基本方針」が制定されており，保険会社でも同様の対応がなされている。さらに2007年10月施行の金融商品取引法では財務報告に係る内部統制の構築と経営者の内部統制評価ならびに監査人による同評価に対する意見表明が義務付けられた。具体的には，2008年度から上場会社等は監査法人の監査証明を受けた「内部統制報告書」を有価証券報告書とあわせて内閣総理大臣に提出することになる（町田[2007] pp. 218-219）。以上の法改正によ

り，内部統制システム構築のための制度導入期限が示された。さらに法令施行にあわせて公布された政令や新たな判例により，組み込むべき内容が特定されてきている。

2007年2月15日に金融庁の企業会計審議会で公表された「財務報告に係る内部統制の評価及び監査の基準案」の中の「内部統制の基本的枠組み」において，以下のように内部統制が定義付けられた。内部統制には多様な定義があるが，この定義は広く受け入れられているものである。「内部統制とは，基本的に，業務の有効性及び効率性，財務報告の信頼性，事業活動に関わる法令等の遵守並びに資産の保全の四つの目的が達成されているとの合理的な保証を得るために，業務に組み込まれ，組織内のすべての者によって遂行されるプロセスをいい，統制環境，リスクの評価と対応，統制活動，情報と伝達，モニタリング（監視活動）及びIT（情報技術）への対応の六つの基本的要素から構成される。」このように内部統制のためには業務全般に及ぶシステムの構築が必要であり，コンプライアンスへの取り組みはその中核をなすものと位置付けられる。

(2) 保険金不払い等の問題への対応

2005年2月に業界第3位の生命保険会社に対し，健康状態を正しく告知しないよう勧めて勧誘しながら，告知義務違反を理由に保険金支払いを拒むなどの違法行為があったとして，金融庁から2週間の業務停止命令を発動された。この問題を受け，同年7月から10月にかけ社外の弁護士等で構成された調査委員会が点検を行った結果，過去5年で1053件，約52億円に及ぶ支払い漏れが発覚した（日本経済新聞，2005.10.22）。これ以降，保険会社ごとに同様の点検が行われ，大部分の会社で保険金等の支払い漏れが発覚し，その都度金融庁から当該会社に対し業務改善命令が出されるに至った。そして業務改善計画に基づく事後的な検証が進むにつれて，さらに新たな事例が発覚するという状態が続いている。

生命保険会社では，契約者が保険金等の請求をした際に同時に請求可能だった特定疾病保険金に関する案内を怠ったといった事例，損害保険会社では自動

車保険での臨時費用保険金等の特約部分の保険金の支払い漏れや，火災保険での建物の構造級別の判定や割引の適用に起因する保険料の誤りといった事例が明るみになっている。このほか生損保ともに第3分野に関して，入院給付金等の支払い日数計算の誤りなどの不適切な支払い事例が発覚している。

このような状況を受け金融庁は2007年2月にすべての生命保険会社（38社）に対し同4月23日を期限に過去5年分の調査と報告を命じた。その結果，37社で約44万件，約359億円の保険金等の不適切な不払いや支払い漏れが判明すると同時に，約170万件の契約が点検未了で残された。最終的には同年9月末に，全社合計で約120万件，約910億円という点検結果が公表された（日本経済新聞，2007.10.6）他方，損害保険会社に対しては2008年夏を目処に全商品の契約について保険料の過払いがなかったか見直すよう命じた。そして既に25社で約11万8,000件，約65億9,000万円の火災保険料の過払いが判明しているほか，地震保険でも保険料の過払いが判明している（日本経済新聞，2008.8.18）。

この問題を受け，生命保険業界では業界団体である生命保険協会として，行動規範の全面的な見直し，ガイドラインの見直し，実務担当者への教育の充実，お客様対応体制の強化といった取り組みを行っている。また個社レベルの対応としては，契約時，契約期間中，請求・支払時，職員の育成のそれぞれのレベルでのお客さまに対する情報提供の充実，保険金等の支払態勢の整備・強化，苦情対応の強化といった例が挙げられる（『社団法人　生命保険協会　SR報告書2007』）。

例えば，保険金等の支払態勢の整備・強化のために多くの会社で新たに設置された「保険金等支払審議委員会」には外部の有識者が含まれている。このような取り組みは，従来からその閉鎖性が問題視されていた生命保険会社のコーポレートガバナンス（第10章参照）のあり方そのものを見直すものとして一定の評価をすることができる。しかしこれらの取り組みにより問題が完全に解決したわけではない。このことを裏付ける一例として，2007年4月から6月に金融庁の金融サービス利用者相談室に寄せられた苦情・相談のうち，保険関係の問い合わせが全相談中の38.3％で過去最高水準の占有率となったことが挙げら

れる。日本経済新聞では「保険金不払い問題を受け契約者の保険会社に対する不信感が募っていることがこの背景にあるものと見られている（日本経済新聞，2007．8．8）」と論評している。このような問い合わせの増加に対し，従来保険加入に当たって保険会社の対応に何の疑問も持たなかった多くの契約者が，その認識を転換したと解釈することができるだろう。

2007年9月末に生命保険会社が公表した点検結果によると，保険金不払い等の問題のうち，明らかな違法行為と見なされる意図的な不払いはごくわずかである。大部分を占めるのは，医療特約を中心とした特約部分の不払いや契約失効払戻金の未払いである。これら大部分を占める不払いや未払いの直接原因は，契約者側から保険金請求を怠ったことにあり，保険会社側の明らかな違法行為とは言えない。しかし「現行法規を遵守する」以上の積極的な対応をしてこなかったこのような保険会社の姿勢への批判が強まっている。これらの問題に対する法的評価は本章の範囲を超えるものである。しかし法的評価にかかわらず，少なくとも保険会社がコンプライアンスとして求められるレベルが厳格化しているのは確かで，従来は容認されていたことに対してもその正当性から見直す必要が生じていると捉え対応すべきと言える。

3．コンプライアンスをめぐる概念整理

保険会社に限定した議論に入る前に，企業一般に共通するコンプライアンスに関する概念整理を行う。

（1）コンプライアンスが意味すること

コンプライアンス（compliance）は一般的には「法令遵守」または「法令等遵守」と訳される。しかし最適な日本語訳がないので「コンプライアンス」と表記されることもある。コンプライアンスは動詞 comply の名詞形であるが，comply は「完全，完成する」を意味する complete と「提供・供給する」という意味の supply が合体した言葉で，従うことによって完全なものを提供す

る，あるいは完全なものになる，といった意味が含まれている（浜辺 [2005] pp. 15-16）。このように，コンプライアンスはその語源から，何らかのルールを「遵守」し完全なものにすることを意味するものと言える。

(2) コンプライアンスの対象

コンプライアンスには「法令」を直接に意味する law や legal 等の要素は含まれないため，どのようなルールをコンプライアンスの対象にするかについては議論の余地がある。多数説によればコンプライアンスの対象は政府が定める法令だけに限定されるわけではない。法令には行政機関が出す各種ガイドラインや業界ルールを含むべきで，さらに企業活動がグローバル化していることを考慮すれば，自国だけでなく外国の法令も含むと捉えるべきと言われる。

さらに欧米企業では法令を遵守することだけでなく，業務マニュアルや各種の社内ルールはもとより企業倫理をも対象とする。この結果，「欧米では『コンプライアンス』といえば，法令だけでなく，企業倫理も対象とするという議論が一般的となっている（浜辺 [2005] pp. 5-6）」とされる。日本におけるコンプライアンスに関する議論は先行事例である欧米の議論を踏まえたものであり，同様の捉え方をすべきであろう。また，後述するリスクマネジメントの観点からもこのような最広義の捉え方を支持すべきと言える。

(3) 日本企業におけるコンプライアンスの捉え方

藤田 [2007] は日本でのコンプライアンスの理解について語源との関係から以下のように説明する。そしてコンプライアンスの捉え方が企業不祥事の発生に強く影響しているという問題点を導き出した（藤田 [2007] pp. 112-113）。compliance はラテン語辞典では obsequium であり，その内容は英語の obsequiousness とほぼ同義語で「神への服従」「へつらい」「追従」となっている。しかし，絶対神に対して誓う信仰上の規範であるコンプライアンスも，日本人の価値体系の中では倫理とか道徳に近い意味でしか理解されていない。この結果，コンプライアンスの欠落による企業不祥事が生じても，コンプライアンス

の欠落そのものではなく，それを問われるリスクや恐れが問題とされることが多くなる。

このように日本企業では積極的にコンプライアンスに取り組むというよりは，企業不祥事やその結果として強化された規制に対応するため受動的にコンプライアンスに取り組む傾向がある。この結果，まずは現行の課せられたルールに違反しないことを最重視し，その上で倫理綱領やコンプライアンス・マニュアルといった制度まで導入することが積極的な取り組みとされてきた。このような取り組みは一定の効果をもたらしているものの，企業不祥事が後を絶たず再発事例も少なくない現状を考えれば，根本的な取り組みにはなっていないと捉えるべきだろう。このような状況の問題点を中村は以下のように説明する（中村 [2001] p. 96）。「法令遵守をもって倫理的要請を十分に満たしうるものとする判断に立つならば，法令の規定する最小限領域の境界線の至近領域における行動が最高の合理性を有するものとして選好される可能性が大である。しかし，企業活動を取り巻く社会的・技術的・文化的な環境条件の変化がきわめて急速かつ熾烈な時代ならびに社会にあって，そのような行動が有するリスクの大きさには十分な配慮がなされなければならない。そして日本企業の多くは，このような行動に対するリスクとしての認識が希薄である。このこと自体が深刻なモラルハザードである。」

(4) 企業の社会的責任の中核をなすべきコンプライアンス

「企業と社会（Business & Society）」論の分野では，企業がしたい，または実際に行っていることとステイクホルダー（stakeholders：利害関係者）が期待することのギャップは「行動―期待ギャップ（performance-expectation gap）」と呼ばれる。このギャップは近年拡大傾向にあり，企業は企業行動に対する厳しい視線を無視すれば非難の対象になるというリスクにさらされている。そして，そのような社会的なプレッシャーをいち早く感知し対応することが企業の収益性を維持する上で非常に重要である（Lawrence and Weber [2008] pp. 25-26）ことが指摘されている。

ところで企業の社会的責任（corporate social responsibility：以下CSRと表記）には論者により様々な捉え方がある。このうち以下の谷本［2004］による定義は広く受け入れられるものである。「企業活動のプロセスに社会的公平性や環境への配慮などを組み込み、ステイクホルダーに対してアカウンタビリティーを果たしていくこと。その結果、経済的・社会的・環境的パフォーマンスの向上を目指すこと（谷本［2004］p. 5)。」CSRの中核にあるのは企業倫理であり、これを含むコンプライアンスのための取り組みを行わない、またはその取り組みが不適切であれば企業としての責任を果たしていないと捉えられる。CSRへの取り組みに問題があることが企業不祥事発生の温床となる。さらに近年では、CSRへの取り組みは企業の競争優位性を高める上で少なくともマイナスに作用するものではなく、プラスの効果を及ぼしうるという見解が一般的になってきている。

そこで次節において、企業倫理と関係付けながら企業に求められるコンプライアンスの概要を明確にし、実効性のあるコンプライアンス態勢を実現するための手法について述べていく。

4．実効性があるコンプライアンス態勢構築のための取り組み

（1）法的基準の限界

コンプライアンスの対象を関係法令の遵守に限定することはできるが、このような捉え方をしていると必然的に法的基準の限界に直面することになる。Paine［1997］は法的基準の限界を以下の3点から説明する（Paine［1997］pp. 95-96（ペイン［1999］pp. 83-84））。第1に、法律は過去の状況や技術に対処するために制定されたものなので、進行中の企業活動への適用には限界がある。また、平均的存在である企業に対して合理的に期待しうる程度のことを要求しているにすぎない。このため個別企業への適用には限界がある。第2に、制裁には限界がある。その根底にあるのは抑止の理論であり、押し付けられた法令

遵守には限界がある。第3に,裁量の余地をなくすというデメリットが挙げられる。何らかの問題が発生するたびに新たな規制が作られていけば,企業活動への制約が増えるだけで,企業の発展にも社会の発展にもつながらない。さらに,人々が法令等に従うかどうかの判断は,正統性と道徳的正当性に関して個人が抱いている信念に強く影響される。そのため倫理に対する確固たる信念がない限り,「コードの存在は知っている,あとは守るかどうかだ」といった非常に危険な判断を導くことになる。

(2) 企業に求められる倫理的責任

アメリカの経営学者キャロルは社会の企業に対する要請との関係から,企業の社会的責任は経済的責任,法的責任,倫理的責任,裁量的(社会貢献)責任の4層構造(four-part definition of corporate social responsibility)になっており,社会的期待との関連から企業はそれらを下層から段階的に満たしていくのではなく,同時に満たさなくてはならないと指摘する。経済的責任と法的責任を果たす,つまり法令等を遵守した上で収益をあげるのは当然であり,現在は特に倫理的責任を果たすことに関心が集まっている。具体的には,法を守ることは最低レベルの行動で,法律に成文化されていないものであっても,社会のメンバーにより期待または禁止されている活動や行動も遵守対象に含む必要がある(Carroll and Buchholtz [2006] pp. 35-42)とされている。

以上のことから,実効性があるコンプライアンス態勢を整備するには,組織内で企業倫理を確立させる,つまり企業倫理の制度化を行う必要があると捉えられる。

(3) 企業倫理の制度化方法

企業内での企業倫理定着のための取り組みは,1990年代中頃からアメリカ企業を中心に盛んになってきた。そして,危機管理的な発想から法令遵守に主眼を置くコンプライアンス型とよばれる手法が導入されたことで定着し始めた。このようなコンプライアンス型の企業倫理の制度化を推進した要因として,ア

メリカでの防衛産業の不祥事に端を発する「防衛産業イニシアチブ（Defense Industry Initiative）」や1991年発効の組織不正行為の刑事罰に関する「連邦量刑ガイドライン（Federal Sentencing Commission Guideline）」の制定等の法改正がある。特に後者では，コンプライアンス・プログラムが適正に実施されていた場合に罰金が軽減されることが定められたため，コンプライアンスへの取り組みが急速に浸透するに至った。

しかし，不正行為の摘発や防止を目的に複雑で煩雑な法体系の遵守を繰り返し述べるだけでは，その効果には限界がある。その結果，組織内で価値理念を共有して能動的で自主的に取り組む価値共有（value sharing）型のアプローチが求められるようになった。そして今日でもこの2つの制度化手法が「アメリカ企業倫理プログラムの双璧（梅津［2007］pp. 7-11）」をなしている。コンプライアンス型と価値共有型の基本的な相違は図表11-1で示される。

コンプライアンス型と価値共有型はその理念も方法も異なるアプローチであり，優劣をつけるべきものではない。また価値共有型アプローチでも現行法や各種の規制に従うことは前提で，コンプライアンスの考え方が内包されており，その上での自主的な取り組みの推進が求められる。つまり，強制された基準に適合するだけでなく，理念や価値基準を重視し組織の誠実さ（integrity）を高

図表11-1 企業倫理の制度化方法の比較

	コンプライアンス型	価値共有型
精神的基盤	外部から強制された基準に適合	自ら選定した基準に従った自己規制
codeの特徴	詳細で具体的な禁止事項	抽象度の高い原則，価値観
目　　的	非合法的行為の防止	責任ある行為の実行
リーダーシップ	弁護士が主導	経営者が主導
管理手法	監査と内部統制	責任を伴った権限委譲
相談窓口	内部通報制度（ホットライン）	社内相談窓口（ヘルプライン）
教育方法	座学による受動的研修	ケース・メソッドを含む能動的研修
裁量範囲	個人裁量範囲の縮小	個人裁量範囲内の自由
人間観	物質的な自己利益に導かれる自立的存在	物質的な自己利益だけでなく，価値観，理想，同僚にも導かれる社会的存在

出典：梅津［2007］p.9を修正

め，自ら選定した基準に従った自己規制による企業倫理の制度化を意味するものである。

さらにエプスタイン［1996］は，社会の求めに応じることができ，公衆に対して説明可能である企業行動を達成するための諸条件として公的規制（regulation），自主規制（self-regulation），個別企業内での企業倫理である経営倫理（corporate ethics）を挙げる。これらはそれぞれ必要条件であるが，個々別々では十分条件とはならない。さらに3つのものが結び付けられると，相互に強化し，社会全体の福利を増進する企業の政策ならびに成果を生み出すための概念的ならびに実践的な様式となることを指摘する（エプスタイン［1996］p. 178）。

(4) 企業内で共有が求められる価値基準

それでは企業内で共有すべき倫理的な価値理念とは具体的にはどのようなものなのだろうか。それを知るためにハーバード・ビジネス・スクールのペイン教授らのグループが行った企業行動規範の分類『グローバル・ビジネス行動基準集成』（Global Business Standard Codex；略称 The GBS Codex）を紹介する。この研究では，グローバル企業向けの行動規範（5点），最大規模のグローバル企業の行動規範（14点），アメリカの法律・その他の規程（4点）の内容が整理・分類された。その結果，企業行動規範には以下の8つの基本的倫理原則（eight underlying ethical principles）が適用されていると結論付けられた（Paine, et.al［2005］）。①受託者義務の原則（fiduciary principle），②財産権の原則（property principle），③信頼性の原則（reliability principle），④透明性の原則（transparency principle），⑤尊厳の原則（dignity principle），⑥公正の原則（fairness principle），⑦市民性の原則（citizenship principle），⑧即応性の原則（responsiveness principle）である。

以上の8原則は企業が組織内で共有すべき価値基準について議論する際の出発点とすべき基準となりうるものである。

（5） 日本企業における企業倫理の制度化実践状況

　企業倫理制度化の3要件は①倫理行動基準の整備，②担当役員および部署の設置，③教育・研修の実施と言われる（梅津［2007］p. 18）。この3要件は欧米の先進的な取り組み事例から導き出されたものであるが，日本企業にもそのまま該当する。企業規模が大きくなるほどこの3要件を整備するための制度導入が進んでいる。しかし同時に，制度が導入されてもその浸透や徹底という点での課題が残されていることが指摘されている。

5．日本の保険会社をめぐる規制環境

　これまで企業一般に共通するコンプライアンス態勢を確立するための議論を行った。そこで，ここからは対象を日本の保険会社に限定し，コンプライアンスをどのように捉え，対応していくべきか考察していく。まずは議論の前提となる日本の保険会社をめぐる規制環境を確認していく。

（1） 関係法令とその変化

　保険会社の活動を規制する法令は多岐にわたる（詳しくは第14章参照のこと）が，これら関係法令は近年大きく変化してきている。例えば，2006年より会社法が施行され，旧商法等の条文を多数準用している保険業法は「会社法関係整備法」に従い所要の整備が行われた。保険契約法についても現在改正作業が行われており，2007年8月には法制審議会から保険法改正中間試案が出された。さらに2007年10月からは金融商品取引法が新たに関係法令に加わった。

（2） 監督当局による規制

　保険会社は関係法令を遵守すると同時に，監督官庁である金融庁による検査マニュアルで示された内容を遵守しなくてはならない。後者の内容は検査官が保険会社を検査する際の手引書であり，その内容は法的に義務付けられたもの

ではない。しかし，金融庁の監督下にある保険会社にとって保険会社がどのようにコンプライアンスを捉え対応していくか決定づける最重要の指針となるものである。

金融庁の監督方針を示す『保険会社向けの総合的な監督指針』では，「II-3 業務の適切性」において「II-3-1 コンプライアンス（法令等遵守）態勢」として，その意義と主な着眼点，さらに監督手法と対応を示している。そして『保険会社にかかる検査マニュアル』で具体的な検査方法が示される。このうち，法令等遵守態勢確認検査用チェックリスト（http://www.fsa.go.jp/manual/manualj/hoken/03.pdf）が10ページにわたり示されている。ここでは紙幅の都合上，『保険会社向けの総合的な監督指針（平成19年9月）』で示された「II-3-1 コンプライアンス（法令等遵守）態勢」の内容を紹介するにとどめる。

II-3-1-1で「保険会社の業務の公共性を十分に認識し，法令や業務上の諸規則等を厳格に遵守し，健全かつ適切な業務運営に努めることが顧客からの信頼を確立するために重要である。」という意義を示し，II-3-1-2で監督に当たっての「主な着眼点」，II-3-1-3で監督手法・対応について述べている。

II-3-1-2では以下の7点が「主な着眼点」として示されている。

① 代表取締役，取締役及び取締役会は法令等遵守を経営の最重要課題の一つと位置付け，法令等遵守に取り組んでいるか。
② 法令等遵守に係る基本方針及び遵守規準が取締役会において策定されているか。
③ コンプライアンスを実現するための基本的な手引書（コンプライアンス・マニュアル）を策定しているか。また，役職員及び保険募集人に対して周知徹底されているか。
④ コンプライアンスを実現させるための具体的な実践計画（コンプライアンス・プログラム）を適時，合理的なものとして策定しているか。
⑤ コンプライアンス等の法務問題を一元管理する体制として，コンプライアンスに関する統括部門を設置しているか。また，その機能が十分発揮されているか。

⑥ 各業務部門及び営業拠点等毎に，適切にコンプライアンス担当者を設置しているか。
⑦ コンプライアンスに対する内部監査態勢は十分整備されているか。

(3) 保険業界としての自主規制と個別会社の取り組み

　国内で活動する保険会社が加盟する（社）生命保険協会，（社）日本損害保険協会は，関係法令や公的規制を基準に業界としての自主規制の方針を決め，会員企業にその遵守を求めている。
　このように保険会社は何段階にもわたる幅広いルールに従わなくてはならない状況にある。これらすべてのルールに従った上で，はじめて個別企業としての独自の取り組みを行うことになる。その具体的内容はディスクロージャー誌やホームページなどで広く公表されている。
　しかし，金融庁の検査マニュアルのような明確な基準が存在することでコンプライアンス態勢の整備のための制度導入が促進される反面，制度の浸透や徹底という点での課題は残る。何故コンプライアンスが求められるのか，という根本的な価値理念を組織内で共有していなければ，あらゆる環境変化に対応してコンプライアンス態勢を維持し続けることはできない。単に与えられたルールに従うだけでなく，より積極的で柔軟な対応ができるような教育体制の確立が今後の課題と言えるだろう。

6．保険会社のコンプライアンス実践事例：生命保険会社のディスクロージャーをめぐって

　本節では日本の保険会社のコンプライアンス実践状況を示す典型的事例として，生命保険会社の財務状況と経営成績を表示する会計情報をめぐるディスクロージャー制度について紹介する。生命保険会社を主眼に制度の変遷を確認し，そこから今後の日本の保険会社に求められるコンプライアンスのあり方について考えるヒントを探っていく。

（1）ディスクロージャー制度の変遷

　保険会社のディスクロージャー制度は，1996年の保険業法改正までは基本的に業界による自主規制的対応に任されていた。そして業法改正により法的根拠が与えられ，内容も法制化された。「業務及び財務の状況に関する事項を記載した説明書類」（以下『開示資料』）が保険会社の本支店等に備え置かれ，証券取引法の適用がない生命保険相互会社の関係者や，また契約関係にない一般公衆の縦覧に供せられることとなった（保険業法第111条「公衆縦覧制度」）。そして，1998年の金融システム改革法の成立を受けた保険業法改正により第111条が再改正された。その結果開示が義務規定化され，それまで『開示資料』で開示すべき項目が省令レベルで定められ，開示内容に規定違反があった場合の罰則も設けられた（江澤[2007] pp. 139-141）。

（2）業界の自主規制

　保険業法等の法令によって定められた開示項目に加え，生命保険協会では，自主的に開示すべきと判断した項目を加えた協会統一の「ディスクロージャー開示基準」を制定している。さらに開示の様式を例示した「ディスクロージャー要綱様式モデル」等を作成し，各社間のディスクロージャー様式の整合性を確保し，比較しやすいようにしている。そして両協会ともに，消費者の理解を深めるために1998年から解説冊子を発行している。また一般公衆の縦覧に関しては，生命保険協会本部と全国52箇所の地方事務所と消費生活センター（約500箇所）に各社のディスクロージャー誌を収納したファイルを設置するとともに，協会のホームページからもアクセスできるようにしている。

（3）個別企業の取り組み：三利源の内訳開示をめぐって

　基礎利益は一般事業会社の営業利益や，銀行の業務純益に近いもので，2001年3月期決算から開示が始まった。基礎利益は死差損益，費差損益，利差損益にほぼ分解でき，この3つの基幹損益が「三利源」と呼ばれている。従来生命

保険会社は「製造業でいえば秘中の秘である原価にあたる」などとしてその内訳の開示を拒み続けてきた（日本経済新聞，2006．3.17）。しかし2006年3月期からその内訳を開示する方針を明らかにした会社が出現したのを機に，各社がこの動きに追随している。

このような動きは，公的規制や業界の自主規制を超えた個別企業のより積極的取り組みと評価可能ではある。しかし当該企業が開示に踏み切った背景に「保険金不払い等の問題の再発防止策をアピールする意図がある（日本経済新聞，2006．3.17）」とも言われ，単純には評価できない側面もある。また追随した会社については，横並び的な対応であることは否定できない。また，三利源では単年度の財務状況しか説明できないため，その欠点を補う指標であり欧米企業で開示が進んでいるエンベディッド・バリュー（embedded value）を併せて開示する会社も出現し始めている。また，2007年3月期決算から配当性向の開示を始めた会社もある（日本経済新聞，2007．5.27）。

どのような対応をするにしても，単に外的基準に受動的に適応するのではなく，組織内で倫理的な価値基準を共有し能動的に取り組んでいくことが重要である。ディスクロージャーが必要な理由を再確認し，外部から課せられた基準を厳格に遵守した上で，必要な項目を契約者が理解できる方法で適宜開示することができるようなコンプライアンス態勢を構築していく必要がある。また開示内容の信憑性を確保するための取り組みも欠かせない。

7．むすびに代えて

金融商品取引法の導入や保険法の見直しなど，保険会社が遵守すべき基準はこれからも変化していくが，保険会社に求められるコンプライアンスのレベルが厳格化する傾向は続くようである。また，「保険金不払い等の問題」により，契約者の保険会社のコンプライアンスに対する信頼は大きく損なわれた。日本の保険会社はコンプライアンスをめぐるこのような厳しい環境変化に対応しなくてはならない。そのためには，単に既存のルールに従うだけでなく，コンプ

ライアンスの意味するところを十分に理解し，柔軟な対応ができるような環境整備が必要である。

以下は企業倫理に関する世界的に有力な専門誌3誌のうちの1誌である *Journal of Business Ethics* に1998年に掲載されたケースの概要である。販売に関する倫理的課題が生じやすい一例として示された医療保険の販売に関するものである。

「アメリカのある大学教授に1年の特別研究期間が与えられ，その間は従来どおり給料は支払われるものの福利厚生部分はカットされることとなった。この結果，1年の特別研究期間はこれまで大学負担で加入していたA社の医療保険の保険料を自己負担しなくてはならなくなった。そしてこの教授が自分の負担額について照会したところ，非常に高額となることがわかった。そこで，この教授はA社以外の選択肢を求めB保険会社のエージェントに相談した。このエージェントは教授にB社では同様の保障を格安で入手できることを知らせると同時に，以下の2点の問題点があることを教えた。①B社に加入する1年間に深刻な病気になった場合，今後B社の保険には加入できない可能性が高い，②この教授はA社との契約を自発的に継続しないことになるので，今後A社との契約を再開しても契約条件が不利になる可能性が高い。このエージェントには以上2点の問題点を告げる法的義務はなかった。そして問題点を告げた結果，この教授はA社との契約を継続し，その後15年間この教授からこのエージェントへのコンタクトはなかった。このエージェントの対応をどのように評価すべきか。(Carson [1998])」

「ルールに従ってさえいれば問題ない」という姿勢ではこのケースに十分な答えをだすことはできないだろう。関係法令を見極めるのはもちろん，エージェントの行動の倫理的レベルの正当性が主張できるような対応が真のコンプライアンスにつながるだろう。日米の制度差などから一概に比較できないものの，今後の日本の保険会社のコンプライアンスについて考える際の重要な示唆になるケースと言えるだろう。

参考文献

梅津光弘［2007］「企業経営をめぐる価値転換」企業倫理研究グループ『日本の企業倫理』白桃書房

江澤雅彦［2007］「保険会社によるディスクロージャー制度」大谷孝一編著『保険論』成文堂

『社団法人 生命保険協会 SR 報告書2007』

谷本寛治編著［2004］『CSR 経営』中央経済社

中村瑞穂［2001］「企業倫理実現の条件」『明治大学社会科学研究所紀要』第39巻第 2 号

浜辺陽一郎［2005］『コンプライアンスの考え方』中公新書

藤田楯彦［2007］「企業コンプライアンスの認識状況」『修道商学』第47巻第 2 号

町田祥弘［2007］『内部統制の知識』日経文庫

水島一也［2006］『現代保険経済〔第 8 版〕』千倉書房

Boatright, J.R. [1999] *Ethics in Finance*, Blackwell.

Carroll, A.B. and Buchholtz, A.K. [2006] *Business & Society : Ethics and Stakeholder Management*, 6th ed., South-Western.

Carson, T.L. [1998] "Ethical Issues in Sales : Two Case Studies", *Journal of Business Ethics*, 17.

E・M・エプスタイン［1996］「公的規制・自主規制・企業倫理」中村瑞穂他訳『企業倫理と経営社会政策過程』文眞堂

Lawrence, A.T. and Weber, J. [2008] *Business and Society : Stakeholders, Ethics, Public Policy*, 12th ed., McGraw-Hill.

Paine, L.S. [1997] *Cases in leadership, ethics, and organizational integrity : a strategic perspective*. McGraw-Hill,（梅津光弘・柴柳英二訳［1999］『ハーバードのケースで学ぶ企業倫理―組織の誠実さを求めて』慶應義塾大学出版）

Paine, L.S, Deshpande, R., Margolis, J.D. and Bettcher, E.M. [2005] "Up to Code : Does Your Company's Conduct Meet World-Class Standards?", *Harvard Business Review*, December.（山本冬彦訳［2006・3］「8 つの基本原則を確認せよ―GBSC 企業行動規範の世界標準」『DIAMOND ハーバード・ビジネス・レビュー』ダイヤモンド社）

第12章　少子高齢化と保険・年金

佐々木　一郎

1. はじめに

　現在わが国では、少子高齢化が進展している。少子高齢化の進展は、後述するように、家族内扶養を低下させるなどの理由から、家計リスク管理としての保険・年金の役割を増大するものと考えられる。

　だが、新たな経済・社会環境の変化等に伴い、少子高齢社会における保険・年金の有効活用を困難にするさまざまな要因が存在していると考えられ、本章ではその要因として3つを指摘し、考察する。これらの諸要因は、既存の保険・年金制度や、家計による保険・年金選択を大きく変容する可能性があると思われる。

　まず第1の要因は、少子高齢化そのものである。今日の少子高齢社会では、老後の経済的リスクを処理する保険・年金として、国民年金の役割が重要性を増している。しかし、少子高齢化により、若年世代への実質負担が増大し、いわゆる年金未納問題など、国民年金の存立を根底から揺るがす事態が生じてきている。

　第2の要因は、経済格差拡大という新たな環境変化である。家計がリスク管理手段として保険・年金を活用しようと考えても、格差社会の進展から低所得者層が増大し、保険・年金の購買力が低下し、無保険から保険・年金を有効活用できない事態が今後深刻化することが考えられる。

　第3の要因は、私たち家計自身の非合理性である。最近の研究の成果から、私たち家計には多くの非合理性があり、その非合理性から、諸決定について最適選択を行うことは難しいことが徐々に明らかになってきた。保険・年金選択

もその例外ではないことが考えられ，少子高齢社会における保険・年金の最適選択は困難になるおそれがあること，それを防ぐためには個々の家計は自らの非合理性や癖を自覚しておくことが重要であると考えられる。

本章の構成は以下のとおりである。次の第2節では，少子高齢社会における保険・年金の役割の増大について説明する。第3節では，少子高齢社会を公的な年金として支える国民年金について，少子高齢社会ゆえにその維持が難しくなる年金問題について考察する。第4節では，少子高齢化と並行して昨今進展しつつある経済格差拡大は，無保険者を増大させる可能性が高いことを考察する。第5節は，私たち家計自身の非合理性から，少子高齢社会における保険・年金の有効活用が難しくなるという問題について考察する。最後に第6節では，本章のまとめを行う。

2．少子高齢化と保険・年金の役割

本節では，少子高齢社会における家計のリスク管理手段として，いかに保険・年金が重要性を増しているのかについて考察する。

(1) 少子高齢化の進展

現在わが国では，少子高齢化が進展している。以下では，国立社会保障・人口問題研究所「人口統計資料集」(2007年版)を参考にして，わが国の出生率の低下や65歳以上人口比率の増加，および諸外国との違いについて説明しよう。

まず，少子化の進展に関しては，女性が一生涯に産む子供の人数が近年大幅に減少傾向にある。わが国の合計特殊出生率の推移を1955年以降の時系列で見てみよう。1955年の合計特殊出生率は2.37であった。その後，1980年には1.75，2005年には1.26となり，女性が一生涯に産む子供の人数は，この50年間で半分近くにまで落ち込んできている。

次に，高齢化の進展に関しては，65歳以上人口の比率を1955年以降時系列的に見てみよう。全人口に占める65歳以上人口の比率は，1955年時点では，5.32

%であった。その後，2005年には約20％になり，約5人に1人が65歳以上となっている。

また，主要国の65歳以上人口の割合を国際比較すると，2005年時点では，日本は19.73％，アメリカ12.31％，スウェーデン17.22％，フランス16.61％などとなっており，現時点では日本のみがそれほど際立った数字ではない。だが，2050年時点での予測値で見ると，日本は35.89％，アメリカ20.65％，スウェーデン24.74％，フランス27.11％であり，わが国の場合，今後の65歳以上人口比率の増加幅が大きいことが1つの特徴としてあげることができる。

(2) 少子高齢化が家計リスクに及ぼす影響

このような少子高齢化の進展は，私たち家計の生活上のリスクに対して，どのような影響を及ぼすのだろうか。そもそも私たちの身のまわりには，交通事故や自然災害，病気，死亡，介護，老後の経済的リスク（＝長生きにより老後の生活費が枯渇するリスク）など，さまざまなリスクが存在している。

さて，少子高齢化の進展は，家計が直面するこれらの諸リスクの中でもとりわけ老後の経済的リスクを増大させ，しかも，老後の経済的リスクへの対処をより難しくすることが考えられる。内閣府「国民生活に関する世論調査」（平成18年10月調査）による統計データからも，私たち家計が日常生活の中でかかえている悩みや不安のうち，老後の経済的リスクにかかわる要因が最も懸念されていることが示されている。

ではなぜ，家計はさまざまなリスクのうち，老後の経済的リスクを最も懸念しているのであろうか。少子高齢化の進展などを背景に家計が老後の経済的リスクを最も懸念している理由としては，勤労収入の見込みにくい引退期間の増大の影響が考えられる。

図表12-1を参照されたい。厚生労働省「第20回生命表（完全生命表）」によると，わが国の平均寿命は，今から約50年前の1955年には，男性が63.60歳，女性が67.75歳であった。その後，2005年時点では，平均寿命は男性が78.56歳，女性が85.52歳となっている。

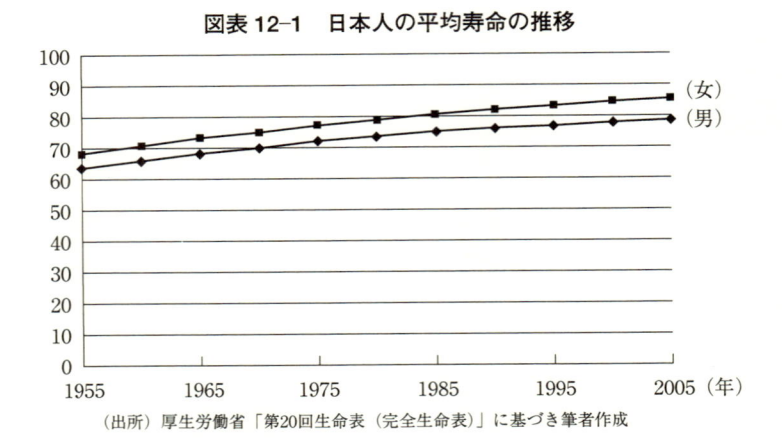

図表 12-1　日本人の平均寿命の推移

（出所）厚生労働省「第20回生命表（完全生命表）」に基づき筆者作成

　60歳定年を仮定すると，約50年前の世界では，引退後5年間程度の老後準備でよかったものが，現在では20年間程度の老後準備が必要になってきているのである。学校を卒業して60歳まで働く期間はおおむね40年間程度であるから，約50年前の世界では，40年間をかけて5年間分の老後準備を行えばよかった。これが現在では，同じ40年間で，20年間分もの老後準備を行わなくてはならない。高齢化により，家計にとって老後の経済的リスクは大きく増大しているのである。

　さらに，少子高齢化の進展は，リスクへの対処についてもより困難にすると考えられる。その理由としては，少子化等による世帯規模縮小，老人のみ世帯の増加，家族内扶養の低下の影響などが考えられる。厚生労働省「平成18年国民生活基礎調査の概況」によると，単独世帯，夫婦のみ世帯は，1986年にはそれぞれ18.2％，14.4％であったが，2006年にはそれぞれ25.3％，21.5％へと推移している。また，三世代世帯は，1986年には15.3％であったが，2006年には9.1％へと大きく縮小しており，家族規模は縮小傾向にある。

　家計が老後の経済的リスクあるいはそれ以外の諸リスクに対処するための準備手段として，基本的で重要性の高い準備手段の1つは，家族による扶養である。高齢の祖父母をたくさんの子や孫が取り囲む大家族であるほど，子や孫に

2. 少子高齢化と保険・年金の役割

よる1人当たりの小さい負担で大きな扶養を行うことができる。また、家族構成員の1人が病気や交通事故等に遭遇した場合、他の多くの家族構成員が手助けをするほど、1人当たりの負担は小さくても、大きな経済的手当てを行うことができる。少子高齢化を一因とする核家族化の進展は、この家族内扶養の能力を小さくし、家計のリスク対処能力を低減させてしまうことになる。

(3) 保険・年金の役割の増大：家族機能の低下

少子高齢化に伴い、家計にとって昨今最も懸念されている老後の経済的リスクは増大し、しかも老後の経済的リスクへの対処は難しくなってきている。また、家計は、老後の経済的リスク以外にも、交通事故や自然災害、病気など、たえず諸リスクにさらされている。家族内扶養に期待しにくいもとで、家計はどのような準備手段によってこれらの諸リスクに対処していけばよいのであろうか。

家計が諸リスクを処理するリスク管理手段には、主に、危険発生を事前に予防したり軽減したりしようとするリスク・コントロールと、危険が発生したのちの資金的備えであるリスク・ファイナンシングの2つがある。保険・年金は、後者のリスク・ファイナンシングに位置し、小額の保険料負担で、高額の保険事故に効率よく対処できるリスク管理手段である。

今日では、家計のリスク管理手段として、保険・年金は大きく浸透してきている。図表12-2を参照されたい。生命保険文化センター「平成18年度 生命保険に関する全国実態調査〈速報版〉」を参考にして、保険・年金の主力商品の1つである生命保険（個人年金保険を含む）に着目すると、その世帯加入率は87.5％にも達している。

また、諸リスクのうち昨今家計が最も認識している老後の経済的リスクの処理については、保険会社や国から提供される年金がその役割の一端を担っているが、なかでも国による国民年金が非常に重要な役割を果たしている。

高齢者世帯の所得の内訳については、厚生労働省「平成16年 国民生活基礎調査の概況」によると、公的年金・恩給71.9％、稼働所得17.6％、財産所得5.4

図表 12-2　生命保険の世帯加入率

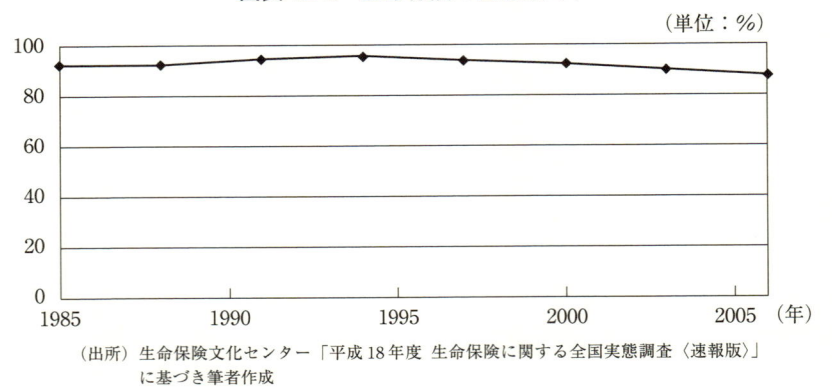

(単位：%)

（出所）生命保険文化センター「平成18年度　生命保険に関する全国実態調査〈速報版〉」に基づき筆者作成

%，年金以外の社会保障給付金1.2%，仕送り等その他3.9%となっている。公的年金・恩給の割合が圧倒的に高い。また，公的年金・恩給を受給している高齢者世帯全体のうち，64.2%の世帯においては公的年金・恩給が総所得の100%を占め，74.6%の世帯においては公的年金・恩給が総所得の80%以上を占めている。

　公的年金・恩給のベースとなるのが国民年金である。よって，諸リスクのうち，昨今家計が最も認識している老後の経済的リスクを国民年金が処理していることからも，少子高齢社会における保険・年金の役割は非常に大きいことを垣間見ることができる。

3．少子高齢化と年金問題

　本節では，保険・年金のうち，少子高齢社会において特に重要性を増すと思われる国民年金に焦点を当て，少子高齢社会ゆえに国民年金の存立が揺らぎつつある問題について考察する。

3. 少子高齢化と年金問題   225

(1) 少子高齢化から生じる問題

　少子高齢化の進展は，収入の見込みにくい引退期間を長くし，老後の経済的リスクを増大させる。しかも少子高齢化を一因として，核家族世帯や老人のみ世帯が増大し，家族内扶養の能力は小さくなり，家計の老後の経済的リスク処理能力は低減することが考えられる。老後の経済的リスクの処理を家族内扶養には期待しにくいもとで，国民年金はわが国高齢者の老後の経済的リスクの多くをカバーしている。

　だが一方では，少子高齢社会ゆえに，いくつかの年金問題が顕在化しているという現実がある。たとえば，生まれた世代の違いによって，給付と負担が大きく異なり，若い世代の実質負担が大きくなるという世代間不公平の問題がある。また，この世代間不公平等のために，若者を中心に年金未納が社会問題化し，皆年金の仕組みを揺るがしつつあるという指摘もある。そのため，本来ならば老後を豊かにするはずの国民年金をうまく活用していないケースや，あるいは年金不信や年金制度の不安定化によって老後不安が増幅するなど，国民年金の逆機能も生じてきている。

　以下では，まず，国民年金はどのような仕組みで運営されているのかについて説明する。そのうえで，少子高齢化が進展したために，今，国民年金にはどのような問題が投げかけられているのかについて考察する。

(2) 国民年金の仕組み

　国民年金には，第1に，主に賦課方式という財政方式をとること，第2に，終身タイプの年金であることの2つの特徴がある。

　第1の点については，年金制度を財政面で支える仕組みには，主として賦課方式と積立方式があるが，国民年金は賦課方式をベースにして運営されている。賦課方式では，その時々の高齢世代が受給する年金は，その時々の勤労世代が納める保険料でまかなわれる。

　賦課方式については，インフレが生じても年金の実質価値を維持しやすいな

どのメリットがある。一方で，個人レベルで見ると多くの場合，生涯に納付する年金保険料総額と，生涯に受け取る年金受給総額は一致せず，どの世代に生まれたかによって負担と給付に不公平が生じるなどのデメリットがある。

また，積立方式では，本人が勤労期に納付した保険料を積み立てていき，本人が老齢期を迎えた時，その積立金を取り崩して年金給付にあてるという仕組みで成り立っている。

積立方式の場合，自分が積み立てた掛け金が自分の年金給付として戻ってくる。そのため，割引現在価値に換算すると，生涯に納付する年金保険料総額と，生涯に受け取る年金受給総額は一致し，世代間の不公平は生じないなどのメリットがある。一方で，インフレに弱く，高齢期に受け取る年金の実質価値が大きく目減りする危険を負担しなくてはならないなどのデメリットがある。

次に第2の点については，一般に年金には，その支給条件の違いから，確定年金と終身年金の2つがあるが，国民年金は後者の終身年金に分類される。まず確定年金の特徴から説明しよう。確定年金については，生死にかかわらず，5年間や10年間など，あらかじめ決められた年数だけ年金が支給される。その決められた年数の期間について，本人が生存していれば，年金は本人に支給され，本人が死亡した場合でも代わりに遺族等に支給される。

確定年金で老後に備えた場合，決められた年数を経過すると年金支給はストップするから，予想よりも長生きをした場合には年金が枯渇してしまい，生活が立ちゆかなくなるという大きな問題点がある。年金支給がストップしたのちの生活水準は大きく落ち込んでしまい，確定年金では生涯消費を安定させることが難しいなどのデメリットがある。

一方，終身年金は，生存を条件に年金が支給され，死亡すれば年金は支給されなくなる。終身年金の場合，生存している限り年金を受け取ることができるから，生涯消費を安定させやすいという大きなメリットがある。ただし，長生きをするほど生涯に受給できる年金総額が大きくなるものの，逆に短命であるほど生涯に受給できる年金総額は小さくなる。長寿を期待できないと予想する人々にとっては，終身年金は年金回収総額が小さくなるというデメリットがあ

る。

(3) 世代間不公平：若年世代の年金未納

　既述のとおり，国民年金制度は主に賦課方式で運営され，その時々の勤労世代の掛け金がその時々の高齢世代の年金給付を支える仕組みをとっている。そのため少子高齢化が進展すると，より少ない勤労世代がより多い高齢世代の年金を支えなくてはならないため，勤労世代は国民年金に加入・納付しても，生涯の給付総額が掛け金総額を下回ることが予想される。生まれた世代の違いによって，年金給付と負担の関係が大きく異なるという，世代間不公平の問題が国民年金には生じているのである。

　さらに，社会保険庁「平成17年国民年金被保険者実態調査　速報」によると，国民年金未納率は若年世代ほど高いという。学生やフリーター，自営業者などから構成される国民年金第1号の加入対象者については，20代，30代のおよそ3〜4人につき1人が年金未納者になっている。

　多くの若者が年金未納者になることは，社会全体で見た場合，その時々の勤労世代がその時々の高齢世代を支えるという皆年金の仕組みを揺るがすという点で，大きな問題がある。さらに，年金未納が長期化すると，未納者本人は老後に国民年金を受け取ることができないため，無年金から老後の貧困をもたらしやすくなる。国民年金は，高齢期の収入の多くを占めているから，年金未納から無年金者になることは，高齢期の収入基盤を失うことになる。

(4) 年金不信と年金未納

　若年世代にとっては，年金給付が負担を下回ると予想されることや，数十年後に自分たちが高齢者になった時にはすでに年金制度は崩壊しているのではないかなど，年金制度をめぐっては多くの懸念材料がある。そのため，年金不信が若年世代の年金未納の主原因であると見なすことについては，当然のようにも考えられる。

　だが，年金不信を年金未納の主原因と見なすことについては，憶測も少なく

はない。年金不信と年金未納の関係をアンケート調査データにもとづき計量的に分析した学術的研究によると，年金不信を年金未納の主原因と見なす分析結果が示されている一方で，そうではないことを示す分析結果も複数提示されている。実は学術的には，その因果関係はまだはっきりしておらず，その特定にはさらなる研究の進展が必要である。

なお，年金不信があっても国民年金保険料をきちんと納めようとする行動は，ある意味で不思議な感じもする。その動機としては，国民年金の加入・納付は義務であるので，人々の法律遵守意識や規範意識が働いていることが考えられる。また，国民年金に代わる有力な老後の経済準備手段を個人が確保することは，現実的には難しいことなどが考えられる。

4．経済・社会環境の変化と保険・年金：格差社会の進展の影響

既述のとおり，少子高齢化の進展は，家族内扶養の低下等から，リスク処理手段としての保険・年金の必要性を高めると考えられる。だが昨今のわが国では，少子高齢化と並行して，経済格差拡大という新たな環境変化が進展してきている。

本節では，格差拡大が保険・年金選択に及ぼす問題として，若年フリーターへの影響に焦点を当てる。そのうえで，格差社会の進展は，低所得者層を増大させ，人々の保険・年金購買力を低下させ，無保険から保険・年金の有効活用を困難にする可能性があることを考察する。

（1）フリーター，無業者，ネットカフェ難民の増大

現在わが国では，人々の間の経済格差が進展しつつあることが指摘されている。また，親が低所得者である場合，子も低所得者になりやすい傾向があることも観察され，低所得（貧困）が世代を超えて親子間で継承される問題も指摘されている。さらに若年世代をめぐっては，フリーターが増大し，低所得で不安定のため，将来の展望が見えにくい状況にある。

4．経済・社会環境の変化と保険・年金：格差社会の進展の影響

厚生労働省「労働経済白書」（平成17年版）を参考にして，若年層の失業問題や，若年フリーターの問題に注目すると，2003年時点で，20～24歳の若年層の完全失業率は9.8％の高い割合を示している。また，図表12-3に示すように，15～24歳について雇用者に占める非正規雇用者の割合は，1994年の10.6％から，2004年の33.3％へと増大傾向にある。さらに2004年現在，大学を卒業した人々のうち，就職も進学もしない無業者の割合は，約20％であるという。ごく最近では，定まった住居を持たない若者が，インターネットカフェやハンバーガーショップで寝泊りする，いわゆるネットカフェ難民などが大きな社会問題になりつつある。

（2）無保険者の増大の可能性：保険料負担能力の問題の顕在化

さて，フリーターの場合，雇用が不安定であるばかりではなく，生涯年収が非常に低く，退職金もないのが実情で，その経済基盤は非常にもろい。UFJ総合研究所「増加する中高年フリーター」（2005年）によると，高卒男性に関して見ると，フリーターの生涯賃金は約6,500万円であり，正社員の生涯賃金約2億3,500万円を大きく下回る。

しかも，低所得の若年フリーターが，そのまま低所得の中高年フリーターへと移行する傾向がある。男性のケースでは，いったんフリーターになった人が

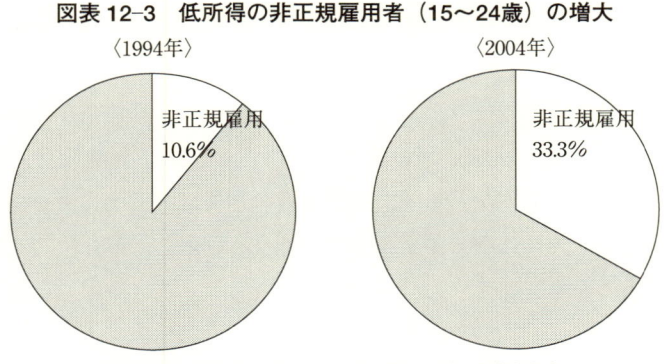

図表12-3　低所得の非正規雇用者（15～24歳）の増大

〈1994年〉　非正規雇用 10.6％
〈2004年〉　非正規雇用 33.3％

（出所）厚生労働省「労働経済白書」（平成17年版）に基づき筆者作成

図表12-4 生命保険に加入しない主な理由（複数回答）：経済的理由の増大

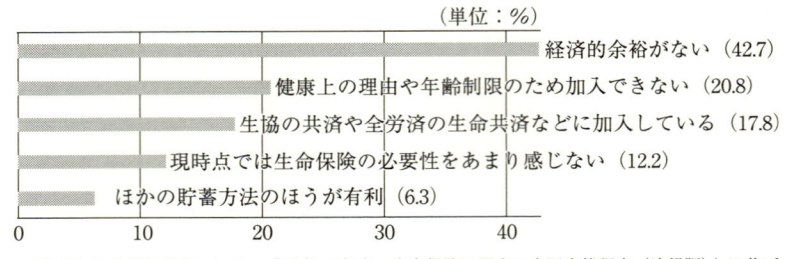

(単位：％)

- 経済的余裕がない（42.7）
- 健康上の理由や年齢制限のため加入できない（20.8）
- 生協の共済や全労済の生命共済などに加入している（17.8）
- 現時点では生命保険の必要性をあまり感じない（12.2）
- ほかの貯蓄方法のほうが有利（6.3）

（出所）生命保険文化センター「平成18年度　生命保険に関する全国実態調査〈速報版〉」に基づき筆者作成

　5年後もフリーターにとどまる割合は，25～29歳の層では55％，30～34歳の層では75％に達している。

　15～24歳の若年層のうちおよそ3人に1人が低所得のフリーターになり，しかも，若年フリーターが中高年フリーターに移行しやすい時代を迎えている。今後，若年フリーターの多くが中高年フリーターにとどまる場合，低所得から保険・年金購買力は低下し，無保険者になる人々が多く発生することが予想される。

　図表12-4を参照されたい。生命保険文化センター「平成18年度 生命保険に関する全国実態調査〈速報版〉」によると，生命保険に加入しない理由としては，「経済的余裕がない」からという回答が第1位を占めている。保険・年金を必要としていても，経済的理由から保険・年金に加入できない層が相当数存在することが裏付けられている。

　本節ではとりわけ若年フリーターに焦点を当てたが，経済格差拡大は，中高年層や高齢者層など，幅広い層に広がりつつある。少子高齢社会における保険・年金の重要性にもかかわらず，格差社会の進展は，低所得者を増大させ，リスク管理手段しての保険・年金の利用可能性を制限し，無保険者を増大させるおそれがある。

5．経済合理性と保険・年金：行動経済学からのアプローチ

　少子高齢化が進むのに伴い，家族内扶養は低下し，リスク管理手段としての保険・年金の重要性は増大すると考えられる。そのため，保険・年金を最適に選択できるかどうかは，私たち家計の生涯満足を大きく左右するといえる。だが行動経済学と呼ばれる研究アプローチの進展から，私たち家計の合理性には多くの限界があることが分かってきた。本節では，家計の合理性の限界から，少子高齢社会における保険・年金の有効活用についても，いくつかの困難があることが考えられることを考察する。

（1）経済合理性の新しい捉え方

　保険・年金選択に限らず，私たち家計は，どういう商品・サービスを消費するか，月々いくら貯蓄するか，貯蓄を預貯金・債券・株式等どのような金融資産で保有するのかなど，限られた予算のもとで最も豊かな生活を送るため，さまざまな意思決定を行っている。

　従来の経済学の理論では，合理的に意思決定のできる経済人を想定したうえで，人々の諸行動を分析してきた。だが現実の個人は必ずしも合理的である保証はない。従来の経済理論の枠組みでは，なぜ過剰な負債をかかえる人々が多く存在するのかということや，株式投資を過度に回避して預貯金に偏重する人々が多く存在するのかということなどについては，合理的に説明がつきにくい部分があった。

　本章が考察対象としている保険・年金についても，掛け捨て保険を嫌う傾向や，地震保険の過小加入の傾向，年金未納行動など，合理的な説明がつきにくい行動がいくつも観察されている。

　最近になって，行動経済学と呼ばれる研究分野において，近視眼性や群衆行動など，人々の行動にはさまざまな癖や非合理的側面があることが徐々に解明されてきた。行動経済学は，あえて人々の非合理的側面に着目し，従来の経済

理論では説明のつきにくかった諸行動を説明づけようとチャレンジする学問領域である。

行動経済学を保険・年金選択に応用することで、これまで合理的な説明がつきにくいとされた保険・年金行動のいくつかが説明可能になることが期待できるといえる。

以下では、保険・年金選択に際して、私たち家計がとりやすいと考えられる非合理的行動として、近道選び、近視眼的行動、損失回避行動の3つを紹介する。私たち家計は、自らにはこれらの非合理的側面があることを自覚することで、より有効な保険・年金選択を行うことができると考えられる。

（2）近道選びと保険・年金選択

人々が保険・年金を選択する場合、当該保険・年金商品についてそのメリットとデメリットを詳細に分析したうえで、加入・未加入の判断を合理的に行っているのであろうか。それとも、自分の身のまわりの人々の意見や考えに左右されて、いわば流される形でなんとなく加入・未加入を決めているのであろうか。人々の保険・年金知識の実態等を踏まえると、非合理的に周囲に流される形で、加入すべきケースで加入せず、加入すべきでないケースで加入する可能性も考えられる。

私たちは、そもそもいったい、保険・年金の制度や商品特性についてどのくらいよく知っているのであろうか。ここでは国民年金を例にとり、人々の保険・年金知識は高いとは言えないことを説明しよう。

社会保険庁「平成16年公的年金加入状況等調査 結果の概要」によると、国民年金制度に関する人々の周知度は、あまり高くはないという実態がある。同調査では、国民年金制度に関してさまざまな質問項目を設定して、その周知度を調査している。

調査した項目としては、「年金給付の実質的価値維持の制度に関する周知度」、「基礎年金の国庫負担に関する周知度」などである。各々の項目の周知度は、20〜59歳の平均で、それぞれ44.6％、41.0％と低い水準にある。また、図

5．経済合理性と保険・年金：行動経済学からのアプローチ　　233

図表 12-5　低い保険・年金知識：国民年金未加入者の年金周知度の事例

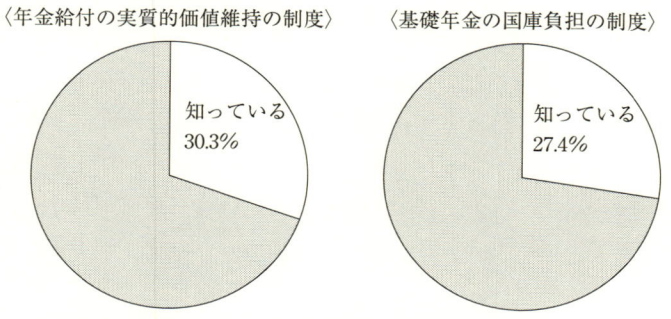

〈年金給付の実質的価値維持の制度〉　　〈基礎年金の国庫負担の制度〉

知っている　30.3%　　　　知っている　27.4%

（出所）社会保険庁「平成16年公的年金加入状況等調査 結果の概要」に基づき筆者作成

表12-5に示されるように，国民年金未加入者の場合，各々の項目の周知度は，30.3％，27.4％であり，その年金周知度はさらにいっそう低いことがわかる。

ではなぜ，家計の保険・年金知識は低く，あまり理解されていないのであろうか。その原因として考えられる要因としては，2つを指摘することができる。

第1は，保険・年金は目には直接見えづらいため，実際に保険事故が発生して保険給付を受ける機会などがない限り，加入のメリットを実感しにくい特性をもつことの影響が考えられる。

第2は，保険・年金のうち，とくに年金に当てはまることであり，掛け金の負担と給付が何十年もの長期間にも及ぶため，負担と給付の関係を理解することが非常に難しいために，その周知度が低くなっていることが考えられる。

国民年金を例にとると，通常，20歳から掛け金の支払いがはじまり，60歳まで掛け金を支払い続ける。そして，65歳から年金の給付が生存している限り生涯にわたり継続する。このように非常に長期にわたるお金の流れがあり，それを正確に理解することは難しいといえる。また，負担と給付の関係を正しく比較するためには，時点の異なるお金の価値を同じ時点での貨幣価値に換算しなおして比較しないといけないが，そのような換算も一般の人々には容易ではないといえる。

保険・年金に関する知識があまりないもとで，加入するかどうかを決定する際，人々はどのような行動をとるのであろうか。行動経済学の研究成果を応用すると，人々は，知識が不十分のもとで意思決定をする場合，近道選びと呼ばれる行動をとりやすいことが分かってきている。

近道選びとは，自分の身のまわりにいる人々の意見を参考にしたり，意思決定する時に用いる情報を入手しやすいところから収集したりする行動である。保険・年金選択にこの近道選びを応用すると，自分の身のまわりにいる親や友人の意見・考えに影響されたり，テレビ・新聞などマスメディアの入手しやすい情報に左右される可能性が考えられる。

つまり，自分自身のリスク状況，および当該保険・年金商品について十分に検討したうえで加入するかどうかを決定するのではなく，親や友人が加入するように勧めるから加入するなどの理由から，周囲に流される形で加入決定をすることが考えられる。

自分自身にとって当該保険・年金に加入すべき場合に，周囲が加入するように勧めてマッチングした場合には，問題は生じない。だがそうではない時には，必要な保険・年金に加入せず，不必要な保険・年金に加入するという問題が生じるおそれもある。

(3) 近視眼性と保険・年金選択

実際に事故が発生して保険給付を受ける機会がない限り，保険・年金のメリットは，なかなか実感しにくい。しかも，保険・年金の加入には，月々の掛け金の支払いが必要にある。そのため，人々のなかには現在の生活を重視する近視眼的な傾向から，必要な保険・年金に加入しない行動を選択することが考えられる。

長生きをした場合の老後の経済的リスクに備える保険である年金を例にとり，保険・年金加入への近視眼性の影響を考察しよう。健康上の理由などから，人々が勤労収入を得られる期間は限られている。退職後には勤労収入が見込みにくくなるので，十分な備えがなければ，一生涯のうちで勤労期には消費水準

が相対的に高く，高齢期には消費水準が極端に落ち込み，生涯消費は不安定で起伏の激しいものになってしまう。

このようなことの起きないように，退職後も安定した消費を送れるようにするためには，年金などの保険手段を活用することが有効である。だが，年金に加入するためには，年金保険料を負担しなくてはならず，勤労期の消費をその分だけ抑制しなくてはならなくなる。年金に加入していないと困ることになるのは，遠い先の老後のことである。近視眼的傾向が優先された場合，目先の若い時の消費の誘惑にかられ，年金加入は後回しにされる可能性がある。

近視眼的行動が優先されるために加入が後回しにされる可能性は，年金に限ったことではない。地震保険や医療保険，介護保険など，さまざまな保険にもあてはまることである。

(4) 損失回避性と保険・年金選択

人々がリスク発生に備えて保険・年金を選択する場合，将来発生するであろう損失の大きさや発生頻度を冷静に評価できるであろうか。行動経済学の研究成果によると，人々にとって利得と比較をすると，損失は過大評価されやすい傾向があることが示されており，そのために保険・年金選択が最適に行われなくなることが考えられる。損失と利得を妥当に評価できない場合，状況によっては保険・年金加入の必要性の程度が誤って認識され，保険・年金選択に際してはさまざまな歪みが生じる可能性がある。

自動車保険や生命保険や各種年金など，保険・年金は私たちの生活上のリスクを効果的に処理するうえで，きわめて重要な役割を果たしている。だが，一方では，保険・年金の加入には保険料の支払いが必要であり，リスクに備えるためにその時々の収入の一部を保険料支払いに回さなくてはならない。保険・年金加入に伴うリスク処理という便益と，保険料支払いという負担を比較し分析したうえで，最適な保険・年金選択を行うことが重要となる。

保険・年金加入が過小・過大にならず，最も適切な加入が行えるように，家計は自らが直面するであろう将来損失を冷静かつ合理的に予測することが必要

であるといえる。

6. まとめ

　少子高齢化が進展し，家族による扶養能力が低下しつつある現在，家計が諸リスクに十分に対応するためには，必要な保険・年金を最適に選択していかなくてはならない。

　本章では，格差拡大等の経済・社会環境の急激な変化や，私たち家計自身の非合理性など，保険・年金の有効活用を困難にするさまざまな要因が存在していることを考察した。

　これらを踏まえ，家計は経済・社会環境の変化を見極め，また，自らにはさまざまな合理性の限界があることを自覚したうえで，自分にとって何が必要な保険・年金で，何が必要でない保険・年金かを識別し，諸リスクに柔軟に対応していくことが重要であるといえる。

参考文献
高尾　厚［1998］『保険とオプション―デリバティブの一原型―』千倉書房
高尾　厚［1991］『保険構造論』千倉書房
田村祐一郎［2006］『掛け捨て嫌いの保険思想―文化と保険―』千倉書房
田村祐一郎［1990］『社会と保険―社会・文化比較の鏡としての保険―』千倉書房
水島一也［2006］『現代保険経済〔第8版〕』千倉書房
Benartzi, S. and R.H. Thaler [2002], "How Much Is Investor Autonomy Worth?," *Journal of Finance*, Vol. LV11, No. 4, pp. 1593-1616.
Kotlikoff, L.J. and Spivak, A. [1981], "The Family as an Incomplete Annuity Market," *Journal of Political Economy*, Vol. 89, No. 2（April）, pp. 372-391.
Tversky, A. and Kahneman, D. [1974], "Judgment under Uncertainty : Heuristics and Biases," *Science*, Vol. 185, pp. 1124-1131.

参考データ出所一覧
厚生労働省［2007］「第20回生命表（完全生命表）」
厚生労働省［2006］「平成18年国民生活基礎調査の概況」
厚生労働省［2005］『労働経済白書〔平成17年版〕』
厚生労働省［2004］「平成16年国民生活基礎調査の概況」
国立社会保障・人口問題研究所［2007］「人口統計資料集〔2007年版〕」

社会保険庁［2005］「平成17年国民年金被保険者実態調査　速報」
社会保険庁［2004］「平成16年公的年金加入状況等調査　結果の概要」
生命保険文化センター［2006］「平成18年度　生命保険に関する全国実態調査〈速報版〉」
内閣府［2006］「国民生活に関する世論調査〔平成18年10月調査〕」
UFJ総合研究所［2005］「増加する中高年フリーター～少子化の隠れた一因に～」（調査レポート05／02）

第13章　保険とリスク認知

田中　隆

1．はじめに

　本章においては，消費者の保険購入・保険選択の行動が，消費者のリスク認知の延長線上に位置する側面があると共に，そのリスク認知が，心理的要素，文化的・社会的要素に強く影響される構図を示すことになる。
　リスク認知とリスク行動が心理的要素に影響される構図についての理解は拡がってきたが，文化的・社会的要素に強く影響される構図についての理解は，必ずしも拡がってはいない。一方，今日の保険業界は巨大産業となっているが，生命保険が無理解と反発を受けながら，なぜ今日の姿に至っているのか，なぜ地震保険等の保険の活用が少ないのか，それらに対する説明は多くはない。本章においては，それらの現象を踏まえて，説明を行うつもりである。
　本章では，この消費者とリスク，保険を取り巻く現象からの問題意識により，リスクの高確率性・明確性・具体性と消費者における保険選択行動と共に，生命保険が「貯蓄」として消費者に販売され，「助け合い」として社会に普及した現象に焦点を当てる。そして，これらを「ミスマッチ的現象」として位置づけ，心理的，文化的・社会的要素に強く影響される消費者の構図を説明する。
　2では，近年までの保険に対する消費者の「掛け捨て嫌い」と共に，日本での生命保険の「貯蓄」としての販売，「助け合い」としての普及を紹介し，これらから，消費者と保険における「ミスマッチ的現象」の存在を確認する。
　3では，消費者のリスク認知の性質が，リスクの高確率性・明確性・具体性に影響され，消費者における保険選択には，逆選択的で，心理的影響が反映された主観的な行動と共に，確率的思考不在の傾向が見られることを指摘する。

4では，文化的・社会的要素の影響による個人のリスク認知の性質から，認知に「意味」が伴われる構図と共に，「死」の事象と生命保険に対して比喩的でネガティブな意味を伴う認知に整合した「貯蓄」としての販売，既存の言葉による「助け合い」として整合された，社会からの受容について説明する。

地震保険等の保険の活用の少なさ，生命保険が今日の姿に至るまでの普及過程から，消費者と保険選択に関する問題については，消費者のリスク認知に関する観点からの説明が適切な，不明瞭な部分が見られるようである。

本章においては，消費者の保険選択行動や「貯蓄」としての生命保険の販売，「助け合い」としての普及等，「ミスマッチ的現象」に焦点を当て，心理的要素と共に，文化的・社会的要素に強く影響される消費者の構図を説明する。

2．社会における消費者と保険

ここでは，近年までの保険に対する消費者の「掛け捨て嫌い」と共に，日本での生命保険の「貯蓄」としての販売，「助け合い」としての普及を紹介し，消費者と保険において「ミスマッチ的現象」が見られることを確認する。

（1）保険の合理性と消費者

日本は，今や世界有数の保険大国であるが，その一方で，生命保険導入期における「保険嫌い」や「保険に対する無理解」の現象が色濃く存在していた国でもある（水島［2006］，田村［2006］，高尾［1998］）。この現象に関する大きな要素の1つとしては，日本社会における「掛け捨て嫌い」としての「確率的思考の不在」が指摘されている（水島，田村，高尾）。

保険制度は，大数の法則を数理的基礎としているが，周知の通り，保険の技術的な基礎は，確率計算に存在している。特に根幹的な保険制度の計理的基礎としては，給付反対給付均等の原則があげられている。この給付反対給付均等の原則は，保険制度が合理的拠出によって成立する根幹となる原則であり，保険制度における経済的合理性を最も現している原則である。

2. 社会における消費者と保険

　給付反対給付均等の原則において，本質的に保険取引は，保険加入者が望む保障に等しい対価を負担する取引である（水島）。この取引関係は，$P=wZ$（P＝純保険料，w＝事故発生率，Z＝保険金）の式で説明される。この式で示される通り，純保険料 P は，保険金 Z と確率 w の数学的期待値，確率的予測値に等しいことになる。この保険取引の等価関係が存在するために，保険取引は経済合理的と位置づけられるのである。

　一方，保険制度が数学的期待値により存在している性質から，消費者がリスクと保険を認知する際には，この期待値と本質的に同じ意味である純保険料への理解の程度が重要となる。特に保険者や保険制度が，保険契約者の保険購入と支払保険料に根本的に依存している以上，保険制度が維持されていくためには，保険者と消費者のリスクに対する解釈が一致しなくても，相当に近づいていることが必要となる。すなわち，保険制度の円滑な維持のためには，消費者が保険者に近い経済合理的な視点を持つことが，前提となるはずなのである。

　しかしながら日本においては，経済合理的に成立しているはずの保険が，生命保険や巨大損害への合理的な手法である地震保険等の損害保険も含めて，消費者に積極的に購入されず，保険の活用が積極的でなかった事実が存在する。その一方で，戦後の生命保険拡大期においては，消費者の生命保険における本来的な死亡保障目的が明確でなかったにもかかわらず，養老保険を中心とした生命保険の普及が拡大された奇妙な過程が存在していた。このように，「掛け捨て」とされない，かつての養老保険や積立保険の人気と，現在でも保険料のリターンを大きくアピールする商品等が存在することから，初期の保険はもちろんのこと，普及が拡大した現在においても，保険取引の等価関係に対して適切な理解が拡がっているとは断言できないのである。

　これらの事実は，消費者が保険の経済合理性を理解せず，保険に対して保険者と異なる観点を有していることを示している。つまり保険制度は，消費者に正確に理解されない側面を有したままに，今日まで発展を遂げてきたのである。

(2)「貯蓄」としての保険,「助け合い」としての保険

　消費者が保険の経済合理性を理解しない確率的思考不在の傾向がある一方で,日本社会や消費者における生命保険を中心とした保険普及に対する文化的障壁の存在も無視できない。これらの障壁の影響により,本質的な目的から外れて日本の生命保険が発展してきたことは,認識されてきたようである。

　田村によると,「危機」,「危険」,「リスク」という言葉を,国民性として嫌う日本人の精神構造が指摘されているが,特に日本社会の傾向を見てみると,「死」という事象,言葉に対する反応が鮮明であった。水島 [1995] によると,日本において死はタブーであり,死を頂点とする生活リスクへの方策は神仏の加護であったとされる。実際に,日本社会においては,死に対する呪術的な言霊現象が存在していた (田村)。この文化を根底とした社会における文化的障壁の存在により,かつての生命保険の販売は困難に直面した。そして,この文化的障壁の回避のために,生命保険会社は「貯蓄」機能を示し,死の話題を積極的に避けた販売を展開した (田村 [1995a])。この手法による成功で,「保険は貯蓄」という意識が消費者にも確立された一方,「貯蓄」としての生命保険の普及が拡大されても,「保険」としての発展から離れた普及の拡大となったのである (田村)。

　保険先進国とされる米国等においても,生命保険の発展は順調ではなかった。18世紀の米国における初期の生命保険は,社会から反発を受け,その後に発展する過程を歩んできた。また,18世紀の米国における生活保障は,隣人と縁者による相互扶助集団によるものから,生命保険は,父や夫の喪失を小切手で保障する機能ゆえに,社会から冒瀆的だとされた (Zelizer [1994])。このように,米国においては,生命保険が社会から有害とされて強烈な反発を受け,1840年代まで普及が停滞した (Zelizer)。米国においては,生命保険の「死の商品性」に対する道徳的な反発が発生したのである。

　一方,生命保険は,経済合理的な生活保障手段であるものの,現実の生命保険は,「助け合い」や「相互扶助」として社会や消費者に普及されている側面

があり，現在も日本の生命保険の説明においては，相互扶助や「助け合い」等の言葉が使われている。事実，相互扶助の理念が存在したとしても，経営実態への反映が不明瞭な日本の生命保険企業（田村［2006］）においても，相互扶助や相互主義は象徴的な意味を示している。また米国においても，19世紀後半までは経済的な印象を避けて，生命保険に関して相互扶助的な概念を用い，自己犠牲的な贈与として販売された経緯が確認される（Zelizer）。

これらの現象から，生命保険の「保険」としての姿に，社会における消費者からのネガティブな姿勢が見受けられた一方で，その消費者に対して，保険を「貯蓄」や「助け合い」として供給してきた経緯が確認されるのである。

(3) 保険と消費者におけるミスマッチ的現象

日本の消費者における「掛け捨て嫌い」としての確率的思考の不在，日本や米国社会における生命保険への反発，「貯蓄」としての発展，「助け合い」としての普及は，保険の「意味」と「保険を活用する意味」が本当に理解されずに，保険の普及が余儀なくされた側面を浮き彫りにさせてくれる。

消費者の保険購入の経緯や実態に顕著なように，保険者側からの合理的なリスク対策としての保険商品の提供に対して，この合理的とは断言できない消費者側の不明瞭な活用については，水島［2006］の説明，第1章の酒井の指摘を参考にすると，「ミスマッチ的現象」として呼ぶべき現象となる。このミスマッチ的現象とは，リスクと，保険の本来的な働きに対して，社会や消費者の合理的な判断と行動が示されていないことであり，本来の目的から外れた目的で保険を解釈し，保険を購入し，利用すること，と考えられる。この現象は，保険者側の意図と社会や消費者側の解釈とのミスマッチによるものであり，この現象こそが，保険に対する無理解や反発と共に，不明瞭な普及をもたらすことになる。

保険がリスクと照らし合わされて，合理的な視点のみから認知・解釈されるのならば，このミスマッチは発生し得ないはずだが，このミスマッチ的現象は現実に存在している。一方で，その現象に対する説明は多くはなく，この種の

ミスマッチは，例外的現象として省略されがちだが，例外とするには無視できない質と量を伴った現象でもある。つまり，リスクと保険に関する分析に取り組む場合には，この種の例外的現象を「例外」にはできないのである。

この現実に現れる問題に対しては，現実の消費者の行動を観察することと共に，次に消費者の行動の背景を探ることが求められる。つまり，このミスマッチ的現象を考えていくためには，リスク行動に表される最初の出発点・原点に関して目を付けなければならない。すなわち，リスクやそれに関する事象，保険に対する消費者の認知という部分に着目し，この部分に影響を与える要素に焦点を当てることが，ミスマッチ的現象を考えるための出発点となるのである。

3．消費者における保険選択と影響要素

ここでは，消費者のリスク認知の性質が，リスクの高確率性・明確性・具体性に影響され，保険選択行動においては，逆選択的で，特に心理的影響が反映された主観的な行動であり，確率的思考不在の傾向が見られることを説明する。

（1）消費者における保険選択行動の傾向

日本においては，保険に対する「掛け捨て嫌い」として，消費者の確率的思考の不在が指摘されたが，一方で，どのような条件において保険が消費者から評価され，選択されるのか，疑問が出てくるところである。特にリスク処理に関して，最も経済合理的である保険を比較材料とすることで，「ミスマッチ的現象」について垣間見ることができる。

消費者の逆選択的行動は，興味深い例の1つである。例えば日本においては，低い加入率の地震保険が活用されている場合でも，消費者の地震保険への加入状況が，特定地域中心に偏る端的な例が示されている。この地震保険への加入状況に関する2006年度の状況を見てみると，上位3都道府県においては，愛知（31.8%），東京（28.5%），神奈川（27.2%）となり，次いで宮城（27.7%），千葉（25.7%），静岡（25.1%）となっている。その一方で，加入率下位の都道府県は，

長崎（7.9％），沖縄（8.3％），山形（9.2％）等に止まっている（日本損害保険協会［2007］）。このように，地震保険においては，逆選択の著しい状況が，依然として見受けられている。

保険制度に対する逆選択的問題が存在する一方，消費者と保険選択に関する興味深い実験も行われている。Slovic 達［1977］は，確率事象を中心とした人々の保険選択行動について実験を行い，被験者が同一の期待値において，示された潜在的な損害の大きさに関係なく，高確率のリスクへの保険選択を優先する傾向を指摘した。この実験から，消費者による保険選択は，確率と損害について指標が提示された場合，保険選択を行う方が経済合理的な低確率・高損害リスクではなく，高確率・低損害リスクを中心に保険選択を行う逆選択的傾向が示されている。

このように，消費者が保険を経済合理的な観点から活用するというよりも，認知した高確率リスクを中心として，優先的に保険選択を行う逆選択的行動が，現実の傾向として見られるのである。

（2）消費者における保険選択とリスクの明確性・具体性

上述の消費者の逆選択的行動に加え，現実の消費者の保険選択行動を考える上において有効なのは，リスク認知に対して，不可避的に影響を与える心理的な要素に焦点を置くことである。ここでは，消費者の保険評価に関する心理的な実験が，直接的で，良い参考例を示してくれる。

Johnson 達［1993］は，消費者がリスクの明確性・具体性を認知したケースにおいて，保険選択における消費者の意思決定について調べている。ここでは，3タイプの仮想の Flight Insurance（海外旅行生命保険に相当）を設定し，消費者の予定支出保険料について実験を行った。実験に参加した被験者達は，各々のグループが1タイプの Flight Insurance を提示され，その予定支出保険料を回答した。結果については，経済合理的で確率的な思考があれば，(a)「テロ全般」と (b)「テロに関係のない機械トラブル全般」におけるリスクのケースを含んだ (c)「あらゆる理由」によるケースでの被験者の予定支出保険料

が最も高額になるはずである。しかしながら Johnson 達の説明を参考にすると，(a)「テロ全般」への被験者の予定支出保険料が最も高額であり，次に高額となった (c) に対する (b) との差もわずかに 1.72 ドルに止まった。また (a) と (b) についての被験者の予定支出保険料を合計して，(c) と比較してみると，(c) の 12.03 ドルの 2 倍以上となったのである。

ここでは客観的な発生確率とは関係なく，リスクの明確性・具体性に被験者が強い影響を受けたことが示された。特に，(a)「テロ全般」のような項目への被験者の保険料支出は，リスクの明確性・具体性に影響され，保険計理の常識を超えて増大し，認知された保険の価値を著しく増大させる結果となった。

さらにテロの被害に関する保険を設定し，明確で細分化された情報を示して，同様な実験を行った際にも，図表 13-1 と同様の傾向が現れた。この実験からも，客観的確率において発生確率が低いにもかかわらず，被験者がテロや地域性に関連した明確で，具体的なリスクを認知すると，予定支出保険料が増大する傾向となった。また，リスクに関する事象がさらに細かく，具体化されることで，予定支出保険料も増大したことが示されたのである。

このように，テロ等のリスクが明確，具体的に示されると，被験者達には保険選択の際に，より進んで高い保険料を支払う姿勢が示された。一方，これらのリスクが具体化されなかったケースでは，これらのリスクを含んだ保険に対して，被験者が進んで保険料を支払う姿勢を示さなかった。この消費者の行動

図表 13-1　Flight Insurance に対する予定支出保険料

新聞記事から知るように，テロと機械トラブルが旅行の際，危険の原因となっている。ここで，来週あなたがロンドンまでのフライトを計画すると仮定しよう。あなたに対して，以下の事態で死亡したケースにおいては，生命保険において 10 万ドルが支払われる Flight Insurance が提供される。この保険は，あなたが機内に搭乗してから，目的地で飛行機から降りるまでを有効とする。あなたは，この保険に対していくらの保険料を支払うか。

(a)	テロ全般	［平均 = 14.12 ドル，標準誤差 = 3.36，n = 34］
(b)	テロに関係のない機械トラブル全般	［平均 = 10.31 ドル，標準誤差 = 1.99，n = 36］
(c)	あらゆる理由	［平均 = 12.03 ドル，標準誤差 = 2.83，n = 34］

出所：Johnson *et al.* [1993]，p. 39 を参照。

から，リスクの客観的な発生確率とは関係なく，テロ等のリスクの明確性・具体性を認知すると共に，リスクに関する事象を細分化して認知したケースでは，リスク対策としての保険の価値が大幅に上昇することが確認されたのである。

(3) 消費者における保険選択行動と確率的思考の不在

消費者の「掛け捨て嫌い」の現象から，確率的思考の不在が指摘されたが，(1) と (2) での記述を参照すると，別の視点から消費者の確率的思考不在の傾向が裏づけられた。ここでは，消費者が，高確率リスクに反応しがちであると共に，明確で具体的なリスクを認知すると，そのリスクに対応する保険に対して，保険料を支出する意識が増大する姿勢が確認されたことになる。また，この消費者の保険選択の傾向は，日本において航空事故発生後に航空保険加入ラッシュとなる消費者の傾向（田村 [2006]）についても，符合していることになる。

このリスクの高確率性・明確性・具体性に反応する消費者の傾向は，消費者の保険選択行動が逆選択的であり，主観的な行動であることを示している。ここでの主観的行動は，モラル・ハザードとしての余地が少ない，心理的要素にも影響を受けた消費者のリスク認知の性質による行動である。この一連の消費者行動は，保険者側の意識では逆選択であるが，消費者側の意識では普通の保険選択と逆選択を意識していない行動である。そして，その消費者の行動如何で保険需要の増減がもたらされることが，見られたのである。

以上，逆選択的な保険選択と共に，リスクの明確性・具体性が消費者に認知されると，予定支出保険料が増大することで保険の価値が増大し，保険選択が高まる傾向が示された。日本では「掛け捨て」という言葉が今でも使われるように，消費者の確率的思考不在が見られるが，心理的要素等の影響からも確率的思考が不在となることは，消費者が本質的に持っている性質のようである。

保険制度は経済合理的な制度であるが，保険契約者となり得る消費者のリスクに対する認知は，経済合理性と確率的思考から逸脱するケースが見られる。この逸脱は，高確率性や心理的要素に影響される消費者のリスク認知の性質で

あり，ここに「ミスマッチ的現象」が確認される。そして，リスク認知の延長線上にあるこの行動こそが，消費者の基本的な姿勢を反映すると共に，現実の保険制度の側面に組み込まれているのである。

4．消費者のリスク認知における保険と文化的・社会的要素

ここでは，文化的・社会的要素の影響から個人のリスク認知に「意味」が伴われる構図と，「死」の事象と生命保険へのネガティブな意味を伴う認知に整合した「貯蓄」販売，「助け合い」としての社会からの受容について説明する。

(1) 文化的・社会的要素におけるリスク認知と認知に伴う意味

リスク認知は心理的要素と共に，文化的・社会的要素の影響を受け，消費者の保険購入や社会における普及に大きな影響を与える。特に生命保険の「貯蓄」としての販売，「助け合い」としての社会における普及といった「ミスマッチ的現象」は，文化的・社会的要素が消費者のリスク認知の背景要素となり，リスク認知と，その延長線上の保険選択行動が成立することを示している。

RennとRohrmann[2000]の提示によると，リスク認知は，①文化的背景，②社会的・政治的慣習，③知覚的・感情的要素，④情報処理過程におけるヒューリスティックの4段階のコンテクストに影響される（図表13-2）。ヒューリスティックとは，うまくいく保証がなくとも，推論の際での経験則や思いつき等を活用することとされるが（鹿取，杉本編[2004]），この構図を参考にすると，ヒューリスティックを最下段として，各段階は高次の段階に組み込まれる。そして，最上段のコンテクストである文化的背景から，最下段のコンテクストであるヒューリスティックを通過し，リスク認知が形成される過程が示されている。このように，リスク認知が各コンテクストの影響から逃れられない現状が指摘されている。この図表13-2から，リスク認知が純粋に個人的な行為としてではなく，最上位に位置する文化的背景を出発としたコンテクストに影響され，リスク認知もその影響の延長線上に存在していることになる。一方，リ

4．消費者のリスク認知における保険と文化的・社会的要素

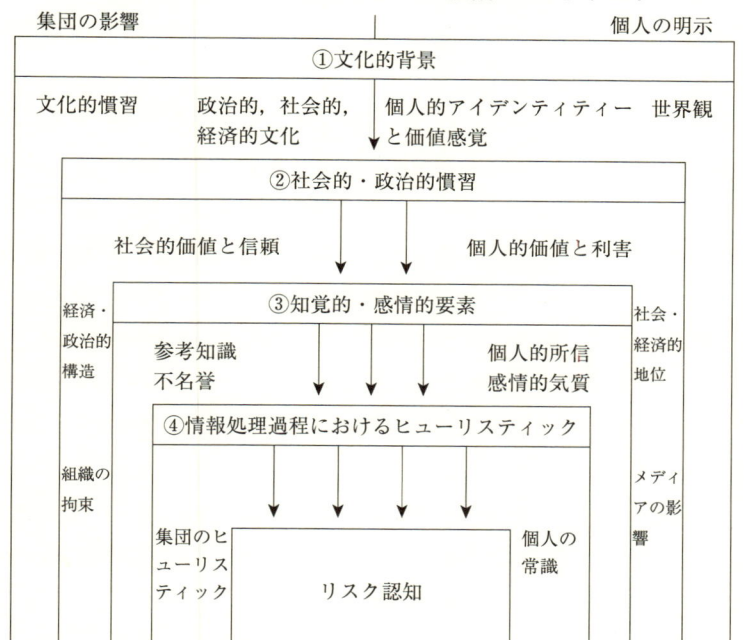

図表 13-2　リスク認知における4段階のコンテクスト

```
集団の影響                                    個人の明示
┌─────────────────────────────────────────┐
│            ①文化的背景                    │
│ 文化的慣習   政治的，社会的， 個人的アイデンティティー 世界観
│             経済的文化       と価値感覚
│                        ↓
│   ┌─────────────────────────────────┐
│   │        ②社会的・政治的慣習        │
│   │  社会的価値と信頼      個人的価値と利害
│   │                ↓   ↓
│ 経 ┌─────────────────────────┐ 社
│ 済 │      ③知覚的・感情的要素   │ 会
│ ・ │  参考知識           個人的所信 ・
│ 政 │  不名誉            感情的気質 経
│ 治 │         ↓  ↓  ↓         │ 済
│ 的 ┌─────────────────────┐ 的
│ 構 │ ④情報処理過程におけるヒューリスティック │ 地
│ 造 │      ↓ ↓ ↓ ↓       │ 位
│   │ 集団のヒ           個人の  
│ 組 │ ューリス           常識   メ
│ 織 │ ティック   リスク認知        │ デ
│ の │                       │ ィ
│ 拘 │                       │ ア
│ 束 │                       │ の
│   └─────────────────────┘ 影
│                                     響
└─────────────────────────────────────────┘
```

出所：Renn and Rohrmann [2000], p. 221を参照。

スク認知の構図において，リスク認知が最上位の文化的背景，次の社会的・政治的慣習といったコンテクストの影響を受けることは，認知において，文化的・社会的要素が影響することから，「意味」が伴われることが考えられる。

「意味」を概念的なものとする認知意味論において，言語化されるものとは客観的な外界ではなく，それが知覚・認識されて我々の心に投影されたものである（松本 [2003]）。ここで人間の下界認識の産物とされる意味の現象を見ると，言語的な意味は客観的な外の世界を直接反映したものではなく，認識する主体側の主体的な解釈に基づく現象が，多分に存在する（松本）。そして，その語の意味を理解する際には，背後にある豊かな知識体系との関わりの中で理解され，語の意味の背後に存在する世界に関した知識が重視される（松本）。ここでは「百科事典的知識」が重視されるが，この知識は言語を使う者の日常

的経験による知識である（松本）。これは世界についての「民間モデル」であり，理想化された専門知識によらない，素朴で日常的な世界解釈に基づくものである（松本）。

　認知意味論の考えを参考にすると，言語等に表現される外界や事象に関しては，認知行為を経て，主体的に解釈されるという点が確認される。この考えは，リスクやそれに関する事象，保険という「語」や現象を認知し，解釈する消費者という認知主体に応用できる部分を浮き彫りにさせる。ここでは，ある語や現象において，客観的に，本来の意味が，そのまま認知・解釈される訳ではないことが確認される。同時に，主体的に認知・解釈された語や現象が，民間モデルともいうべき日常的経験による百科事典的知識から反映される構図から，リスクやそれに関する事象，保険に対する認知と解釈が，文化的・社会的要素の影響を大きく受け，意味が伴われることを裏づけるのである。

　このように，上述した文化的・社会的要素から影響されて，リスクは消費者に認知されると共に，認知の際には，日常的経験による百科事典的知識から反映された意味が伴われる構図が確認されるのである。

（2）生命保険と意味を伴う認知

　前述したように，日本社会や消費者において「死」，「危険」，「リスク」という言葉に対する反応が鮮明であった現象は，この種の言葉に対する呪術的な言霊現象の存在を示している。これらの反応には，社会における消費者の認知が社会的・文化的要素の影響を受ける構図と共に，認知に意味が伴われる構図が当てはまることになる。すなわち死や生命保険という「語」の意味を認知・解釈することは，客観的な外界ではなく，日常的経験による百科事典的知識との参照の中で理解することである。そして認知意味論を参考にすると，その語の最も基本的な意味から類似したものに意味が拡張すること等である，「比喩」と呼ばれる現象が伴われる（籾山，深田［2003］）。ここでは，「縁起が悪い」等に拡張された素朴で日常的な民間モデルとの関わりに基づく行為となり，特に日本のような社会では，比喩的でネガティブな意味を伴った言霊的現象として

4. 消費者のリスク認知における保険と文化的・社会的要素

認知・解釈される。さらに個人の認知が社会的・文化的要素の影響を受ける構図は，民間モデルから認知に，比喩的に意味をもたらす構図として，リスクやそれに関する事象，保険という語や現象に対しても該当すると考えられる。

日本において死の事象とそれを扱う生命保険に関しては，道徳的な問題とは別に，心理的要素も加わり，文化的・社会的要素を主とする死への言霊的現象による嫌悪が発生すると考えられる。死に関する事象やリスクは個人にとって最大の脅威であるが，ここで認知の際に意味を伴うのは，死や生命保険において意味が拡張された比喩的なネガティブさである。一方，生命保険においては，死という恐怖と脅威の最たる事象が契約条件であるが，死という事態が除かれたり，緩和されたりするものではない。生命保険で期待できることは，残された者に対する不安を解消することである。これは，生命保険が死に関するリスク対策に半面有用であり，死の事象の解決には半面無用である性質を意味する。また死に関して宗教的・文化的な意味を有する解釈は，社会における根本的な要素であるために，文化的な抵抗が最も激しい部分であると考えられる。

このような文化を根底とする社会において，縁起の悪さや比喩的でネガティブな意味を伴って認知される死という事象に対して，半面有用な生命保険を販売することは，大きな困難を伴うことになる。この文化的障壁を解消するのは難しく，避けることが無難である。前述したように，生命保険会社が死の話題を積極的に避け，「貯蓄」機能を示した販売スタイルは，近年まで「保険は貯蓄」という意識を消費者に植え付け，生保業界に成功がもたらされた。これは生命保険の本質的な発展が遠のいた普及とはなったが，特に言霊的現象として，認知に比喩的でネガティブな意味が伴われる構図と，生命保険という商品の性質とを，最も整合させた販売スタイルとなったのである。この現象は過去の遺物と考えられがちだが，解決できない死の事象と，認知に比喩的な意味を伴う構図が今後も社会に存在する以上，消え去るとは思われないのである。

生命保険の普及は，産業社会の進行と核家族の増大に伴い，「生と死」が経済的な意味を有することで，必要に迫られて可能となった（田村［1995b］）。これは，社会的には承認されずに，何となく経済的な必要が迫られた環境変化に

よるものだが,保険を「貯蓄」として消費者の認知と整合させられたことが,死亡保障への反応がネガティブでも,生命保険が普遍化した要因となったのである。

(3) 生命保険と認知に整合した「助け合い」

　生命保険は,経済合理的な生活保障手段であるが,「機能」としての実際の生命保険に対して,経済合理的な機能としては解釈されることが少なく,「助け合い」や「相互扶助」として,社会においての普及が確認される。

　現在でも生命保険の説明には,「助け合い」という「言葉」が用いられている。その言葉の使用自体がミスマッチである一方で,生命保険の普及においては,生命保険に対する社会からの道徳的な反発がまず見られ,その後に事前的な価値が付けられ,社会においての普及という過程が見られるのである。

　米国や先進国で生命保険の普及が遅れたのは,文化的変数による抵抗であり,社会的革新の[生命保険の]受容と文化的価値の関係が指摘されている(Zelizer)。またRohrmannとRenn[2000]の指摘を参考にすると,リスクに関係する技術が普及される際には,価値観が変数として伴う。ここで技術の評価に価値観が影響を与えると共に,伝統的価値観は技術の導入により分離されることが指摘されているが,生命保険はこの分離が最も困難であった技術であると解釈される。この相反する要素からの問題を和らげるために,米国では利他的な価値の現出とビジネスの達成を並行に追求し(Zelizer),日本では死の話題を避けた貯蓄性のアピールと共に,「助け合い」という「看板」が現れる。

　生命保険をはじめとした保険は,文化的・社会的要素として,民間モデルとしての日常的な知識の裏付けや基盤が醸成されることなく導入され,特に日本では明治期に突然導入されたものである。この生命保険のように,文化的要素が薄い科学的・人工的なリスク処理システムは,図表13-2の構図通りに伝達されて認知されないので,社会や消費者から無理解や反感の対象となっても不思議ではない。そして,既存の消費者に認知されていた文化的価値を改造する経済的システムへの道徳的な嫌悪感の意味を伴って認知されることにもなる。

ここでは，価値と両立し得ぬ革新の受容には，認知と参照要素の倫理や価値との不一致からの正当性を失わせないために，事前的価値が必要となる(Zelizer)。すなわち生命保険に対して整合された意味が要求されると共に，整合された意味が伴われて認知され，生命保険が社会や消費者に受容される必要がある。また，ある言語を用いる社会や共同体に新しい事物や考え方が現れた場合，言語使用者の負担が増える新しい言葉を作ることもあるが，比喩的に，「既存の言葉」を新しい事物や考え方に用い，既存の言葉を従来の意味とは何らかの点で異なる意味で用いることがある（籾山，深田）。この指摘を参考にすると，特に生命保険という語に対しては，整合のために，既存の言葉で置き換えることが必要となる。

　ここで生命保険が認知される既存の言葉として，百科事典的知識から比喩的に整合するのは，共同体社会における「互酬性」からの幻影を伴った「助け合い」や「相互扶助」といった看板である。生命保険が導入された時期には，保険という語を認知する際に整合した意味が存在していなかったと考えられる。しかしながら，近代化における工業社会と都市化の進行に伴い，共同体的保障の消滅と核家族の出現により，生命保険普及の障害が取り払われ，生活保障の機能性における需要環境が整備された（田村）。産業社会の進行に伴い，生命保険の必要性が増し，社会が追認することで普及が拡大する一方で，既存の言葉で整合した意味を伴って認知されることで，保険の普及における問題は緩和された。その過程において，認知において整合されなかった機能としての生命保険を「助け合い」として整合し，象徴化することで，社会において「異物」であった生命保険が認知され，受容が可能となったのである。

　共同体的保障が消滅している現在においても，生命保険は「助け合い」として説明されているように，保険を完全に「保険」として認知することは，社会における消費者の立場から，未だに認められていないともいえるのである。

5. むすび

　本章においては，リスクと保険に対する社会における消費者の保険選択が，リスク認知の延長線上に位置すると共に，消費者のリスク認知の性質が，心理的，文化的・社会的要素に影響される構図であることを説明した。

　まず保険制度は，確率計算を基礎とした経済合理性の産物である一方，経済合理的な保険と消費者との「ミスマッチ的現象」を指摘した。それらの現象として，消費者の「掛け捨て嫌い」としての確率的思考の不在と，消費者に対する生命保険の「貯蓄」としての販売と，「助け合い」としての社会においての普及を紹介した。次に，消費者がリスクの高確率性と共に，リスクの明確性・具体性を認知した際には，消費者の保険選択促進に多大な影響を与えていた説明から，消費者の保険選択行動は逆選択的であると共に，主観的な保険選択行動の傾向が強く，心理的にも確率的思考不在の傾向が強いことが見られた。

　また，文化的・社会的要素の影響による個人のリスク認知の性質から，認知に「意味」が伴われる構図と共に，「死」の事象と生命保険に対して，比喩的でネガティブな意味を伴う認知に整合した「貯蓄」としての販売が行われたこと，社会から認知され，受容されるために，既存の言葉による「助け合い」として生命保険の意味が整合されたことを指摘した。

　保険制度は，経済合理的な制度であるが，この制度は消費者のミスマッチ的行動に絶えず直面している。経済合理的な保険制度は，リスクの高確率性・明確性・具体性を認知する消費者の反応の影響を受け，社会的・文化的背景の影響を受けた消費者の意味を伴う認知の影響を受けることになる。このミスマッチ的現象は，時代に限定することなく存在していることが確認できたはずであり，このことを明記することは，現在においても無意味ではないのである。

　保険者は，経済合理的な拠出の整備と心理的，文化的・社会的なリスク認知の影響を受けるミスマッチ的な消費者の行動に適応した保険商品の販売という2つの相反した性質の行動を求められる。消費者側も，社会における消費者の

リスクと保険に対する認知の性質の傾向を踏まえることで，生活設計の基礎となる保険への理解が正確になることが，期待される。

保険制度と消費者の間に横たわる「ミスマッチ的現象」を緩和するためには，この単純ならざる現状と背後に存在する要素を理解すると共に，その理解を基本とした行動に取り組むことが，求められるのである。

参考文献

鹿取廣人・杉本敏夫編［2004］『心理学〔第2版〕』東京大学出版会
高尾　厚［1998］『保険とオプション』千倉書房
田村祐一郎［1995a］「『生の保険』と『死の保険』」水島一也編著『保険文化』千倉書房
田村祐一郎［1995b］「生前給付保険と死の概念」水島一也編著『保険文化』千倉書房
田村祐一郎［2006］『掛け捨て嫌いの保険思想』千倉書房
松本　曜［2003］「認知意味論とは何か」松本　曜編『認知意味論（池上嘉彦・河上誓作・山梨正明監修　シリーズ認知言語学入門　第3巻）』大修館書店
水島一也［1995］「日本人の保険文化」水島一也編著『保険文化』千倉書房
水島一也［2006］『現代保険経済〔第8版〕』千倉書房
籾山洋介・深田　智［2003］「意味の拡張」松本　曜編『認知意味論』大修館書店
日本損害保険協会［2007］『日本の損害保険：ファクトブック2007』
Johnson, E.J., J. Hershey, J. Meszaros and H. Kunreuther [1993] Framing, probability, distortions and insurance decisions, *Journal of Risk and Uncertainty*, 7, pp. 35-51.
Renn, O. and B. Rohrmann [2000] Cross-cultural risk perception: State and challenges, Renn, O. and B. Rohrmann eds., *Cross-Cultural Risk Perception*, Kluwer Academic Publishers.
Rohrmann, B. and O. Renn [2000] Risk perception research: an Introduction, Renn, O. and B. Rohrmann eds., *Cross-Cultural Risk Perception*, Kluwer Academic Publishers.
Slovic, P., B. Fischhoff, S. Lichtenstein, B. Corrigan and B. Combs [1977] Preference for insuring against probable small losses: Insurance implications, *Journal of Risk and Insurance*, 44, pp. 237-258.
Zelizer, V.A.R. [1979] *Morals & Markets*, Columbia University Press（田村祐一郎訳［1994］『モラルとマーケット』千倉書房）

第14章　保険法と諸問題

岡　田　豊　基

1．序　　論

　金融システム改革により，金融業（銀行業・証券業・保険業）において規制緩和・自由化が進んでいる。その結果，銀行の窓口で保険が販売されるなど，業態間の垣根が低くなっているだけでなく，保険業内部では，リスク細分型自動車保険など，顧客にとって有利な保険の販売が広がっている。

　規制緩和・自由化を促進し，より確実なものにするためには，保険業を行う者（以下，原則として，保険者又は保険会社という）の健全かつ適切な運営を確保することなどにより，保険契約者や被保険者を法的に保護することが必要とされる。また，保険は，法律制度である保険契約と経済制度である保険制度とが表裏一体をなす形で成り立っている。すなわち，保険契約は，保険者及び保険契約者を当事者とし，保険制度を権利及び義務のシステムとして再構成するための法律形式ととらえられる。これらのことから，保険業や保険契約を巡っては，これらを規律する法律（保険法）がきわめて重要な意義を持つ。そして，法律は，保険者・保険契約者間に共通した客観的な基準又は原則として機能することから，これらの者にとり互いの拠り所になるゆえに，保険契約の取扱を巡って，あるいは，保険会社の運営を巡って，保険者と保険契約者の双方が法令を遵守する行動（コンプライアンス）が必要とされる（第11章を参照）。

　以下，本章では，保険業や保険契約を規律する保険法を概観し（後述 2．），実務上，保険契約の根拠となる約款に関する法理を検討する（後述 3．）。そして，保険契約を巡る法律問題の多くは契約の締結過程に関連して生じていることから，また，この過程には複数の法律が及ぶことから，契約の締結過程にお

ける保険者及び保険契約者の権利・義務について確認する（後述4．）。

2．保険法の法源

(1) はじめに

　保険を経済的見地の違いに立脚して分類すると，国，地方公共団体，公企業体等が引受主体となって，特別法に基づき，全経済的見地から公政策を実現する手段として行われる公保険と，私経済的見地から行われる私保険とに分けられる。
　私保険に関する保険法は保険会社が引き受ける保険に関する法律をいい，保険監督法と保険契約法とに大別できる。保険監督法は，保険会社の業務や組織等を規律する法律の総称であり，保険契約法は，保険契約を規律する法律の総称である。そして，法律はその詳細を命令（政令〔施行令〕及び内閣府令〔施行規則〕）に託しており，これらと一体として検討しなければならず，命令もまた保険法の法源（法の解釈・適用にあたって援用できる法形式）となる。
　また，制定法（成文法）の他に，商慣習法（商法1条2項。民法92条を参照），普通保険約款（約款）も法源である。

(2) 保険法の特色

① 政府による規制

　保険監督法は，約款や保険料率等の契約面においても政府による監督・規制を定めている。このように，民間企業（保険会社）による事業である保険業，私人間（保険会社・保険契約者）の契約である保険契約に対して政府による監督・規制がなされる理由は，保険業の公益性に見出すことができる。すなわち，保険業は，社会生活における安全を保障するという国民に不可欠・基本的なサービス（社会的共通資本）としての側面を有すること，社会保障の一翼を担っている保険業の役割が重要であり，保険会社が金融仲介機関として果たしてい

る役割もまた重要であること，さらに，保険料前払いなどの保険計理に見られる保険サービスの特殊性のゆえに，市場経済のメカニズムが働かないことなどが理由として上げられる。

② **技術面における特色**

　保険法は経済制度である保険制度に関する法律であるゆえに，技術面において特色がある。すなわち，保険契約法上，保険契約が射倖契約性を有することから，保険契約者側は告知義務，危険の変更・増加に関する通知義務などが課されている。また，保険監督法上，保険会社は保険料を各種準備金として積み立てたり，運用することによって，保険金の支払に備えることが求められている。

(3) 保険契約法

① 商　　法

　商法典第3編商行為第10章保険（629条～683条）及び第4編海商第6章（815条～841条）が該当する。前者は陸上保険契約，後者は海上保険契約に適用される規定であり，航空保険契約に関する制定法はない。

② 民　　法

　民法典第1編総則及び第3編債権の規定が該当する。なお，保険契約を巡る訴訟等を含め，保険契約に関する諸問題を理解し，解決するためには，民法典第2編物権，第4編親族及び第5編相続の規定が必要とされる。

③ 保　険　業　法

　保険募集人が保険募集につき保険契約者に与えた損害をその者が所属する保険会社が賠償する旨を定めた283条，保険契約の申込の撤回等（クーリング・オフ）を定めた309条等は保険契約法の法源となる。

（4）保険監督法

① 保険業法

　保険会社を監督・規制する取締法規として保険業法がある。保険業法は「保険業の公共性にかんがみ，保険業を行う者の業務の健全かつ適切な運営及び保険募集の公正を確保することにより，保険契約者等の保護を図り，もって国民生活の安全及び国民経済の健全な発展に資することを目的」とし（業法1条），（ⅰ）規制緩和・自由化による競争の促進，事業の効率化，（ⅱ）保険業の健全性の維持，（ⅲ）公正な事業の確保という3本の柱を持ち，保険会社が営む保険業に対する監督・規制に関する部分と，保険会社の組織・運営のそれに関する部分で構成され，5編338条からなる。

　保険業法は強行法規（当事者の意思を問わず無条件に適用され，これに反する当事者の合意を無効とする効力を有する法規）なので，これに違反した保険会社は制裁として罰則を受ける（同315条〜338条）。

② 商法・会社法・商業登記法

　保険業法上，保険業を営むことができるのは内閣総理大臣の免許を受けた者で，資本の額又は基金の額が10億円以上の株式会社又は相互会社に限られる（同3条1項・6条）。それゆえに，保険会社の組織・運営に関して，商法・会社法・商業登記法等の規定が適用ないし準用されており，保険業法は商法や会社法等の特別法となる。

③ 金融商品取引法

　保険業法は，保険会社の業務として，固有業務（同97条），付随業務（同98条）及び法定他業（同99条）を定めている。この中で，保険業法は，金融商品取引法に関連する付随業務として，同法33条2項各号（金融機関の有価証券関連業の禁止等）に掲げる有価証券又は取引について，同項各号に定める行為を行う業務及びその業務に付随する業務として内閣府令で定めるもの（業法99条

1項）を定めている。

　また，保険業法は，保険会社等が行う特定保険契約（変額保険契約等）又は顧客のために特定保険契約の締結の媒介を行うことを内容とする契約の締結，及び，特定保険契約の締結又はその代理若しくは媒介について，金融商品取引法の一部が準用される旨を定めている（業法300条の2）。

④ 信 託 法

　保険業法は，信託法に関連する付随業務として，次のとおり定めている。まず，保険会社は，固有業務の遂行を妨げない限度で，地方債又は社債その他の債券の募集又は管理の受託，及び担保附社債信託法により行う担保付社債に関する信託業務を行うことができる（業法99条2項）。つぎに，生命保険会社は，固有業務の遂行を妨げない限度で保険金信託業務を行うことができる（同3項）。その場合，信託業法の規定が準用される（同8項）。

⑤ 料 団 法

　損害保険会社が引き受ける保険契約の料率を算定し，それを各加盟会社に提供する団体に関する法令として，損害保険料率算出団体に関する法律（料団法）がある。

(5) 相互会社とそれが引き受ける保険契約の取扱

　相互会社は，相互保険を行うための企業主体として保険業法に基づいて設立される会社である（業法2条5項）。すなわち，相互会社は社員に対する保険の提供を目的とする会社であり，組合員の経済的利益を助長することを目的とする協同組合などと同様に，中間法人であるゆえに，そして，相互会社の引き受ける保険契約は商行為ではないゆえに，商法及び会社法の規定は適用されない。

　しかし，実情を見れば，相互会社は株式会社と同様に，大量の保険契約を簡易・迅速に処理する必要性があり，保険技術も基本的に共通する。これらのことから，組織上，商法及び会社法の規定の適用に関して，株式会社とほとんど

差異が生じなくなっている（同21条1項）。また，相互会社の引き受ける保険契約について商法の規定が準用され（商法664条・683条1項・815条2項），相互会社の行為等についても同様である（同504条～522条・524条～534条・543条～550条〔545条を除く〕・551条～557条・593条〔業法21条2項〕）。

(6) 新たな法規制システム

業態横断的な契約者保護を目的とした法令が民事法規定を取り入れながら整備される政策がとられた結果，以下のような法令が保険契約に適用される。

① 金融商品販売法

金融商品の販売等に関する法律（金融商品販売法）が対象とする金融商品の販売の中に，保険業法2条1項に定める保険会社が保険者となる保険契約として保険契約者と行う締結が含まれているので，これに適用される（金商法1条・2条1項4号・2項～4項）。

② 消費者契約法

消費者契約法は，消費者が事業者との間で締結する消費者契約を巡る法律関係を規律するので（消契法1条・2条），家計保険に含まれる保険契約に適用される。

(7) その他の法令

政府が関与する特別の保険に関する法令がある。これには，自動車損害賠償責任保険（自賠責保険）に関する自動車損害賠償保障法（自賠法），地震保険に関する法律（地震保険法）及び原子力損害の賠償に関する法律がある。これらは，いずれも事故数や損害規模が膨大になる損害を対象とする保険に関するものであり，国民生活に多大な影響を与える可能性があるので，地震保険について政府が再保険を行っているように（地保法3条），政府が関与することによって，国民生活と保険制度の安定を図っている。

また，金融機関等の更生手続の特例等に関する法律（更生特例法），会社更生法等が保険会社に適用ないし準用される。

3．普通保険約款

（1）はじめに

　企業がその目的である営利を追求するための手段の1つとして，普通取引約款（約款）がある。すなわち，約款とは，企業が，大量の取引を簡易・迅速かつ安全に処理するために，ある種類の取引について，あらかじめ定型的に定めている契約条項をいう。保険の分野においても，保険会社が普通保険約款を作成し，消費者あるいは中小の企業等との間でなされる保険契約の内容として使われている。

　このように，約款は保険会社の作成したものであることから，約款の解釈等にあたっては，保険契約者が消費者あるいは中小の企業等である場合には，保険契約の当事者（保険者・保険契約者）間で保険に関する情報及び知識に著しい格差が見られること（情報の非対称性）に注意しなければならず，それゆえに，保険契約者を保護するための諸施策や法理の構築が必要とされる。

　商法の規定は任意規定（当事者間の合意が優先し，当事者が当該規定と異なる意思を表示しない場合に適用される規定＝公の秩序〔民法90条〕に関しない規定）と解されていることから，保険契約については，約款の規定が商法の規定に優先して適用され（同91条），商法の規定は，約款の規定の適法性を判断する基準として機能するとともに，約款規定に定めがない場合に適用ないし準用される。

（2）約款の拘束力

　約款は保険会社の作成したものであることから，保険契約者等の契約の相手方はその内容を知らないことが多い。そこで，約款による契約を締結する場合，約款を作成した保険会社がその内容に従う（拘束される）ことは当然であるが，

相手方である保険契約者等が約款に拘束され、その結果、約款の内容が契約の内容になること（約款の拘束力）の根拠を明らかにしなればならない。

　約款の拘束力に関する主な理論には、保険契約が約款による契約であることに主眼を置き、契約が約款によるという意思の合致があれば、約款の拘束力を認める説（契約説）、団体が自主的に制定する法規の法源を認め、約款は当該取引圏という団体における自治法とする説（法規説）があり、その中間に、約款による取引が一般的である分野では、約款そのものではなく、契約は約款によることが商慣習（民法92条）ないし慣習法（商法1条2項、法例2条）であることに根拠を求める説（〔白地〕商慣習法説。通説）がある。そして、裁判所の多くは、大審院大正4年12月24日判決（民録21輯2182頁）の立場（意思推定説）をとる。すなわち、大審院は、同判決において、「当事者双方カ特ニ普通保険約款ニ依ラサル旨ノ意思ヲ表示セスシテ契約シタルトキハ反証ナキ限リ其約款ニ依ルノ意思ヲ以テ契約シタルモノト推定」し、「申込書ニ保険契約者カ任意調印シテ申込ヲ為シ以テ火災保険契約ヲ為シタル場合ニ於テハ…契約ノ当時其約款ノ内容ヲ知悉セサリシトキト雖モ一応之ニ依ルノ意思ヲ以テ契約シタルモノト推定スルヲ当然トス」と判示した。

　これらに対して、近時、取締法規との関連性において根拠を見出そうとする理論や契約説を新たに展開する理論が提唱されている。このうち、後者では、顧客が締結時に約款の内容を知らなかった場合、顧客の契約締結の意思表示は、何らかの給付を取得することができるであろうとの意図で約款の一括的拘束力を承認していると解釈することができ、顧客の意思表示に対して、それと抵触する約款の条項に矛盾があれば、その部分については、意思表示の合致があったとはいえないとする理論や、契約内容の核心的合意部分と付随的合意部分とに分け、事業者は契約締結時に前者を顧客に開示説明する義務を負い、この義務を怠った場合には、契約の成立が認められないとする理論が有力に唱えられている。

(3) 約款解釈上の原則

約款は保険会社の作成したものであることから，約款の解釈にあたっては，保険契約者側の利益を保護するために，次のような原則がある。

① **客観的解釈の原則**
約款を解釈する場合には，当該保険契約の顧客圏における一般的な保険契約者が理解するという意味において，客観的かつ画一的に解釈されなければならない。

② **作成者不利の原則**
約款を客観的に解釈する場合，約款規定の文言につきその意味が明確でない等の理由で解釈が分かれる場合には，約款を作成した保険会社にとって不利になるように解釈されなければならない。

(4) 約 款 規 制

約款は保険会社の作成したものであることから，保険契約者側の利益を保護することが求められ，約款及びそれを作成する保険会社に対し，次のような規制がなされている。

① **立法による介入**
保険業法上，保険会社は，内閣総理大臣に対して保険業の免許を申請する場合，免許申請書に約款を添付しなければならない（業法4条2項3号）。また，他人の生命の保険契約の締結等に関して被保険者の同意につき書面による方式その他これに準じた方式であることとされており（業法施行規則11条2号），書面によることを求めている点において，商法674条1項よりも規制を強化している。

さらに，消費者契約法は契約内容の適正化のためのルールを定め，不当条項

(信義誠実の要請に反して，消費者に不当に不利益な条項）を無効としている。まず，事業者の損害賠償責任を免除する条項を無効とする（消契法8条）。すなわち，債務不履行責任の全部を免除する条項，故意又は重過失による債務不履行責任の一部を免除する条項，不法行為責任の全部を免除する条項，故意又は重過失による不法行為責任の一部を免除する条項，瑕疵担保責任としての損害賠償責任を全部免除する条項がこれにあたる。つぎに，消費者が支払う損害賠償額を予定する条項等を無効とする（同9条）。すなわち，損害賠償の予約・違約金条項がこれにあたる。消費者の利益を一方的に害する条項も無効とする（同10条）。すなわち，消費者の権利を制限し，又は義務を加重する条項で，信義誠実の原則に違反して消費者の利益を一方的に害する条項がこれにあたる。

② 行政による介入

　保険業の免許申請書に添付された約款に関して，申請を受けた内閣総理大臣は，その記載内容につき，保険業法所定の基準に適合するか否かを審査しなければならない（業法5条1項3号）。さらに，保険会社は，保険契約者等の保護に欠けるおそれが少ないものとして内閣府令所定の事項を除いて約款を変更する場合には内閣総理大臣の認可を受けなければならず（同123条1項），申請を受けた内閣総理大臣は前述の審査を行う（同124条）。

　ところで，最高裁は，船舶海上保険の約款条項が主務大臣である大蔵大臣の認可を得ないまま契約の内容になり，その効力が争われた事案において，認可を得ていない当該約款規定の効力を認める判決を下している（最一小判昭和45年12月24日民集24巻13号2187頁）。

③ 司法による介入

　約款を巡る問題は，その解決を裁判所の判断に委ねることができる。裁判所は，その際，約款規定が保険契約者等に不利にはたらくと判断するときには，信義則（民法1条2項）や衡平の原則などを根拠に，当該規定を修正したり（最二小判昭和62年2月20日民集41巻1号159頁），その効力を制限的に解したり

(保険者が保険金の支払を拒否できる正当な理由がある場合に限るとする東京高判平成4年12月25日判時1450号139頁，保険者が免責条項を採用しうる場合を，当該援用が保険者の権利の濫用〔民法1条3項〕とならない場合に限るとする東京高判平成5年9月28日判時1479号140頁），否定することがある（盛岡地判昭和45年2月13日下民集21巻1・2号314頁）。

　立法及び行政による介入はともに事前の介入であるが，司法による介入は，約款を巡る問題が発生した後になされる事後的なものになる。

4．契約締結上の規制

(1) はじめに

　保険契約の誕生から消滅までの過程は，（ⅰ）契約締結過程（募集から契約成立まで），（ⅱ）契約進行過程（成立後から終了ないし保険事故発生まで），（ⅲ）契約処理過程（保険事故発生から保険金支払まで，又は，契約の終了・解除等の後処理まで）の3つに大別できる。

　保険業の規制緩和・自由化が促進されている中，保険会社及び保険契約者双方について自己責任が問われている。すなわち，保険会社に対しては，自社の業務内容及び保険契約に関するアカウンタビリティ（説明責任），保険金の適法な支払が求められており，保険契約者側に対しては，告知義務の適法な履行（商法644条1項・678条1項）や保険会社の説明を十分に理解した上で保険契約を締結することなどが必要とされる。また，保険契約を巡る法律問題の多くは，契約の締結過程において，互いの情報提供が十分でなかったこと，あるいは不注意等に起因して発生している。

　それゆえに，保険契約の締結過程において，保険者及び保険契約者側の権利・義務について確認する必要がある。

（２）保険者等の募集規制

保険会社や保険募集人等は，保険契約の締結（保険の募集）過程において，様々な法律の規制を受けており，その限りにおいて，商法，民法等の保険契約に関する規定の他に，保険業法，金融商品販売法，消費者契約法等の規定を遵守しなければならない。

【保険業法】

① 権限の明示

保険募集人は，募集時に，顧客に対して代理か媒介かを明示する義務を負う（業法294条）。保険会社から付与された権限の内容を顧客に認識させるためである。

② 自己契約の禁止

損害保険代理店・保険仲立人は，主たる目的（自己契約比率が50％を越える場合）として，自己又は自己を雇用している者を保険契約者・被保険者とする保険の募集をしてはならない（同295条1項・2項）。

③ 保険仲立人に関する特則

保険仲立人は，保険会社・保険会社の役員，保険募集人との兼営を禁止される（同289条1項7号）。媒介時に，内閣府令の定めるところにより，商号・住所，権限等を記載した書面の顧客へ交付する義務を負い（同296条），顧客の請求により，手数料，報酬，内閣府令所定事項等を開示しなければならない（同297条）。これには，媒介に関して取引関係にある保険会社の商号，名称又は氏名及び取引状況，供託保証金等の内容等がある。そして，締約時に結約書を作成し，保険契約者・保険会社の双方に交付しなければならない（同298条）。

また，保険仲立人は，顧客のため誠実に保険契約の締結の媒介を行わなければならない（同299条）。これを誠実義務という。すなわち，保険仲立人は，顧

客の利益を無視して手数料報酬の高い保険商品を推奨するという利益相反行為が禁止され、リスクに関し同様の条件の顧客間で不当な差別をしてはならず、顧客から得た非公開情報の取扱いに留意しなければならない。

④ 禁止行為

保険会社、これらの役員、保険募集人又は保険仲立人若しくはその役員若しくは使用人は、保険契約の締結又は保険の募集に関して、次に掲げる行為をしてはならない。すなわち、保険契約者等に対して虚偽のことを告げ（不実開示）、又は保険契約の契約条項のうち重要な事項を告げない行為（重要事項の不開示）（同300条1項1号）、保険契約者等が保険会社等に対して重要な事項につき虚偽のことを告げることを勧める行為（同2号）、保険契約者等が保険会社に対して重要な事実を告げるのを妨げ、又は告げないことを勧める行為（同3号）、保険契約者等に対して、不利益となる事実を告げずいわゆる乗換をさせたり、又は新たな保険契約の申込みをさせて既存の保険契約を消滅させる行為（同4号）、保険契約者等に対して、保険料の割引、割戻しその他特別な利益を提供する行為（同5号）、保険契約者等又は不特定の者に対して、誤解されるおそれがあるような他契約との比較を行う行為（同6号）、保険契約者等又は不特定の者に対して、将来の配当予想等について、断定的判断を示したり、確実であると誤解させるおそれのあることを告げる又は表示する行為（同7号）、保険契約者等に当該保険会社の子会社その他の当該保険会社と特殊の関係にある者（特定関係者）が特別の利益の提供等をしていることを知りながら、保険契約の申込をさせる行為（同8号）、これらの他、保険契約者等の保護に欠けるおそれのあるものとして内閣府令が定めた行為（同9号）が列挙されている。

保険募集人がこれらの規定に違反したことによって保険契約者に損害が生じたときは、所属する保険会社が賠償責任を負う（業法283条1項）。

⑤ 特定関係者及び親子会社間の弊害防止措置

保険会社等は、特定関係者及び子保険会社が行う保険契約の締結・募集に関

し，次の行為・取引をしてはならない。すなわち，特定関係者及び子保険会社を保険者とする保険契約の保険契約者・被保険者に対する特別の利益供与（同301条1号・301条の2第1号），上記に準ずる行為・取引で，保険募集の公正を害するおそれのあるものとして内閣府令で定める取引・行為（同301条2号・301条の2第2号）が列挙されている。

【金融商品販売法】

① 説 明 義 務

　金融商品販売業者等は，金融商品の販売等を業として行おうとするときは，当該金融商品の販売等に係る金融商品の販売が行われるまでの間に，顧客に対し，重要事項について説明する義務を負う（金販法3条1項・3項～5項）。すなわち，（ⅰ）当該金融商品の販売について金利，通貨の価格，金融商品市場（金融商品取引法2条14項）における相場その他の指標に係る変動を直接の原因として元本欠損又は当初元本を上回る損失が生ずるおそれがあるときは，その旨，当該指標，当該金融商品の販売に係る取引の仕組みのうちの重要な部分（金販法3条1項1号・2号），（ⅱ）当該金融商品の販売についてその販売を行う者その他の者の業務又は財産の状況の変化を直接の原因として元本欠損又は当初元本を上回る損失が生ずるおそれがあるときは，その旨，当該者，当該金融商品の販売に係る取引の仕組みのうちの重要な部分（同3条1項3号・4号），（ⅲ）これらの他，当該金融商品の販売について顧客の判断に影響を及ぼすこととなる重要なものとして政令所定の事由を直接の原因として元本欠損又は当初元本を上回る損失が生ずるおそれがあるときは，その旨，当該者，当該金融商品の販売に係る取引の仕組みのうちの重要な部分（同3条1項5号・6号），（ⅳ）当該金融商品の販売の対象である権利を行使することができる期間の制限又は当該金融商品の販売に係る契約の解除をすることができる期間の制限があるときは，その旨（同3条1項7号）がこれにあたる。

　ところで，この説明は，顧客の知識，経験，財産の状況及び当該金融商品の販売に係る契約を締結する目的に照らして，当該顧客に理解されるために必要

な方法及び程度によるものでなければならない（同3条2項）。保険契約では，保険会社，損害保険代理店，生命保険募集人（保険会社の使用人等を除く）及び保険仲立人が説明義務を負う金融商品販売業者等にあたるが（同2条2項・3項），全員が説明する必要はなく，いずれか一の業者が説明をすれば，他の業者の説明は要しない（同3条6項）。以上の説明義務は，顧客が金融商品の販売等に関する専門的知識及び経験を有する者として政令所定の者（特定顧客）である場合，重要事項について説明を要しない旨の顧客の意思の表明があった場合には存在しない（同3条7項）。ただし，政令（金販法令8条）では，特定顧客として金融商品販売業者等だけをあげているので，金融商品販売業者等以外の事業者に対しても説明義務を生ずることとなり，金融商品販売法は，消費者保護を理念とする消費者契約法よりも保護の射程が広い。

② 断定的判断の提供等の禁止

　金融商品販売業者等は，金融商品の販売等を業として行おうとするときは，当該金融商品の販売等に係る金融商品の販売が行われるまでの間に，顧客に対し，当該金融商品の販売に係る事項について，不確実な事項について断定的判断を提供し，又は確実であると誤認させるおそれのあることを告げる行為を行ってはならない（金販法4条）。

③ 損害賠償責任

　金融商品販売業者等は，顧客に対し重要事項について説明をしなければならない場合において，当該重要事項について説明をしなかったとき，又は断定的判断の提供等を行ったときは，これによって生じた当該顧客の損害を賠償する責任を負う（同5条）。顧客が損害の賠償を請求する場合は，元本欠損は，金融商品販売業者等が重要事項について説明をしなかったこと又は断定的判断の提供等を行ったことによって当該顧客に生じた損害の額と推定する（同6条1項）。

　上記による金融商品販売業者等の損害賠償の責任については，金融商品販売

法による他，民法の規定による（同7条）。

④ 勧誘の適正の確保等

　金融商品販売業者等は，業として行う金融商品の販売等に係る勧誘をするに際し，その適正の確保に努めなければならない（同8条）。そして，金融商品販売業者等はあらかじめ当該勧誘に関する方針（勧誘方針）を定めなければならず，その内容は，勧誘の対象となる者の知識，経験，財産の状況及び当該金融商品の販売に係る契約を締結する目的に照らし配慮すべき事項，勧誘の方法及び時間帯に関し勧誘の対象となる者に対し配慮すべき事項，その他，勧誘の適正の確保に関する事項とし，政令所定の方法により，速やかに，これを公表しなければならない（同9条）。これに違反して勧誘方針を定めず，又は公表しなかったときは，過料に処せられる（同10条）。

【消費者契約法】

① 目　　的

　消費者契約法は，「消費者と事業者との間の情報の質及び量並びに交渉力の格差にかんがみ，事業者の一定の行為により消費者が誤認し，又は困惑した場合について契約の申込み又はその承諾の意思表示を取り消すことができることとするとともに，事業者の損害賠償の責任を免除する条項その他の消費者の利益を不当に害することとなる条項の全部又は一部を無効とするほか，消費者の被害の発生又は拡大を防止するため適格消費者団体（消費者基本法8条：筆者挿入）が事業者等に対し差止請求をすることができることとすることにより，消費者の擁護を図り，もって国民生活の安定向上と国民経済の健全な発展に寄与することを目的とする」（消契法1条）。

② 定　　義

　消費者とは，事業として又は事業のために契約の当事者となる場合におけるものを除いた個人をいい，事業者とは，法人その他の団体及び事業として又は

事業のために契約の当事者となる場合における個人をいい，消費者契約とは，消費者と事業者との間で締結される契約をいう（同2条）。それゆえに，保険会社が事業者となり，家計保険が消費者契約法の対象となろう。

③ 事業者と消費者の努力

事業者は，契約内容の明確化と必要な情報を提供する義務を負い，消費者は，義務として，提供情報の内容理解と活用，契約の自己責任を負う（同3条）。このように，消費者契約法では，消費者についても行動指針としての規定が定められている。

④ 契約締結過程の適正化のためのルール

消費者は，事業者が消費者契約の勧誘に際し，以下の行為をしたことにより誤認し，それにより消費契約の申込み又は承諾の意思を表示したときは，それを取り消すことができる（同4条1項）。すなわち，重要事項（同4条3項）の不実告知と事実であることの誤認，断定的判断の提供と確実であることの誤認である。

つぎに，事業者が不利益事実は存在しないとの誤認を招く勧誘をしたことにより誤認し，それにより消費契約の申込み又は承諾の意思を表示したときは，それを取り消すことができる（同4条2項）。すなわち，重要事項又は当該重要事項に関する事項に関する利益告知，重要事項に関する不利益事実の故意の不告知，当該告知により当該事実が存在しないという誤認である。

そして，消費者は，住居又はその業務を行っている場所から退去すべき旨の意思表示，又は勧誘をしている場所から退去する旨の意思表示をしたにもかかわらず，事業者が不退去又は監禁による勧誘をしたことにより困惑し，それにより消費契約の申込み又は承諾の意思を表示したときは，それを取り消すことができる（同4条3項）。

かかる取消権は，追認ができる時から6ヶ月間行わないとき，及び消費者契約の締結の時から5年を経過したときは，時効によって消滅する（同7条1

項)。

⑤ 差止請求

　適格消費者団体は，事業者等が，消費者契約の締結について勧誘をするに際し，不特定かつ多数の消費者に対して所定の行為（同4条1項～3項）を現に行い又は行うおそれがあるときは，その事業者等に対し，当該行為の停止若しくは予防等に必要な措置をとることを請求できる（同12条）。
　このように，消費者契約法は，適格消費者団体に関する規定を定め，事業者等との比較において劣後する消費者の利益を保護している。

【監督法と契約法の交錯】

　保険契約は，商法，民法等の保険契約に関する規定の他に，保険業法，金融商品販売法，消費者契約法等のいわゆる監督法の規制を受けている。保険会社や保険募集人が監督法に違反する行為をした場合，保険者等は，制裁として，当該法律に定められた罰則を受ける。その場合，保険契約は，原則として，保険契約者側が取り消さない限り有効に取り扱われる。

（3）保険契約者側の権利義務

【告知義務】

① 意　義

　商法上，保険契約者又は被保険者（生命保険に限る）が，保険契約の当時，悪意若しくは重大な過失により「重要ナル事実」を告げず（不告知），又は「重要ナル事項」につき不実のことを告げた（不実告知）ときは，保険者は当該契約を解除できる（商法644条1項・678条1項）。この法律関係において，保険者契約等は，保険契約の締結時，保険者に対して重要な事実を告げる義務又は重要な事項について不実のことを告げない義務（告知義務）を負うことになる。

② 告知の受領権者

　告知は，保険者又はこの者に代わって告知を受領する権限を有する者に対して行われる。診査医及び保険募集人で保険契約の締結代理権を有する者が告知受領権者に該当する。

③ 告 知 事 項

　保険者の危険測定に関する重要事実をいい，保険者が保険金支払義務を負う保険事故の発生率に影響を及ぼす事実（保険事実）を意味する。この他に，保険者が不正な保険金請求を受ける危険の測定に関する事実（道徳的危険事実）もこれにあたると解する説が有力である。重要事実とは，その事実を知っていたならば契約を締結しなかったか，又はより高額の保険料で締結したと認められる事実をいう。

　生命保険の実際では，告知は，保険会社の作成した告知書（質問表）に記載された事項について告知義務者が回答する形式で行われる。告知書は制定法上の根拠を持たないが，保険者が作成するものであるから，そこに記載された質問事項はすべて重要事項と推定し，非記載事項は重要事実ではないと推定され，前者については，保険契約者の反証により，後者については，保険者の反証によって，推定を覆すことができる。

④ 告知義務違反の要件

　保険契約者等に，悪意又は重大な過失により（主観的要件），不告知・不実告知の事実があれば（客観的要件），この者に告知義務違反があったとされる。この場合，保険者は，原則として，保険契約を解除して保険金の支払を免れることができる（同644条1項本文・678条1項本文）。しかし，義務違反があっても，保険者が義務違反の対象となった事項につき，保険契約の締結時に事実を知っていたとき，又は過失によってこれを知らないときには，解除は認められない（同644条1項但書・678条1項但書）。これは，保険技術に長けている保険者に積極的に重要事実の調査を求めるとともに，調査に際して相当な注意を尽くさせ

る趣旨による。

⑤ 告知義務違反の効果

保険者の解除権は、保険者が解除の原因を知った時から1ヶ月以内にこれを行使しなければ消滅する（同644条2項・678条2項）。これは、保険者が解除権行使の意思を表示しないまま保険契約者等が長期間不安定な地位に放置されることを防ぐためである。そして、契約締結時より5年を経過したときも消滅する（同）。

解除の効果は将来に向かって生ずる（商法645条1項・678条2項）。すなわち、保険事故が未発生のまま契約が解除された場合には、保険者は保険金支払義務を負わない。また、保険事故発生後に契約が解除された場合には、保険者は保険金支払義務を負わず、既に保険金を支払っている場合にはその返還を請求できる（同645条2項本文・678条2項）。約款では、解除権が行使されると、解約払戻金が支払われる旨を定めることが多い。

なお、義務違反があっても、保険事故が不告知・不実告知の事実とは因果関係がなく発生したことを保険契約者が証明した場合には、保険者は保険金を支払わなければならない（同645条2項但書・678条2項）。しかし、保険契約者がかかる事実を告知していたならば、保険者は契約を締結していなかったか、又はより高額の保険料で締結していたであろうから、保険者が因果関係の不存在を理由に保険金を支払うことは望ましくないので、かかる条項の適用はできる限り制限すべきであろう。

【クーリング・オフ】

① 意　義

保険契約の申込人又は保険契約者は、保険会社に対し、書面で保険契約の申込みの撤回又は解除を行うことができる（業法309条）。これは、訪問販売による申込み・契約締結の場合に、見込客をして当該購入の是非を冷静に判断させるために、頭を冷やす（cooling-off）期間を確保するためである。

② 申込みの撤回等

申込みの撤回等ができるのは，申込人又は保険契約者が，保険契約の申込みの撤回等について記載した書面を交付された場合において，それを交付された日と申込日とのいずれか遅い日から起算して8日以内である（同309条1項～3項）。撤回等の意思表示の効力は，それを記載した書面を発した時に発生する（同4項）。

③ クーリング・オフの効果

申込の撤回等があった場合，保険会社は撤回者等に対して損害賠償金・違約金等の請求はできず（同5項），保険会社・募集人は，契約に関連した金銭を返還する義務を負担する（同6項・7項）。保険仲立人は，保険会社に撤回等に伴い損害賠償金等を支払った場合において，当該金銭の支払を申込撤回者等に対して請求できない（同8項）。撤回等の当時，保険金支払事由が生じているときは，撤回等は効力を生じない（同9項）。

なお，保険契約の申込みの撤回等の権限（業法309条1項）は，消費者契約法の適用対象となってもその権限は失わない。

5. おわりに

以上のように，保険会社の業務の健全かつ適切な運営及び保険募集の公正を確保するために，保険業及び保険契約は様々な法律により規律されている。それゆえに，保険法に関する理解が不可欠であるということを理解してほしい。

参考文献

・保険法一般
　石田　満［1997］『商法Ⅳ（保険法）〔改訂版〕』青林書院
　江頭憲治郎［2005］『商取引法〔第4版〕』弘文堂
　大森忠夫［1985］『保険法〔補訂版〕』有斐閣
　田辺康平［1995］『新版 現代保険法』文眞堂

西島梅治［1998］『保険法〔第三版〕』悠々社
山下友信［2005］『保険法』有斐閣
・保険業法
石田　満［2007］『保険業法2007』文眞堂
同［2004］『損害保険料率算出団体に関する法律』損害保険事業総合研究所
・コンプライアンス
野村修也監修『事例で学ぶ損害保険コンプライアンス実践講座（１）〜（３）』損害保険事業総合研究所
・個別問題
鴻　常夫編［1995］『註釈　自動車保険約款〔上・下〕』有斐閣
倉沢康一郎編［1996］『生命保険の法律問題』金融・商事判例986号
同［2002］『新版　生命保険の法律問題』同1135号
坂口光男編［1994］『損害保険の法律問題』同933号

第15章　保険契約と金融商品取引をめぐる問題
　　　——変額保険の近時の判例を中心に——

今　井　　薫

1．はじめに

（1）保険会社と金融機関

　主として生命保険では，保険料は将来の死亡リスクの上昇や生存保険金または死亡保険金の支払に備えて蓄積される。そもそも通常の生命保険における保険料は「平準保険料方式」がとられているため，全保険期間を通じて一定である。これに対して，危険保険料の理論値は，若年期には死亡率も低いが年齢が増加するにつれ急激に上昇していくため，年齢に応じた保険料設定では，高齢になるにしたがい保険加入のインセンティブが急激に薄れる，あるいは保険加入そのものが経済的に困難となる。それゆえ，これらの問題を回避するために平準保険料方式をとることで，契約初期にはリスクよりも遥かに高い保険料の支払がなされているのに対し，契約の晩期においては契約の前半期に支払われた保険料の蓄積とその運用益を，契約後半期における死亡リスクとの差額に充当するかたちで対応するシステムになっているのである。そのようなわけであるから，保険金支払を確実に担保するためにも，あるいは契約が途中解約される場合，危険の担保にいまだ費やされていない利得部分を返還するためにも，保険会社は金融機関として，一定の金利を得て将来需要（保険会社）と現在需要（資金の借手）とを交換する役割を果たすことで，保険会社自身に予定される債務の履行（保険金ないしは解約返戻金の支払）に対処しようとするのである。

　さて，保険会社が金融機関であるとすれば，予定運用収入見込額に比べて運

用利回りがよければ，保険会社の保有する契約に利差益が生じ，逆に運用利回りが悪ければ利差損が生じることになる。これらの損益の帰属について，理論的には必ずしも差益を契約者に帰属させる必要はないが，一方差損については「契約は守られねばならない (*pacta sunt servanda*)」という法原則から契約者に帰属させてはならないのが大原則である（バブル崩壊にともない保険会社に予定金利と実質金利の間に逆ザヤが生じ経営を圧迫したので，予定金利引下げを金融庁の承認と，株主総会または社員総会もしくは社員総代会の特別決議を条件に修正されたが，一般の生命保険で予定利率を引き下げたところはいまのところ存在しない。保険業法240の2）。それゆえ保険者の運用は，法的にも実際においてもきわめて堅実なものにならざるを得ない。

(2) 金融機関間の競争激化

一方，金融自由化によって金融機関相互の競争が激化すると，貯蓄・投資・保険ないし年金などの間で一定の資金を奪いあう状況が生じる。したがって，資金の運用力の点で，銀行や証券会社が提供する商品に比べ保険会社のそれが相対的に効率が悪いという結果となれば，保険のマーケットは相対的に縮小することになるであろう。とくにわが国の場合，生命保険市場は成熟していたため（バブル期まではわが国の1人あたりの保険保有は生命保険では世界一を続けていた），通常の保険商品を提供していたのではもはやシェア拡大は望めず，また保険商品そのものが長期性商品のためインフレにも弱いという欠陥を有していた。

そこで，保険料積立の部分をもっぱら株式や債券などの有価証券に投資し，その運用実績で保険金額が変動する投資信託類似の生命保険商品が案出されることになった。これは，株価が高騰する時期にあっては，旧来の生命保険では考えられないハイリターンを約束するもので，他の投資商品（株式や投資信託）にも十分競争力を有し，かつ保険契約者の死亡リスクにも対応可能な商品として期待されることになった。

2. 変額保険・変額年金の問題点

（1）変額保険のシステム

　変額保険・変額年金は資産運用の実績が契約者の保険金に反映するという点で，従来型の生命保険・年金とは異なる。変額保険の積立金は，原則として特別勘定資産として一般の生命保険や年金資産から切り離されたものとして運用され，一般の保険契約にその成果に反映させないものとされた。

　変額保険における積立金の額は，資産の運用実績により日々変動する。これらは，最終的に毎月計算される基本保険金額の差額として計上され，運用実績が予定額より良好であれば保険金額は基本の予定保険金を上回る。この商品がわが国において登場したのは，バブルが急激に膨らみはじめた1986年であり，当初は配当が年率換算で10％を超える高利回りの商品でもあったのではあるが，バブル崩壊により保険積立金の運用実績が予定実績を大幅に下回る状況が継続したことで，予定した満期保険金や解約返戻金が額面割れを起こし，結果としてわが国の「変額保険ブーム」は急激にその熱を失うことになった。

（2）変額保険のもたらした後遺症

　変額保険が，配当利回りだけを問題にするのであれば，株価が上昇基調でインフレ・マインドが強い時期には有利だが，株価が低落すると一般の保険に比べ著しく不利になるということが体現されただけで終わったであろう。保険商品もゼロ・サムを基調とする金融商品の一種であれば，絶対的に有利な商品というものは存在しない。すなわちそれは，低リスクな商品は低リターンであり，ハイリターンを期待できるものであればハイリスクを甘受しなければならないという投資者における商品選択の問題にとどまるはずであった。ところが，バブル期のわが国の変額保険の実体においては，一時払養老保険などのかたちで変額保険に加入した保険契約者の多くが，その一時払保険料原資を，もっぱら

自らが所有する不動産を担保に銀行から借入れていた。プラザ合意によるわが国の低金利政策は、資金を預金のようなフロー（f）のかたちでより、株式や不動産のようなストック（S）のかたちで保有する方が遥かに価値上昇を見込むことができた。変額保険の導入時期は、まさにストックの買入価額（f_1）と、ストックの売却価額（f_2）とを比較すれば、$f_1 < f_2$ となるという時代風潮のただ中にあったのである。ところが、バブル崩壊と日銀の高金利政策への変換とによって、この流れは逆転（$f_1 > f_2$）した。変額保険の購入者は、担保割れした不動産を売却しても借入金の利払いができないという憂慮すべき事態が頻発したのである。

そこで、平成17年10月31日の東京地裁判決の事例をモデルに変額保険の節税効果を見てみよう。

（3）ある変額保険の事例

節税型変額保険のタイプとしては2種類のものがある。すなわち、パターンⅠは、「被保険者を被相続人とするタイプ（保険金受取人は相続人）」、パターンⅡは「被保険者を相続人とするタイプ（保険金受取人は被相続人）」である。前者は、土地・建物を資産として保有する父母自身が被保険者となり、後者はその子が被保険者となるタイプである。パターンⅠでは、被相続人が死亡すると、保険金受取人である相続人が支払を受けた保険金の中から銀行借入元利金を返済し、支払われた死亡保険金と銀行借入金の差額を相続税の納付に充てるというものである。このとき、未返済銀行借入金は相続債務として相続財産から控除され、受領した保険金も相続人数×500万円までは非課税とされるので、相応の節税効果が期待されるというものである。これに対してパターンⅡでは、保険金受取人である被相続人が死亡すると、その相続に際して課税対象となる保険の価額は、税法上、契約締結時に一括して払込まれた保険料の額にとどまり、死亡保険金や解約返戻金額が資産運用の結果増加していても課税に際して評価されることはない。その一方、相続債務となる銀行借入金については、その元利金全額が相続財産から控除されることになるため、節税効果が期待され、

さらに被保険者は保険契約を解約して得た返戻金をもって銀行借入金を返還し，さらに銀行借入金と変額保険の運用差額を相続税納税に利用することができるというのである。

両者の問題点としては，パターンⅠの場合では運用実績の如何にかかわらず約定の死亡保険金が支払われるわけで資産運用リスクは小さいが，逆に被保険者が高齢なため保険料が高額な割には銀行借入金と保険金の差が見込めない，あるいは保険加入がそもそも困難ということになる。これに対してパターンⅡでは，年齢の若い相続人を被保険者とするので保険料は安く保険加入も容易ではあるが，解約返戻金の取得こそが相続税対策となるため，返戻金の額は一方的に運用実績に反映する投機的色彩の高い金融商品を購入したことになってしまう。もっとも，被保険者は多くの場合生存し続けるため，運用実績が悪い場合は，それが好転するまで待つことが理論的には可能ではある。

ところが，銀行融資一体型変額保険の中にはこれもできないものもあったのである。すなわち，銀行との取引約定書の中に『当然解約条項』のあるものがそれである。この場合，保険契約者・保険金受取人である被相続人が死亡すると，被保険者は生存しているにもかかわらず銀行の融資契約は当然に解約され，被保険者が借入金をただちに返済しない場合には高額の約定遅延損害金の支払が求められる。

横浜地裁平成16年6月25日判決の事例では，通常の借入利息が8％であり，遅延損害金は14％というものであったから，バブルの崩壊がなく当初の目論見どおりに運用されていたとしても，変額保険からのリターンはそれほど大きなものではなく，むしろ被相続人死亡後に解約返戻金を増加させるために契約を存続させておくことを事実上断念させるシステムになっているものであった。これでは，変額保険を相続税対策として利用するには不十分なものであっただけでなく，契約者側に著しく不利な『当然解約条項』の結果，投機的リスクが高い割には節税効果を享受しにくい契約になってしまっているのである。

上記横浜地裁の事案において裁判所は，①本件変額保険加入時期までの時期に変額保険の運用実績は下がり続けていたこと（すでにバブルは絶頂を迎えてい

たため)、②変額保険の加入時期が遅れ、かつ運用期間が長くなると運用実績が下がる傾向にあったため、ハイリスク商品ではあったが、銀行金利との差を考慮すればハイリターン商品とは呼べなかったこと、③さらに、本件保険の被保険者が被相続人の子および孫であるパターンⅡの契約であったことから、もっぱら解約返戻金をもって相続税納付原資とするため、運用実績に依存する度合いが著しいのみならず、その金額も保険金には遥かに及ばないこと(そもそも保険会社の説明書にも、相続開始時にただちに解約することは損である旨の記述があった)、④しかしながら、保険金受取人たる被相続人はすでに92歳で、当然近々相続が発生することが明らかであるにもかかわらず、『当然解約条項』が挿入されていれば、本件契約が節税効果も、税納付原資準備効果も持ち得ないものであったと認定した。したがって、本件融資一体型変額保険契約については、個別的理解を欠いたまま契約を締結したものとして、「本件変額保険契約を含む本件契約を締結するにつき、その性状(本件変額保険が…融資一体型の終型変額保険としてのその本来の機能である上記相続税対策効を発揮するものとして有効性を具備していること)について、錯誤があることは明らかである」と判示して当該契約の錯誤無効を認めたのである。

その他にも、すでに抵当権が設定されており、新たに銀行が担保権を設定できる程度では節税効果がまったく期待できない場合にも変額保険契約を締結させたケース、あるいは、被相続人が莫大な不動産を保有していて、生命保険業界が設定している保険金の限度額を超過する関係上、複数の保険会社が重複的に被相続人に変額保険契約締結をなさしめたケースなど、保険商品そのものの問題というよりも、もっぱら当該商品供給者側の販売動機における好ましくない実務事例が銀行および保険業界に少なからず見ることができたのである。

3. 裁判事例

（1）はじめに

　わが国で変額保険がインフレ対応商品として時代の寵児となり，同時に悪魔の商品となってしまったのは，すでに述べたように不動産を保有する（しかも唯一の資産として）多くの高齢者に，「相続対策商品」として不動産を担保とする銀行融資とセットで，それが販売されたことによる。銀行員と生命保険募集人とが連携して，格別の資金需要をもたない高齢者宅を訪問しては相続対策を名目に自宅の土地・建物を担保として数億円にものぼる融資を行ない，それに相当する巨額の保険契約を締結させることが本商品により可能になった。そのため，生命保険各社においては，すでに限界に達していたと思われた保険保有の規模拡大がバブル期において容易に達成されたのであった。しかし，すでに見たようにそもそも当該商品が相続対策になりえたのかについては疑わしく，さらにその販売手法をめぐっても多くの疑問が提起されることとなった。そこで，以下では具体的に判決を検討する。

（2）錯誤無効

　近時の判例には，融資一体型変額保険につき，それが実際には節税効果があるとするには不確定要素が大きいにもかかわらず，相続税対策として有用であると誤信したことは錯誤に当たるとして，銀行融資を受けた保険加入者側の錯誤無効を認容するものが見られる。

〈事例①〉　**大阪高判平成15・3・26**

◇（事実の概要）借金も赤字もなく堅実に家業を営むＡは40億円と評価される不動産を保有していたところ，取引銀行であるＹ銀行Ｂ支店は相続税対策の提案書として，このままでは平成元年時点でのＡ死亡（一次相続）ならびに

その配偶者死亡（二次相続）により総計7億6千万円余の相続税が発生する，さらに5年後のA死亡とその後の配偶者死亡の場合は20億円を超える相続税課税がなされると試算した上で，概ね，銀行借入（元金は10年後から均等弁済。金利分は初年度から弁済）によって相続財産額を縮減し，これにより一時払された終身変額保険の時価評価額は払込保険料額で固定されるため，9％以上の利回りが期待できる（当時大蔵省の通達では，保険加入者側のリスクを考慮して変額保険については0％，4.5％および9％以外のシミュレーションを禁じていたにもかかわらず，0％および4.5％の例示はせず，そのかわり12％の場合についても例示されている。それによれば，2年目から生じる運用益が10年目には6億円を超え，20年目には29億円に増加するとしている。また日本株の運用では20％を下回らないなどと説明したようである）にもかかわらず，含み益は非課税のまま温存されることで非常に有利な相続税対策になるという提案がなされた結果，10億円の銀行借入により同額の保険料払込による終身変額保険契約を締結するに至った（契約のパターンは被保険者を相続人とするパターンⅡのようである）。Aの相続人であるXらが本件契約の錯誤無効を主張して訴えを提起した。

◆（判旨）裁判所は，融資一体型変額保険（銀行借入金を一時払保険料に当てる）が将来の不確定要素が高く，運用リスクも保険加入者側が負担するにもかかわらず，実際にそれが相続対策となり得るかについては疑問が残るとした上で，「①Xらは，本件変額保険が真実は多大な投機的なリスクを孕んでおり，損益の予測が極めて困難で相続税対策とは相容れない不確実性の側面を多々有するのにもかかわらず，被控訴人側から相続税対策として有用であるとの有利性の側面のみを強調され，再三の強い勧誘を繰り返され，わが国有数の大銀行でありかつ長年にわたる取引を続けてきたY銀行担当者らの言を信じたがために，本件変額保険及び本件消費貸借契約の締結に至ったということができる。

②そして，相続税対策として有用かどうかということは動機であるが，控訴人らも被控訴人も，本件変額保険や本件消費貸借契約が相続税対策のスキームであるとの共通の認識があったから，その動機が表示されていることは明らかである。

③（変額保険が相続税対策に有効でないとしても，Yは単にその一時払保険料相当額を融資したにすぎないとするY銀行側の主張に対して）本件変額保険への加入とその保険料支払のための本件消費貸借契約とは，いずれか一方のみを実行し，他を残しても相続税対策のスキームとしては機能しない。したがって，Xらにおいて，もし，かような相続税対策が効を奏しないのであれば，Yから10億円を超える借入れをおこしてまでして10億円という巨額の変額保険契約を締結しなかったことはみやすい道理であるし，それが社会的に見ても相当である。したがって，相続税対策として有用かどうかということは，本件変額保険のみならず本件消費貸借契約の要素でもあると認めるのが相当である」として，Xらの錯誤無効の主張を容認した。

〈事例②〉 東京高判平成17・3・31

◇（事実の概要）Y_1銀行のPは，平成2年5月頃からA宅を訪問していたが，Aより土地価格の高騰による相続税につき相談を受けた際，相続税対策として変額保険を利用すると，一時払保険料を銀行から借入れれば，相続時に債務を存続させることとなり，相続税対策上きわめて有利である旨をAに告げ，Y_2生命保険のQを同道してAに保険加入を勧めた。その際，土地評価額は年率10％，借入利率と保険料元利金は8％と算定されたが，予想利回りは12％を下回ることはなく安全有利で，相続発生時においては，保険金により銀行借入債務が優に返済され，損害を被ることはないと説明された。その結果，Aは保険金額2億6,000万円，保険料額7,583万円余（同額をY_1が融資）とする終身型変額生命保険契約を締結するに至った（本件保険契約もパターンⅡで，被保険者はAの相続人であるX_1〜X_4）。しかし，運用実績はつねにマイナスで解約返戻金額も払込保険料額を下回ったままであったので，Aは平成9年1月に解約を申入れ，返戻金5,776万円余をY_1に支払った。なお，同年8月にAは死亡したが相続対策を講じなくとも相続税の納付を要しなかった。

◆（判旨）「①Aないしその代理人であった控訴人X_3は，本件保険契約及び本件融資契約を締結するに当たり，その相続税対策としての有効性について，

単に見通しを誤ったとみなされるべきではなく，そもそも有効性を欠いていた本件保険契約の効果を誤信して，本件契約の締結に至ったものというべきであり，Aの意思表示には重大な錯誤が存在したものと認めるのが相当である（傍点筆者，以下同様）。

②以上によると，Aないしはその代理人であった控訴人X₃の本件保険契約及び本件融資契約の締結の意思表示は，要素の錯誤により無効であるといわざるを得ない」として錯誤を容認した。

これらは，旧来の民法理論でいえば「動機の錯誤」（無効を主張し得ない）を構成すべきもののように思われる。しかし，表意者がそれを意思表示の内容とし，あるいは取引の観念などから意思表示の主要部分をなす程度のものと認められるときは法律行為の要素となるとするのが判例態度であると認められる（大判大6・2・24）。銀行が自らの信用を利用しつつ，高度の不確定リスクを有し，金融にある程度通暁した専門家でなければ容易に判断できない商品でありながら（しかもパターンⅡ型では節税効果の割にはリスクが大きい），加入者側が融資一体型変額保険が相続税対策として効果的で安全であると信じて契約したことについて要素の錯誤ありと考えているようである。銀行は，リスクある金融商品を販売したのは保険会社であり，銀行は単にそのための資金を貸し付けただけだ（金融商品とはいえない単なる「有償金銭消費貸借」に過ぎない）と抗弁しているものが多いが，本件裁判所は，一時払保険料と使途を特定して行なわれた銀行融資については，「融資契約と変額保険契約を組み合わせた方法による相続税軽減対策の有効性及び危険性についての錯誤」があるのだとして，銀行借入も一体として錯誤を認定している。妥当な判断であると評価できよう。

（3） 適合性原則違反

販売業者は，当該商品の販売を勧誘するに際して，顧客の知識・経験・財力・投資目的に適合したかたちで勧誘・販売をすべきであるとするのが一般に適合性原則と呼ばれ（広義），さらには，当該商品を理解することが困難な顧客には，いかなる場合もそのような商品を販売してはならないとする（狭義の

適合性原則)。投資市場が一般大衆に開放される中で，取引耐性のない顧客を自己責任を原則とする市場から排除することで，これら顧客を保護しようとするルールであるといわれている。したがって，今までは本来保障商品に過ぎない保険分野では問題とされることはなかったのが実際のところである。

しかし，金融庁の「保険商品の販売勧誘のあり方に関する検討チーム」(野村修也座長)においても，その金融商品化を踏まえて，「適合性原則を踏まえた保険商品の販売・勧誘のあり方」につき一定の指針が出されるに至っている(平成18年3月の中間論点整理)。そこでは，保険募集人の役割として①顧客ニーズにつき適切な情報収集により保険商品の推奨を行なう，②勧誘過程において顧客に誤解が生じないように努めるものとし，顧客側も③ニーズに関する情報を的確に募集人側に伝え，④相手のいうことを鵜呑みにせず，自らのニーズに適合しているか否かを自らの責任で判断することが求められている。そしてこれらを確実なものとするために「意向確認書面」(顧客ニーズ情報，顧客ニーズに合致すると考えた理由，満たされない顧客ニーズがあると考える場合にはその理由などが記載される)を作成・交付・保存すべきことが予定されている。

さて，判例においてもかかる法理に若干でも言及したものとして，以下のものがある。

〈事例③〉 東京高判平成8・1・30

◇ (事実の概要) 鮮魚商を営むXは土地建物を都内に所有していたが，普段の収入は少なかったため，Xの妻Aが土地高騰にともなう相続税を心配していたこともあって，銀行からの融資を得てする変額保険の加入が相続対策に有効であることを聞き，Y_2保険会社の募集人Y_1に変額保険の説明を求めた。この際Y_1は，銀行からの融資を得てする変額保険の簡単な仕組みについては説明したものの，変額保険の加入者が負うべき投資リスクについては具体的説明をせず，運用利回りについて9％を下回ることはないと強調した。そこでXは自宅を担保にY_4銀行の従業員であるY_3との間で保険料8千万円と当初の利息分1千万円を借入れる契約を締結し，基本保険金1億4千万円余の終身型変

額保険契約を締結した。しかし，その後解約返戻金が支払保険料を下回ることを知ったＸは保険契約を解約し，Y_4銀行に借入金を返済したが，発生した損害の賠償を求めてY_1らに訴えを提起した。

◆（判旨）裁判所は，高い投資リスクを負担しなければならない変額保険については保険者側の説明義務を肯定しつつ，「・変・額・保・険・に・つ・い・て・も・証・券・取・引・法・で・い・う・適・合・性・の・原・則・が・そ・の・ま・ま・適・用・さ・れ・る・べ・き・か・ど・う・か・は・と・も・か・く・と・し・て，一審原告は，本件不動産（前記の一審被告銀行による調査時点で６億円を超す価値があった）を所有するものの，(a) 自宅の土地建物であり，生活に不可欠の資産であって遊休資産ではなく，他に見るべき資産はなかった上，所得は少なかったから，本来変額保険が予定している投資リスクに耐えられる顧客層に属するかどうか疑問があったこと，さらに，(b) Ｘは，自己資金がないため，銀行から融資を受けて変額保険に加入しようというものであり，かつ，利息の支払いについても追加融資を受け，Ｘの死亡時までに発生する借受金全部を死亡保険金で一括して弁済できるとの前提で，本件変額保険加入を決断したものであり，Y_1はこの事実を知っていたのであるから，このような事実関係のもとにおいては，変額保険募集人たるY_1において，募集時に要請される一般的説明に加え，信義則上，少なくとも当時の金利水準，変額保険の運用実績に基・づ・い・て・検・討・し・た・場・合，Ｘ・の・右・前・提・事・実・の・判・断・に・錯・誤・が・な・い・か・ど・う・か，そ・の・判・断・の・基・礎・と・な・る・事・実・を・説・明・す・べ・き・義・務・が・あ・っ・た・も・の・と・い・う・べ・き・で・あ」ったと判示してＹ_1側の責任を容認した。

　本件判決では明確にされなかったが，のちの東京高裁判決には，オプションを売る取引について，「利益がオプション価格の範囲に限定されているにもかかわらず（取引相手から受取るプレミアムが一定であるの意。筆者注），原資産価格の変動の方向によっては，無限大あるいはそれに近い大きな損失を被るリスクを負担する（権利行使価格と原資産価値の差額〈intrinsic value「本源的価値」とも〉は理論的には無限に大きくなり，このような状態で相手方が権利行使を要求すれば，無限大の損失を覚悟で販売しなければならないことになる。筆者注）というものであるから，そのようなリスクを限定し，あるいは回避するための知識，

経験，能力を有しない者がこれを行うことは，極めて危険かつ不合理な取引であるというべきである」として，金融リスクを取引する能力を有しない者に，勧めてオプションを売る取引をなさしめる行為は適合性原則に反すると明言したものがある（東京高判平成15・4・22。もっとも，最高裁では，当該顧客にオプション取引をなす能力がなかったとはいえないとして原審差戻）。

　前述の「適合性原則を踏まえた保険商品の販売・勧誘のあり方」に見るように，保障性商品と考えられてきた保険商品にも投資商品としての性格があり，しかもそれは適合性原則を問題にするほど販売に留意しなければならない商品だとする理解が深まってきた。その結果，従来から観念されてきていた信義則上の行為義務として，①自己決定支援のための「情報提供義務」，②「断定的判断をしない義務」にとどまらず，③顧客の投資目的・財産状態・投資経験などに照らして，投資商品の売り手の過大な投資リスクを回避させる義務が問われるようになってきたといってよいであろう。今後は，かかる方向からの判決が増加するように思われる。

（4）断定的判断の提供

　現在の消費者契約法では，消費者契約（消費者と事業者の間で締結される契約。保険契約も当然含まれる）において，消費者契約の目的となるもの（物品・役務・権利その他）に関して，消費者が将来受取るべき金額その他の将来における変動が不確実な事項につき，事業者が断定的判断を提供した場合，消費者は契約を取消すことができるとされている（消費者契約法4条1項2号）。保険契約についても，これが問題とされた事例がある。

〈事例④〉　東京高判平成12・4・27

◇（事実の概要）Y保険会社の生命保険募集人であるAおよびBは，Xおよびその妻Cらに対して一時払養老保険に加入させるため，Xに訴外Z銀行より1億5,800万円を借受けさせ，平成2年9月にYとの間で保険料額1億4,700万円余の変額保険契約を締結させた（本件契約はX自身を被保険者とするパター

ンⅠであった)。その際，AはYの変額保険の運用実績について一貫して9％(銀行金利は年7％)の数値のみを使用してシミュレーション表を作成し，もっぱらこれに基づいてXらに相続税対策のために変額保険に加入することを勧誘したが，そこにおいてYの変額保険の運用実績が9％を下回ることがないような説明までしていた。しかし，当時のYの変額保険の運用実績は，9％に及ばないものであったことが認められ，Aについては合理的な根拠は存しなかった。

◆（判旨）「①Aが本件勧誘当時9％の運用実績が期待できるような説明をしたことについては合理的な根拠は存しなかったものと認めざるを得ない（被控訴人は，右の点については何らの立証をしようとしていない)。Aの右説明，勧誘行為は，大蔵省通達が禁止する将来の運用実績についての断定的判断の提供に当たるものといってよく，しかも，その合理的根拠がなかったものである上，保険業界の自主規制で禁止している私製資料を使用して行っているものであり，社会的に許容し得る範囲を逸脱したものというべきであり，違法なものといわざるを得ない。

②控訴人は，最終的には，Aの右説明を信頼して家族らも説得して本件変額保険契約の締結に踏み切ったものと認められるから，Yは，Xが本件変額保険契約の締結によって被った損害について使用者責任に基づく損害賠償責任を負うものである」と判示した。

本件は，実際にはAによる違法勧誘が問題になった事例であり保険会社に対して不法行為責任（使用者責任）を問うた事例で，保険契約それ自体が無効となるものではない（過失相殺6割)。前述の適合性原則は，いわゆる業者ルール（かつての証券取引法，現在の金融商品取引法上のルール）であって，ただちに民事不法となるとは考えていなかったようである（海外商品・通貨先物取引を，まったくその能力を欠く主婦に販売したとして適合性原則に違反し当該取引の受託契約における債務不履行となると判示したものに，東京地判平成17・10・25がある)。しかし，断定的判断の提供は，民法上の行為義務規範に反して不法行為となるとされるのが一般的である。

（5）取引的不法行為

　かつて商品先物取引をめぐる事件が多数裁判で争われた時代に，しばしば利用されたのが取引的不法行為の理論である。これは，不当勧誘行為の個別的違法性（事例④がこれに該当しようか）を問題とするだけではなく，個別の違法な取引行為を考慮しながら一連の取引行為全体を不法行為として位置づけようとするものである。これによって，取引そのものを無効とする硬直的判断から過失相殺を可能にする柔軟性を獲得することが可能になる。また，会社自体が無資力な場合も，取締役や従業員にも責任を問えるというメリットがあるが，これは反面では錯誤や詐欺の立証の困難をバイパスするものとして利用された側面は否定できない。具体的事例として，大阪地判平成16年2月10日のケースがあげられよう。これは，商品取引会社の従業員が，同社と商品先物取引をなさしめるにあたり，①先物取引が複雑困難で危険をともない，それを行なうには経験・知識を要するにもかかわらず自由な判断を阻害する断定的判断を提供した違法があること，②仕切と両建の十分な説明をすることなく適切に決済することが困難な両建取引を行わせたこと，およびそれが損失を回復する唯一の手段であるかのごとく説明した説明義務に関わる違法があり，③自己責任による投機判断を著しく妨げる仕切拒否などの一連の行為が，当該取引における取引的不法行為を構成するとしている。

　ただし，一方では有効に成立した適法な契約に基づく適法な給付を損害と認定できるか，違法な勧誘行為等があっても利益が出る場合があって，損失はいわば結果論であるので行為と損害の間での因果関係の立証が困難となる可能性がある，安易に過失相殺が認められやすいなどの問題があげられる。事実，取引的不法行為が問題とされた判決には，比較的バブルの崩壊直近に訴訟となったケースが多く，裁判所も金融事件について十分な理解を持ち合わせていないものも少なからず見受けられた。したがって，近年の判決では，上述したように契約そのものの有効性を問題にする方向にシフトしてきており，より妥当な結果が導かれているように思われる。

4. ま と め

　本章では，保険と金融商品をめぐる問題として，変額保険を取り扱った。すでに見たように，変額保険そのものは生命保険という長期性商品であるにもかかわらず，十分にインフレに対抗できる優れた特性をもっているものと評価できる。すなわち，保険契約者自身が被保険者として変額保険に加入するのであれば，早期死亡に対応できる保障性商品であるのみならず，長期の生存においても株式投資に迫る配当により保険金の実質的目減りを相当分回避することができるのである。ところが，一時払保険料支払原資として，不動産を担保とする銀行借入に依存することとすると，①銀行金利を上回る運用利益をあげることができるか，②不動産価格がつねに担保割れを起こすことなく維持されるか，という不確実要因がそこに加わることになる。さらに被相続人が高齢者の場合（わが国で変額保険が利用される事例のほとんどが相続対策であったこともあって，このパターンだった）は，この者を被保険者とすることができないため，被相続人を保険契約者・保険金受取人，相続人を被保険者とし，保険金受取人である被相続人の死亡（相続の開始）によって受取人の地位を被保険者が相続するという変則的な契約とならざるを得ない。この場合，③解約返戻金と銀行借入金の差は運用利益があがっている場合も保険金の支払に比べ遥かに小さいため，リスクに比してリターンが小さくなるという欠陥を孕むことになる。保険商品そのものが欠陥ではないし，もとより不動産担保銀行借入にも問題があるわけではないが，それをリンクさせるために被保険者を相続人とすると，とたんに商品の欠陥性が露呈することになったのである。それにもかかわらず，このような融資一体型の変額保険商品が多数販売されてしまったのは，いささか表現がきついが，顧客の利益よりも，低金利下での有利な融資先を求めた銀行の都合と，これに相乗りして頭打ちだった保険保有の拡大に走った生命保険会社という構図を否定することはできないであろう。

　もとより若年相続人が早死にすることもあり，この場合は銀行借入額を遥か

に上回る保険金が支払われ，かつ高利回りの運用でさらに利益を得る可能性がないわけではないが，現実には銀行金利と運用利回りを長期的に勘案すれば「欠陥商品」となる可能性の方が著しく大であったといわざるを得ないであろう。保険業界が，他の金融諸分野との対抗上，保障性商品である保険の本来のテリトリーを逸脱した商品を販売する場合，このような問題が生じることに留意しておく必要があるであろう。また，消費者については消費者保護法があり，今後は契約の取消しなどで対応ができる余地が他の金融分野では広がるものと思われるが，保険の場合には，万が一の場合の給付が問題となるのであって，消費者保護法により救済が可能かというと，必ずしもそうならない。また，変額保険において錯誤無効とされた事例においても，裁判所が銀行借入と変額保険とを一体的取引と認定したため問題とならなかったが，これが当該商品を購入する者に個別的に契約をなさしめた場合，一方を取消しないし無効としたとしても，他方の取引がこれと連動して当然に無効となるべきものではないから，必ずしも消費者が救済されることにはならない。以上の点にも留意して保険を販売ないし購入しなければならないように思われる。

参考文献
上柳敏郎・石戸谷　豊・桜井健夫［2006］『新・金融ハンドブック』日本評論社
岡田太志［2006］『保険問題の諸相』千倉書房
奥田昌道編［1996］『取引関係における違法行為とその法的処理―制度間競合の視点から』ジュリスト合本
柴田忠男［1997］『生命保険〔第3版〕』晃洋書房
千保喜久夫［1998］『デリバティブの知識』日経文庫
日本弁護士連合会編［2007］『消費者法講義〔第2版〕』日本評論社

索　引

アルファベット

ART	77, 81
CAPM	137
Fama-French 3 ファクターモデル	138

あ行

安全割増	74
医療保障ニーズ	99, 103, 110
エンベディッド・バリュー	84, 85
オプション	290, 291

か行

介護保障ニーズ	99, 103, 110
介護リスク	99
海上積金	22
海上保険金	15
海上リスク	17
確定年金	226
確率的思考	240, 247
掛け捨て（保険）	231, 240, 241
加重平均資本コスト（WACC）	135
価値共有型企業倫理の制度化	210
価値循環の転倒性	61
株主資本コスト	135, 136
神頼み，仏頼み	22
簡易生命保険	163, 164
間接金融	69
企業価値	58-60, 134
企業間信用創造	75
企業の社会的責任	208, 209
企業不祥事	60-61
企業倫理	209
────の制度化	209
規制緩和	113
機能としての保険	64
逆選択	245, 247
キャプティブ	41, 47, 54, 78
給付・反対給付均等の原則	53
近視眼性	231
金融自由化	113
金融商品	61, 66, 69, 281, 283
────取引法	57, 79, 260, 292
────販売法	262, 270
クーリング・オフ	276
現物給付	38, 41, 49, 50
構造としての金融	64
行動経済学	231, 234, 235
コーポレートガバナンス	188-191
告知義務	274
言霊（的）現象	242, 251
コンプライアンス	60-61, 191, 205-208
────型企業倫理の制度化	210
────・プログラム	210, 213

さ行

財産保険	38, 39
三角貿易	12
三利源	73
事業活動保険	44
自動車保険	121
死亡保障ニーズ	99, 103, 110
死亡リスク	99, 279
収支相等の原則	53
終身年金	226
純粋リスク	69, 71
少額短期保険業者	40, 129, 150, 151
少子高齢化	110
消費者契約法	262, 265, 272
商法	38, 259, 274
振合力	25
振分散	27
ステイクホルダー	187, 207
生活保障	64, 100
────システム	149, 165
────手段	99

──ニーズ	99
──リスク	101, 107, 110
生損保相互参入	116
生命保険	38, 97, 223, 230
──需要	97, 110
責任準備金	68
節税型変額保険	282
相互会社	37, 260
相互扶助	243, 253
損害保険	113
──業	113
──代理店	118
損害保険料率算出機構	115

た行

大数の法則	50, 51, 52
助け合い	243, 252, 253
断定的判断の提供	293, 294
中心極限定理	50, 51, 52
ディスクロージャー	215-216
適合性原則	288
当然解約条項	283

な行

内部統制	79, 202-203
認可共済	128, 150, 153
認知	244, 246, 250

は行

ハイリスク・ハイリターン	23, 25, 27
販売チャネル	117
人保険	38, 49
ファイナイト保険	41, 48, 78
負債資本コスト	135, 139
ブランド資産(ブランド・エクイティー)	57
分散勘定	25
平均寿命	221
変額保険	279, 281, 290-295
法令遵守・法令等遵守	205

保険会社向けの総合的な監督指針	212-214
保険監督	149, 157-161, 162
──法	258, 260
保険業法	38, 40, 43, 45, 113, 150, 52, 155, 260, 262, 265, 268
保険金不払い等の問題	203-205
保険契約法	77, 259
保険広告	61
保険思想	31
保険選択	239, 245, 247
保険デリバティブ(金融派生商品)	42, 46, 48, 49, 51, 66, 81, 82
保険・年金知識	232, 233
保険の買取り制度	87, 92
保険文化	17, 31-34
保険リスクの証券化	84
保険料率	114

ま行

未経過保険料	68
ミスマッチ	31, 243, 248, 254
無認可共済	40, 128, 149, 151
無保険	219, 220, 228, 230

や行

約款(普通保険約款)	263
融資一体型変額保険	286

ら行

リスクシェアリング	22, 27-29
リスク証券化	42, 43, 48, 49, 51, 84
リスク認知	98, 110, 239, 247, 248
リスク・プーリング	23
類似保険	40, 149, 153, 154-157
老後保障ニーズ	99, 103, 110
老後リスク	99

わ行

割引キャッシュフロー(DCF)法	134

水島一也博士略歴・著作目録

略　　　歴

出　　生　昭和5年11月12日　東京府(現・都)で出生

学　　歴
昭和18年 4 月　東京府立第十中学校入学
昭和19年 4 月　名古屋陸軍幼年学校入学
昭和20年10月　千葉県立佐倉中学校編入学
昭和23年 4 月　東京商科大学予科入学
昭和24年 6 月　学制改革により一橋大学商学部入学
昭和28年 3 月　同校卒業

職　　歴
昭和28年 4 月　神戸大学経営学部助手
昭和33年 4 月　神戸大学経営学部助教授
昭和33年10月　日本保険学会幹事
昭和43年10月　日本保険学会評議員
昭和44年 4 月　神戸大学経営学部教授
昭和45年10月　日本保険学会理事
昭和49年 4 月　財団法人生命保険文化研究所評議員
昭和50年 6 月　神戸大学評議員
昭知53年 4 月　神戸大学経営学部夜間学部主事
昭和61年 4 月　神戸大学経営学部長・神戸大学大学院経営学研究科長
平成 2 年 6 月　財団法人損害保険事業総合研究所評議員
平成 4 年11月　保険審議会委員
平成 6 年 3 月　神戸大学経営学部停年退官
平成 6 年 4 月　神戸大学名誉教授
平成 6 年 4 月　流通科学大学商学部教授
平成 8 年10月　保険審議会会長（平成10年6月同退任）
平成11年 8 月　財団法人生命保険文化センター評議員
平成12年 6 月　財団法人損害保険事業総合研究所理事
平成13年 3 月　流通科学大学商学部停年退任

学　　位
昭和40年 3 月17日
学位請求論文「近代保険の生成と展開」に対して神戸大学より商学博士の学位を授与される。

著作目録

＊以下は，『国民経済雑誌 水島一也博士記念号』第170巻第3号 神戸大学経済経営学会（平成6年9月）以降の内容を中心とした主要な著作です。そのため，訳書ならびに論文等の多くは割愛されています。同誌に掲載されました著作目録と合わせてご参照下さい。

I. 著　書（共著も含む）

1. 『近代保険論』千倉書房 1961年7月
2. 『保険の競争理論』千倉書房 1967年10月
3. 『保険の基礎理論：第2章 近代保険の生成』千倉書房 1970年11月（近藤文二編）
4. 『保険の現代的課題：第2章 保険企業の経営目的』（保険学シリーズ2）千倉書房 1974年9月（近藤文二編）
5. 『近代保険の生成』（保険学シリーズ3）千倉書房 1975年5月
6. 『日本の産業組織Ⅲ：第4章 生命保険』中央公論社 1976年4月（熊谷尚夫編）
7. 『現代保険経済』千倉書房 1979年6月
8. 『現代保険経済〔補訂〕』千倉書房 1983年4月
9. 『経済発展と第三次産業：第6章 経済発展と生命保険産業―日本の経験―』千倉書房 1984年4月（神戸大学経営学部80周年記念）
10. 『生活保障システムと生命保険産業』（保険学シリーズ10）千倉書房 1987年11月（編著）
11. 『現代保険経済〔第3版〕』千倉書房 1988年6月
12. 『現代保険経済〔第4版〕』千倉書房 1993年10月
13. 『保険文化』千倉書房 1995年8月（編著）
14. 『生活設計』千倉書房 1996年4月
15. 『現代保険経済〔第5版〕』千倉書房 1997年4月
16. 『経済社会と保険：第3章 相互会社再論』保険研究所 1997年4月（黒田泰行先生古希記念論文刊行委員会編）
17. 『現代保険経済〔第6版〕』千倉書房 1999年4月
18. 『現代保険経済〔第7版〕』千倉書房 2002年4月
19. 『現代保険経済〔第8版〕』千倉書房 2006年4月

II. 論　文

1. 「保険審議会報告と生保産業の展望」『文研論集』第120号 1997年9月
2. 「保険審議会報告と今後の損保事業について」『損害保険研究』第59巻第3号 1997年11月
3. 「共通論題総合司会 金融ビッグバンと保険業」『保険学雑誌』第563号 1998年12月
4. 「金融ビッグバンと生命保険経営」流通科学大学『中内㓛寿祝賀記念論文集』1999年7月
5. 「相互主義の終焉？」『文研論集』第134号第1分冊 2001年3月
6. 「日本人のリスク対応」『生命保険論集』第137号第2分冊 2001年12月
7. 「生命保険事業の将来像―共同研究プロジェクトの趣旨と課題―」『生命保険論集』第151号（別冊）2005年6月

編 集 後 記

　水島一也先生（神戸大学名誉教授　商学博士）には，本日めでたく喜寿をお迎えになられた。この度の喜寿記念の企画にご賛同とご尽力を賜った各位ともに，ここに改めて，先生への感謝の念を表し，お祝いを申し上げ，本書を上梓できる慶びと光栄をともに分かち合いたい。読者の皆様方には，全編を通して，保険制度の新潮流を読み取っていただけるはずである。

　本書に掲載の先生のご業績については，紙幅の関係から，『国民経済雑誌』第170巻第3号水島一也博士記念号（神戸大学経済経営学会，1996年）以降を中心とした内容に留めさせていただいた。この点，改めて同雑誌でご確認願いたい。先生がこれまでに歩んでこられた道程，お人柄，そしてなによりもご研究の系譜については，本書まえがき（田村稿）・序論（高尾稿）とともに，同雑誌に掲載されている「水島一也先生―人と学問―」（高尾稿）を是非ともご一読いただきたい。保険研究という一見小さな窓を通して，保険経済現象のみならず，人類社会について，いかに深く大きくかつ本質的課題から，それらが観えてくることか。それは，先生のご研究を改めて読み解く契機となるであろう。

　先生は，近年，自分だけではない「なにか大きな力」という表現をしばしばお使いになられる。本書の上梓も，そうした力に導かれたものであり，それに感謝するとともに，先生におかれては今後ともご清祥であられ，後進を導き続けられることを祈念する次第である。

　最後に，ご多忙な中，快くご執筆を賜った諸先生方に，刊行委員として深甚なる謝意を申し上げる。また，出版事情の厳しい折にもかかわらず，本書の出版をご快諾下さった千倉書房社長の千倉成示氏，献身的に編集の労をとって下さった同編集部長の関口　聡氏に心から感謝申し上げる次第である。

　　　2007年11月12日

　　　　　　　　　　　　　　　　　　　　　　　　　　岡　田　太　志

執筆者紹介

序　論	高尾　　厚	神戸大学大学院経営学研究科教授
第1章	酒井　泰弘	滋賀大学特任教授・龍谷大学特任教授
第2章	吉澤　卓哉	東京海上日動火災保険株式会社
第3章	藤田　楯彦	広島修道大学商学部教授
第4章	久保　英也	滋賀大学大学院経済学研究科教授
第5章	林　　　晋	財団法人 生命保険文化センター
第6章	安井　敏晃	香川大学経済学部教授
第7章	山﨑　尚志	神戸大学大学院経営学研究科准教授
第8章	田村祐一郎	流通科学大学商学部教授
第9章	佐藤　保久	流通科学大学商学部教授
第10章	岡田　太志	関西学院大学商学部准教授
第11章	中林　真理子	明治大学商学部教授
第12章	佐々木一郎	広島経済大学経済学部准教授
第13章	田中　　隆	兵庫県立大学経営学部専任講師
第14章	岡田　豊基	神戸学院大学法学部教授
第15章	今井　　薫	京都産業大学大学院法科大学院教授

<JCLS> ＜㈱日本著作出版権管理システム委託出版物＞
本書の無断複写は著作権法上での例外を除き禁じられています。複写される場合は，そのつど事前に㈱日本著作出版権管理システム（電話 03-3817-5670 FAX 03-3815-8199）の許諾を得てください。

『保険制度の新潮流』

2008年3月21日　初版発行

	田　村　祐一郎
編著者	高　尾　　　厚
	岡　田　太　志
【検印省略】	発行者　千　倉　成　示

〒104-0031 東京都中央区京橋 2-4-12
発行所　㈱千　倉　書　房
TEL 03 (3273) 3931　FAX 03 (3273) 7668
URL:*http://www.chikura.co.jp/*

©水島一也博士喜寿記念論文集刊行委員会
印刷　シナノ／製本・井上製本所
ISBN978-4-8051-0900-7